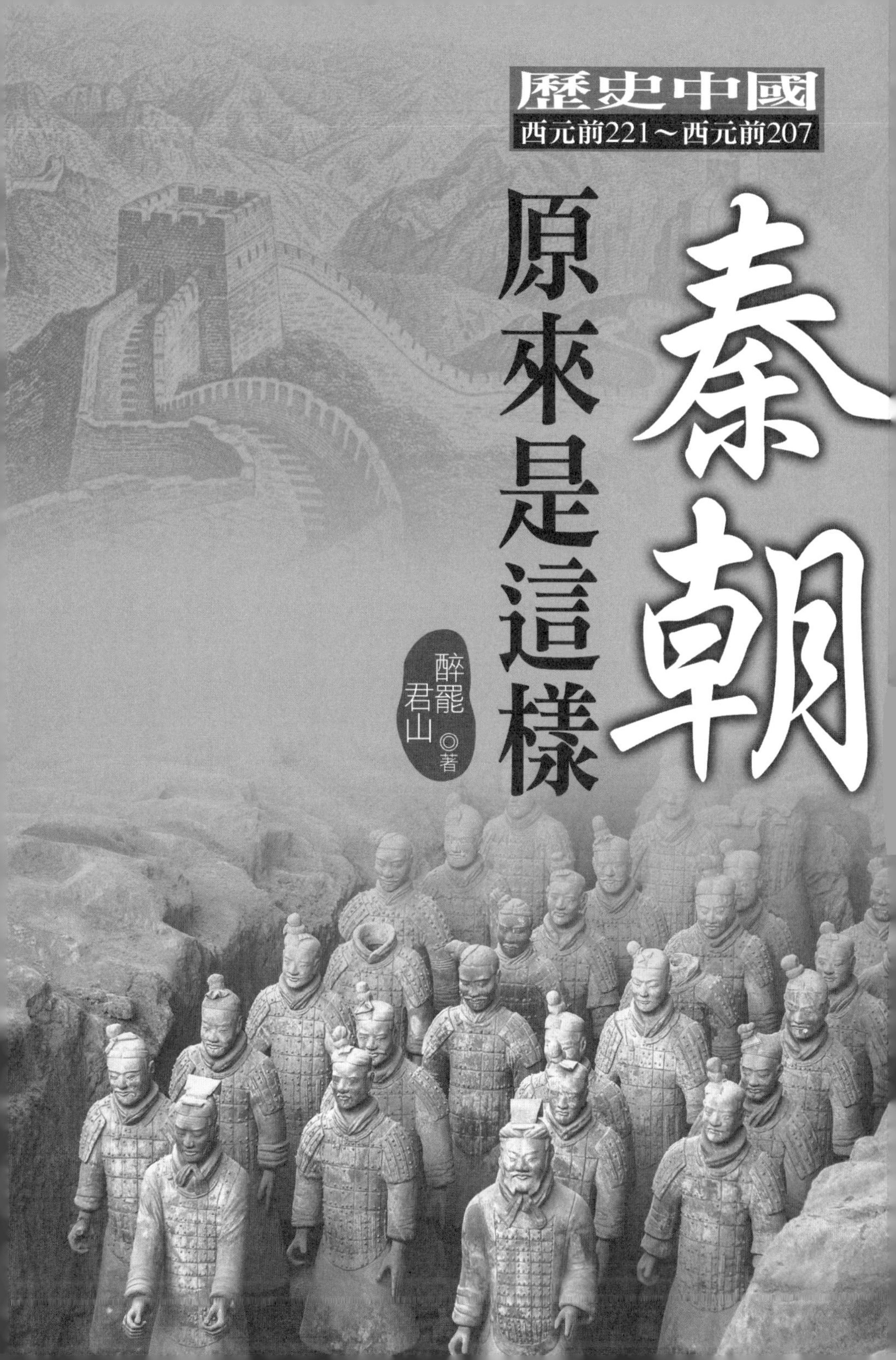
歷史中國
西元前221～西元前207
秦朝
原來是這樣
醉罷君山◎著

目錄

一、從亡國到復國／007
二、韓原之戰：邁向大國之路／019
三、蜜月時代／029
四、殽山：揮不去的噩夢／037
五、東方不亮西方亮／045
六、沉悶的拉鋸戰／053
七、麻隧之戰與遷延之役／060
八、在春秋與戰國之間／068
九、雷神之錘／075
十、鷸蚌相爭，漁翁得利／083
十一、時勢造英雄：商鞅入秦／090
十二、史無前例的大變法／099
十三、改革家之死／108
十四、「魯蛇」逆襲：張儀的勵志故事／119

十五、新戰略：連橫VS合縱／127
十六、志在長遠：秦滅巴蜀之役／135
十七、無節操的外交／143
十八、化險為夷：政壇不倒翁／151
十九、扛鼎而死的秦武王／159
二十、自投羅網：誘拘楚懷王／167
二一、千里伐秦：孟嘗君的壯舉／174
二二、伊闕：魏韓的傷心記憶／182
二三、日落東方：齊國的沒落／189
二四、澠池：沒有硝煙的戰場／196
二五、橫掃楚國：戰神白起的表演／203
二六、割地事秦，猶抱薪救火／210
二七、閼與之戰：兩軍相逢勇者勝／217
二八、土雞變成金鳳凰／224

二九、至強之矛與至強之盾／232
三十、從大決戰到大屠殺／239
三一、邯鄲：啃不下的硬骨頭／246
三二、點石成金：「投資大師」的傑作／255
三三、呂不韋的時代／262
三四、殺無赦：嬴政的鐵拳／269
三五、李斯與韓非／276
三六、硬實力與軟實力／284
三七、統一的序幕／291
三八、風蕭蕭兮易水寒／298
三九、東方諸侯的覆亡／307
四十、始皇帝及其帝國／315
四一、開邊與遇刺／321
四二、焚書坑儒：秦之暴政／328

四三、沙丘之變／335
四四、大澤鄉起義／342
四五、陳勝之死／349
四六、絕代雙驕：劉邦與項羽／356
四七、破釜沉舟，背水一戰／364
四八、大秦帝國的謝幕／371
大事年表／380

一、從亡國到復國

「合抱之木，生於毫末；九層之臺，起於累土；千里之行，始於足下。」這是《老子》的一句話。簡潔，卻充滿真知灼見。

大帝國從來不是一蹴而就的，秦國亦然。從開國到一統天下，秦國花了將近七百年的時間，幾多沉浮、幾多曲折、幾多坎坷、幾多艱辛，唯一不變的是一脈相承的鐵血文化、是不屈不撓的奮鬥精神、是與天鬥與地鬥與人鬥的堅韌品質、是吞吐天地的無限雄心。

秦國的君主們把自己家族的譜系上溯到遠古時代的顓頊大帝，他是黃帝的孫子，也是赫赫有名的「三皇五帝」之一。顯赫的先祖背景固然令後人深感光榮，但細究其族譜，卻又令人有幾分狐疑。

一般說來，族譜都是以男丁相傳，秦的族譜卻不然。從顓頊大帝往下傳了N代後，冒出個女子喚作女脩，女脩吞了一枚玄鳥蛋，生下兒子大業。這聽起來像是東方版的聖母瑪利亞，未婚而先孕，帶著某種神蹟而孕。倘若以中國人傳統的觀念，大業才是秦的真正先祖，他的父親是誰，沒人知道，來路不明。

大業的兒子大費，在歷史上也是個人物。他與大禹一同治水，後來大禹說：「非予能成，亦大費為輔。」帝舜便讓他去管理山林鳥獸，大約是因為他總躲在樹蔭下，故而又被稱為「柏翳」，後來又稱為「伯益」。帝舜賜給大費「嬴」姓，後來的秦、趙兩國都是屬於嬴姓，大業、大費就是他們的共同祖先。大禹去世後，他的兒子夏啟建立夏王朝，大費（伯益）在與夏啟的鬥爭中敗北，死於非命。

我們跳過夏、商兩代漫長的歷史，把時間快速推進到西周。

時間大約是西元前八七〇年，正是周孝王當權的時代。在犬丘（甘肅天水西南），居住著一個名為非子的養馬師，他是大費的後裔。這時的犬丘是周王朝的政治中心，西周已開國近兩百年，正是由盛而衰的時期。周孝王上臺前，西周多次遭到戎人的進攻，首都鎬京多次岌岌可危，周王室不得不臨時遷都到了犬丘。

由於戰爭頻頻，馬匹是國家重要的戰略資源，政府非常重視馬匹的牧養。周孝王想找個養馬能手管理牧場，有人就推薦說，非子這個人特別會養馬。天子十分高興，召見非子，派他去管理汧河、渭河之間的牧場。非子不負所望，在他悉心管理下，牧場的馬匹大量繁殖。

鑒於非子為國家做出特別的貢獻，周孝王封了一小塊地給他，這塊巴掌大的地就叫秦。數百年後秦國統一了中國，不過在周孝王時，秦國並不是一個諸侯國，只是西周的附庸國罷了。依照西周禮制，附庸國的面積，方圓不超過五十里。誰又能料想得到，毫不起眼的秦國，後來竟成為周王朝的掘墓人。

作為周王室的附庸國，秦國的任務之一是安撫西戎蠻族部落。

周孝王去世後，周夷王即位，隨即對戎人發動大規模戰爭，繳獲甚多。此役後，西北邊疆略為安定，故而秦國與蠻族相安無事，頗為清閒。但好景不長，到了周厲王統治時期，政治混亂腐敗，暴虐無道，激起諸侯的叛亂，西戎蠻族也乘機反叛，從此西方開始進入混亂無序的狀態。蠻族人頻頻發動進攻，弱小的秦國，正是在與西戎蠻族不間斷的戰爭中，鑄就了鐵血國魂，一步步邁向強大。

西元前八二七年，周宣王即位。他是周朝歷史上的一位中興名君，力圖重振周王室的輝煌。上臺伊始，周宣王便頻頻用兵，先是討伐北方的玁狁（西北黃土高原上的戎狄部落），繼而南征淮夷。

在偉大的周宣王的感召下，秦國第四任君主秦仲摩拳擦掌，主動請纓討伐西戎。宣王大喜，任命秦仲為大夫，率自己的族人反擊西戎。秦仲一腔熱血，忠心可鑒，只是這時的秦國不過是個弱小的附庸國，軍事力量遠不能稱強大。在如狼似虎的西戎人的反撲下，節節敗退。

宣王六年（前八二二），這是秦國歷史上最悲慘的一刻。西戎人反客為主，攻入秦國，秦仲拼死抵抗，最終還是寡不敵眾，戰死沙場，秦國淪陷。

剛剛立國五十年的秦國，就這樣悲壯地滅亡了。

倘若不是秦仲有幾個有出息的兒子，未來那個令人聞風喪膽的秦國就不存在了。

在秦國淪陷後，有幾輛馬車向東疾馳，坐在車上的人是秦仲的五個兒子，他們面如土灰，神情沮喪，只有眼睛裡還噴射著復仇的火焰。要怎麼復仇呢？他們已是兩手空空，甚至無家可歸了。唯一的辦法，就是求助於偉大的周宣王。

馬車馳入京城，來到一座層臺高聳的宮殿前。在周宣王面前，秦仲的五個兒子憂鬱的眼裡沒有眼淚，只有堅毅的目光，鋒銳如劍。他們有長有幼，小的尚未成年，但國破家亡的遭遇讓他們堅強，挺起胸膛，體現出男兒應有的勇氣與決心。

那一刻，號稱「中興明君」的周宣王被深深打動了。他慷慨地撥出一支七千人的部隊，交給秦仲長子，勉勵道：從今天起，你便是秦的主人，去收復自己的家園吧。

沒有周宣王的雪中送炭，就沒有秦國的絕處逢生。

五兄弟叩首拜謝，感激之情溢於言表，發下誓言，誓死效忠周王，誓死掃滅西戎。

秦仲的長子，史稱秦莊公。

此時的秦只是附庸國，不在「公侯伯子男」五等爵位之內，根本夠不上「公」的標準，那麼他為什麼被稱為秦莊公呢？顯然，這是秦國強大後，為紀念偉大的先祖而追贈的尊號。

秦莊公將用他餘下的生命之燭，再造秦國。

憑著從周宣王那裡借來的七千精銳部隊，秦莊公把西戎人趕出秦地，收復故土，再建家園。現在，權力、地位、美女都有了，舒適的生活又回來了。倘若秦莊公就此收手，享受美妙的人生，他就不是偉大的君主了。西戎未滅，殺父之仇未報，他怎麼能被美酒美女消磨意志呢？他要勇往直前，義無反顧，他唯一的使命就是戰爭。

他是一架永無休止的戰爭機器。

他拋棄了一切，甚至把國家交給弟弟，自己寧可餐風露宿，率領著一支虎狼之師奔馳於原野，隨時與西戎人血腥殺戮。他把自己的三個兒子喚來，讓他們莊嚴地立下誓言：「西戎殺我的祖父，我若不手刃西戎之王，絕不歸來。」除了復仇，不知其他。

在秦莊公之前，秦國只是一個武力平平的小國，沒有光榮的歷史，沒有赫赫的戰功，沒有堅忍不拔的精神。是秦莊公給國家帶來雄心，帶來擴張的渴望，帶來不可動搖的復仇觀念。他那一往無前的戰鬥精神，為後世強秦樹立了一個勇武的傳統；他是秦國鐵血兵團的締造者和精神領袖；他是秦國歷史上第一位傑出的君主，也是一名偉大的戰士。

看上去這是一場以卵擊石的決鬥。

夏、商、西周三代千年歷史，作為遊牧部落的戎人始終是中原政權之大患，以中央朝廷號令天下的權勢，尚且無法蕩滅，區區一個毫不起眼的秦國卻異想天開，豈非可笑至極？

在秦莊公眼裡，沒有可笑的字眼，精誠所至，金石為開。這一代不能實現的理想，還有子子孫孫去繼承發揚。人心所至，愚公亦可移山！

歲月催人老。從青年到壯年，從壯年到老年，轉眼間，秦莊公已走過四十多年的風風雨雨，時光損蝕他的容顏，唯有戰鬥的心永遠不老。戰鬥日復一日，年復一年，曾經不堪一擊的秦人，在戰火的洗禮中變得堅強，他們無所畏懼，為戰鬥而生，為戰鬥而死。秦莊公的浴血堅持，締造出一支偉大的軍隊。

從此，秦人以悍勇頑強聞名天下。

而秦莊公就是秦國鐵血精神的締造者與獨一無二的精神領袖。

他在位共計四十四年，沒有時間去享受奢侈的生活，拒絕讓榮華富貴消蝕萬丈雄心。他寧願選擇在荒山野嶺宿營，在疲倦不堪中行軍作戰。他堅忍不拔，充滿鬥志，並把這種堅忍的理念灌輸到國人的精神理念之中。

秦襄公繼承哥哥未竟的事業，復仇的旗幟仍迎風飄揚。

但是，不能低估西戎的力量。

此時周王朝與西戎的戰爭全面展開，號稱「中興之主」的周宣王開足國家機器的馬力，頻頻發動對西戎的攻擊，然而收效甚微。

周宣王三十一年（前七九七），西周大舉討伐盤踞在太原的戎人部落，兵敗而還。五年後（前七九二），周宣王再度用兵，討伐條戎、奔戎部落，又一次敗績。最慘的一次是西元前七八九年，周宣王動用南方諸侯的龐大力量，發動規模空前的伐戎之戰，豈料遭遇最大的一次敗仗，盡喪「南國之師」。後世史學家頗為惋惜地評價「中興之美未盡焉」，周宣王畢竟只是半截英雄。

周宣王去世後，周幽王繼位。幽王三年（前七七九），西周以伯士為統帥，再度發動對西戎戰爭，非但大敗，連統帥伯士都死於非命。

秦襄公是在西元前七七八年上臺，此期正是戎人勢力最強的時期，整個周王朝都打不贏戎人，何況小小的秦國呢？可以想像秦莊公、秦襄公是在何等艱難的環境下，浴血生存。

西戎的軍事力量如日中天，秦襄公面臨著巨大的壓力。

襄公二年（前七七七），西戎人包圍犬丘，迫近秦國。

有一個人挺身而出，這個人便是秦莊公的長子，名喚世父。他請纓出戰，率秦師與戎人大戰於犬丘。可惜的是，他遇到史上最強大的戎人武裝，不僅潰不成軍，自己也成為戎人的階下之囚。作為遊牧部落，戎人崇尚武力，敬重勇士。世父雖兵敗被俘，但他在戰鬥中表現出來的勇氣與氣概，征服了戎人。戎人非但沒殺他，反而禮待有加，後來還把他釋放回秦國。

敵我實力懸殊，秦襄公不得不韜光養晦，苦練內功。

在秦襄公苦練內功的同時，西周王朝卻遭到毀滅性的打擊。

周幽王是中國歷史上有名的昏君，他寵幸褒姒，為博美人一笑，不惜烽火戲諸侯，又廢掉太子，改立褒姒的兒子為嫡。愛美人不愛江山的周幽王最終眾叛親離，申侯勾結犬戎（戎人的一支）殺入鎬京，幽王被殺於驪山之下，史稱「驪山之亂」。

西周由是滅亡。

這一年是秦襄公八年（前七七一）。

周幽王死後，他的兒子姬宜臼被立為天子，是為周平王。由於鎬京殘破，只得東遷到了雒邑，這也是東周的開始。經驪山一役，周王室威風掃地，再難號令諸侯。而東方老牌諸侯國，如齊國、魯國等，根本不理會周平王，沒有人願意出兵相助。

小小的秦國卻向周王伸出援手。

秦襄公還記得那一幕：五十幾年前，父親戰死了，國家滅亡了，他與哥哥一路逃到鎬京，是周宣王的慷慨相助，秦才有復國的機會。這個恩，他不能不報。此時的襄公不復年少，已然垂垂老矣，可強烈的責任心讓他義無反顧地率一支部隊，馳援周平王，直到把平王送到新首都雒邑。

周平王的心裡泛起一陣暖意，時窮節乃現哪，那些受盡王室恩惠的大諸侯，沒有一個靠得住，倒是沒有封爵的秦襄公忠心耿耿。天子感動了，當即把秦襄公封為諸侯。從此，秦不再是一個附庸國，而是堂堂的諸侯國，與晉、齊、魯等國平起平坐了。

給個諸侯的頭銜是件容易的事，不過有名還得有實才行。

周代禮制，公侯者，封國面積方圓百里。在此之前，秦只是附庸國，土地面積方圓不超過五十里。現在周平王提升了秦襄公的政治地位，可是土地呢？他拿什麼土地賞賜給秦國呢？周平王滿臉通紅，他實在囊中羞澀，沒有什麼可拿得出手的。

天子畢竟是天子，沒點智慧行嗎？周平王腦筋動得蠻快的，給了秦襄公一個空頭支票：岐山以西的周王室領地都落入犬戎人之手，只要秦襄公能把犬戎擊敗，奪回的土地就歸秦國所有。

這算是賞賜嗎？

不管怎麼說，周平王保住了面子，秦襄公得到了一個承諾。

有了承諾，秦國就有了奮鬥目標。

對秦襄公來說，這無異於天賜良機，國偏地瘠，這一直是秦之心痛，也大大限制了其發展，現在只要擊敗犬戎，就可以得到大片肥沃的土地。

為了得到岐山以西的土地，秦人與犬戎又開始了新一輪的戰爭。

只是秦襄公已老邁，他再也無法看到夢想的實現。

西元前七六六年，秦軍兵臨岐山，秦襄公病逝於前線，在位時間共計十二年。

復國後的第一、二代領袖秦莊公、秦襄公先後病逝，第三代很快接過接力棒。襄公未竟的事業，由兒子秦文公繼續完成。

經過十幾年艱苦卓絕的奮戰，到秦文公十六年（前七五〇），秦國終於擊敗西戎，收復了被西戎人佔領的周王室的土地，同時也佔領了部分西戎人的土地。秦文公遵照與周王室的約定，岐山以西的土地歸秦國所有，岐山以東的土地，秦國歸還給周王室。當年周平王的承諾，是雙贏的承諾。

奪取岐山的戰爭意義非凡，不僅是軍事的勝利，也是政治的勝利。

秦國被周王室封為諸侯國，急需軍事上的勝利來作為與東方強國平起平坐的資本。當時周王室雖然威風不再，但名義上仍是天下共主，秦國為其奪回岐山以東被佔領的地盤，提高周王室地位的同時，秦也提高了自己的政治地位。

從秦莊公經秦襄公到秦文公，歷經三代共計七十二年，秦國在這漫長的時間中由弱小變得強大。自秦文公之後到最後秦統一中國的數百年間，秦國一直保持著國力的強盛，是一等的強國。

秦在數十年與西戎的戰爭中，鑄就了一支強大的軍隊。

最初秦莊公連自己的軍隊都沒有，依靠著從周王室所借七千人起家，到了秦文公擊敗西戎，秦國已經擁有了強大的軍事實力。同時，在這場以蠻力對抗蠻力的長期戰爭中，秦人開始體現出其勇悍、頑強、好鬥的性格，這個尚武之國顯露其虎狼本質，日後這種凶狠拼命的作風，將令其他諸國聞風喪膽。

秦國在西方默默地奮鬥著，並沒有引起中原諸侯國的注意。這段時間的史料，對秦國的記載如鳳毛麟角，它似乎處於一個被人遺忘的角落，與中原諸侯國也絕少往來。這種封閉性使得秦國在文化上遠遠落後於中原諸國，其政治充滿野蠻的色彩。

直到秦文公十三年（前七五三），秦國才設史官以記錄史事。七年後（前七四六），秦文公制定誅滅三族的法律。所謂三族，有不同的說法，有的認為是父母、兄弟、妻子為三族；有的則認為是父族、母族、妻族。在此之前，中國的政治制度一直是比較文明的，秦國的誅三族制度強化了君主專制，開了一個壞頭。

秦文公死於西元前七一六年，在位達五十年之久。

他夠長壽的，自己還沒死，被立為太子的長子先死了，只能把君主寶座傳給孫子。秦憲公上臺時，年僅十歲，國家權力落入幾位強臣手中。

秦憲公與祖父相反，二十二歲就早夭了。但是他在位的十二年裡，秦國多次發動對西戎的戰爭，並取得了勝利。隨著秦國的強大，西戎蠻族已經無法抵擋秦人凶狠的進攻了。

憲公二年（前七一四），秦軍大舉進攻西戎蠻族大首領亳王所盤踞的蕩社，並於次年鏟平蕩社。西戎軍隊被打得大敗，亳王落荒而逃。

憲公十二年（前七〇四），秦軍進攻蕩氏，消滅這支西戎部落。

秦國在西方的戰鬥，無形之中對捍衛中原文明起著至關重要的作用。驪山之變後，西戎崛起，對中原華夏族構成嚴重威脅，如果不是秦國人以拼命三郎的勇氣與戰鬥精神遏制並削弱西戎，西戎蠻族的勢力早已經滲透到中原地帶了。

勝利的消息傳回國內時，秦憲公已是病入膏肓，眼看就要不行了。與此同時，看似平靜的宮廷，實則暗流湧動。當時憲公的長子已被立為太子，權臣弗忌、三父等人則打算立其幼子出子。憲公一死，弗忌、三父馬上發動政變，廢掉太子，擁出子為君主。

不料幾年後，弗忌、三父等人發現出子雖然年輕，卻不願意當他們手裡的傀儡。這些權臣不禁在心裡冷笑，我等既可立你，也可以殺你。西元前六九八年，三父等人派人假扮盜賊，把出子殺了。此時的出子年僅十一歲。

出子一死，國君的寶座又空出來。三父等人想來想去，有資格當國君的，也就只有出子的哥哥，以前被廢掉的太子。沒辦法，只好又把太子扶上臺，他就是秦武公。

秦武公也只是十幾歲的小孩子，經歷了被廢的風波後，心智較他人更為成熟。他假意迎合三父等權臣，暗地裡卻策劃誅殺權臣的計畫。武公三年（前六九五），他以霹靂手段發動政變，把殺害弟弟的一幫權臣繩之以法，並處以夷滅三族的酷刑。

從武公的謚號可以看出，他乃是一代雄君，在武功上取得了驕人的成績。他初即位時（前六九七），便發動對彭戲氏（西戎的一支）的戰爭，一直追擊到華山之下；十年後，秦武公重拳再度出擊，討伐戎人的分支邽戎、冀戎，逐一擊破之。秦在與西戎的百年戰爭中，已是佔盡優勢。

不僅如此，秦武公還把目光盯在小諸侯身上。此時正是春秋時代初期，史無前例的大兼併戰爭已拉開帷幕，秦國自然不甘落後。西元前六八六年，秦國吞併了小虢國，邁向兼併諸侯的第一步。從地緣來看，秦國在諸侯國中處於偏遠地區、接近蠻夷。這本是地緣劣勢，但在一定的歷史時期，劣勢反倒成為優勢。秦國的地理位置使其有向外拓展的廣闊空間，通過對西戎的鯨吞蠶食，秦國的土地不斷延伸向西方。

武公在位時間二十年，於西元前六七八年去世，時年也不過三十多歲。武公死後，採用活人殉葬制度，陪葬的人多達六十六人。殉葬是商周時代一種醜陋的制度，王公貴族不僅生前要享受，死後還要享受，這才有殉葬的陋習。《墨子》一書曾寫道：「天子殺殉，眾者數百，寡者數十；將軍大夫殺殉，眾者數十，寡者數人。輿馬女樂皆具。」進入春秋戰國後，儒、墨等顯學都極力批判殉葬制度，這一醜陋的制度才慢慢被各諸侯國廢除，文化落後的秦國廢除得最晚，這後面再說。

由於秦武公死時，兒子尚年幼，他擔心權臣一手遮天的歷史重演，沒傳位給兒子，而是傳給同母弟弟，這就是秦德公。

秦德公只是個過渡人物，他三十三歲即位，兩年後便死了，長子秦宣公立。

此時在秦國以東，一個偉大的國家正以火箭般的速度竄起，這個國家便是晉國。晉國是春秋歷史上最偉大的國家，也是秦國的剋星。秦宣公四年（前六七二），晉獻公大舉討伐驪戎（戎人的一支），滅其君，取得偉大的勝利。兩個相鄰的強國碰到一起，衝突不可避免。這一年，秦國與晉國爆發戰爭，雙方戰於河陽，凶狠的秦人佔了上風。這也是兩國的第一次交鋒，在以後漫長的歲月裡，兩國還有無數次的兵戎相見。

宣公當了十二年國君，死時大約也不到三十歲。他同樣沒把權力交給年幼的兒子，而是給了弟弟秦成公。

秦成公是個短命鬼，只當了四年國君便死了，君位傳給弟弟，他便是秦國歷史上最偉大的一位君主秦穆公。

二、韓原之戰：邁向大國之路

在秦穆公之前，秦國的歷史相當簡略，甚至連君主叫什麼名字，也無從考。儘管秦人以自己的堅強在西部殺出一片新天地，但中國文明的重心始終在中原。此期中原的史料已是相當豐富，秦國史料卻幾乎一片空白。直到秦穆公橫空出世，在諸侯國中大放光芒，秦國的史料才豐富起來。有了這些珍貴的史料，我們才能對秦穆公的事業有更深刻的理解。

西元前六五九年，秦穆公正式即位。

這時距驪山之亂、西周滅亡已過百年。東周天子暗弱，早已失去領袖諸侯的能力，國內政治形勢大變，大諸侯國開始從幕後走到台前，揮舞霸業的旗幟，其中的領軍人物是第一代霸主齊桓公。齊桓公能稱霸的原因，在於任用管仲為相，以「尊王攘夷」為號召，建立新的國內秩序。

秦穆公深知秦國人民堅忍不拔、耐力超絕，然而文化上的落後，使得人才凋零，難以同東方諸侯一決雌雄。在國家小的時候，還比較好管理，隨著疆域的不斷擴大，秦國急需政治上的人才，來管理這個蒸蒸日上的國家。

人才引進，便成為秦穆公的基本國策。

穆公四年（前六五六），秦穆公迎娶晉獻公的女兒，此舉意在緩和兩國緊張的關係。這個政治婚姻讓秦穆公有意外的收穫，在晉國公主的陪嫁奴僕中，竟然有一個大政治家，這個人便是百里奚。

一個政治家怎麼會淪落到奴僕的地步呢？這裡有一段十分曲折的故事。百里奚原本是虞國大夫。兩年前（前六五八），晉獻公向虞國借道攻伐虢國，百里奚力勸虞君，萬萬不可讓晉軍過境。收受賄賂的虞君根本不聽百里奚的勸告，結果晉國攻佔虢國後，順手牽羊把虞國滅了。百里奚成了階下之囚，後來被當作陪嫁奴僕，跟隨公主到了秦國。

一個堂堂的虞國大夫，從高官變成奴僕，百里奚哪裡忍受得了這種恥辱。入了秦國境內，他找機會逃跑了。這一逃，逃到了楚國。

不料他的運氣實在差得很，跑到楚國後，被楚國人當作秦國間諜，又一次身陷囹圄。求賢若渴的秦穆公早聽說百里奚的賢明，聽到他逃走的消息後，心中鬱鬱不樂。後來打聽到百里奚在楚國被抓走，秦穆公愁眉頓展，喜上心頭。

怎麼把百里奚弄回秦國呢？

起初秦穆公的想法是，開高價換回百里奚。不過他轉念一想，這時楚國人只把百里奚當作間諜，不知他乃是高明的政治家，倘若秦國開價太高，反而會引起楚國人的懷疑。只有低賤的價格，才會令楚國人相信這不過是個無足輕重的人物。

秦穆公開出的價格低得不能再低了：以五張羊皮換一個大活人。

據《史記》記載，此時百里奚已經年過七十，連幹活的力氣都沒有，在楚國人眼中，連五張羊皮都不值，他們很樂意與秦國做交換。

這樣，百里奚又被帶回了秦國。

唉，難道自己一大把老骨頭，竟然要以奴隸身分終其一生嗎？正當百里奚長嗟短歎時，命運女神卻跟他開了個大玩笑。

前來迎接他的，不是手執皮鞭的管家，而是秦穆公本人。秦穆公非但沒把他當作奴僕，反而敬若上賓，謙虛地向他請教如何治國。老邁的百里奚不無感慨地說：「老夫不過是亡國臣子，哪有資格讓國君親自討教哇。」

秦穆公以恭敬的語氣說：「虞君不聽您的勸告，才招致亡國的命運，並非您的過錯。寡人雖然無才，卻思賢若渴，希望您幫助寡人治理國家。」

命運果然鬼使神差，神妙莫測。自己曾在虞國久居高位，無奈忠言逆耳，以致亡國。今日身處異鄉，地位卑賤，年紀老邁，不敢幻想未來。豈知山重水複，柳暗花明，枯木又逢春。上天把他流放到這片荒涼的土地，不正是要他成就一番豐功偉業嗎？

百里奚與秦穆公相坐而談，忘了吃忘了睡，竟整整談了三天三夜。年輕的秦穆公不恥下問，年老的百里奚有問必答，君臣其樂融融。三天後，百里奚一躍成為掌管國政的大夫，因為他是以五張羊皮換來的，故而被稱為「五羖大夫」。

峰迴路轉，百里奚並沒有得意忘形。

他對秦穆公說：「我的才能比不上蹇叔，蹇叔十分賢明，只是世人不知道罷了。」接著，他對秦穆公講了蹇叔的故事。

蹇叔是百里奚的好朋友。

與百里奚熱衷功名利祿不同，蹇叔為人低調，深居簡出，隨遇而安，淡泊名利。百里奚年輕時曾經遊歷齊國，想混個一官半職，卻落得個四處碰壁，以乞食為生。在落魄時，他認識了蹇叔，兩人雖然性格很不同，但互相欣賞對方的才華，遂成為好友。在蹇叔的支助下，百里奚度過了最艱辛的日子。

有一次，百里奚到了周王室領地，遇到周惠王的弟弟子頹發動政變（前六七五），驅走了周天子，自己登上王座。他聽說子頹喜歡牛，自己在養牛上有一套辦法，想以此來博取子頹的歡心。這時蹇叔出來阻止，認為子頹的政變不可能成功。過了不久，果然周惠王成功復辟，子頹的跟隨者大多被誅殺，百里奚得蹇叔的阻止而倖免於難。

多年一事無成後，百里奚決定到虞國去碰碰運氣，撈了一個官職，步步高升。蹇叔警告他說，虞君昏庸無道，聽不進大臣的勸告，這樣的君主不值得跟從。名利薰心的百里奚聽不進蹇叔的勸告，結果虞國被晉國所滅，自己淪為階下囚。

百里奚將自己的故事說給秦穆公聽，極力推薦蹇叔：「每次我聽蹇叔的建議，都可以化險為夷。只有一次沒聽他的話，就遭遇國破被囚的命運，由是可知蹇叔是個非常有智慧的人。」

秦穆公聽了大喜過望，不久後，他以非常貴重的禮物誠懇地請來蹇叔，拜為上大夫。

百里奚與蹇叔成為秦穆公的左膀右臂，在內政治理方面取得了卓越成就。不僅如此，百里奚的兒子孟明視與蹇叔的兒子西乞術後來都成為秦國重要的將領。

秦穆公僅僅以五張羊皮的代價，換來四位傑出的人才，絕對是划算的投資。在百里奚與蹇叔的協助下，秦穆公得以從繁忙的內政事務中解脫出來，專心於外交事務與軍事擴張。

秦國地處西隅，向東之路被晉國所阻。秦晉兩國，受周邊蠻族的影響很深，與中原諸國相比，軍國主義思想非常鼎盛，崇尚武力，民風勇悍，是棋逢對手的兩個國家。如何處理與晉國的關係，成為秦穆公最關心的問題。

雄心勃勃的秦穆公，不想去招惹這個強大的鄰居，他積極改善與晉國的外交關係。與秦國相比，晉國內部權力鬥爭趨於白熱化。

西元前六五五年，晉獻公寵幸的驪姬設了一個局，誣陷太子申生、公子重耳和夷吾三人欲陷害老爹。獻公大怒，殺心頓起。太子申生自殺身亡，夷吾與重耳遠走他鄉避難。四年後，晉獻公病逝，驪姬的兒子奚齊被立為國君。然而，對驪姬心懷不滿的大臣們發動政變，殺死奚齊與驪姬。一時間，晉國的政局撲朔迷離。

晉國的內亂引起秦穆公的密切關注。

逃亡在外的晉國公子夷吾希望得到秦國的相助，他與秦穆公達成一項秘密協定。該協定的核心內容是：秦穆公幫助夷吾返回晉國當上國君，晉國將割讓五座城邑給秦國作為酬謝。對秦國來說，這可真是太划算的買賣了。

秦穆公得到夷吾的許諾後，當機立斷，派遣軍隊護送公子夷吾回國。在秦國的支持下，公子夷吾順利返回晉國，登上國君寶座，史稱晉惠公。

任務完成了，晉惠公該信守承諾了吧。可是晉惠公翻臉不認帳，拒絕割讓土地。

這一刻，秦穆公感覺自己成了冤大頭。

晉國與秦國的關係迅速惡化。

西元前六四七年，晉國發生大規模的饑荒。晉惠公厚著臉皮派人到秦國，請求秦穆公將糧食賣給晉國。秦穆公還為晉惠公違約而憤憤不平，現在晉國人找上門，要不要提供糧食援助呢？

公孫枝對秦穆公說：「我看還是先給他們提供糧食援助，如果晉國人知恩圖報，就會把約定的土地割讓給我們；如果晉國國君再次忘恩負義，那麼他的百姓必然離心，一旦政府失去了人民的支持，我們前去攻打，他們必敗無疑。」秦穆公心裡很猶豫，又問百里奚：「要不要給晉國人提供援助？」

百里奚回答說：「天災流行，這是各國都難免發生的事情，救災恤鄰，是符合道義的，多做善事，國家會有福報的。」

當時身在秦國的晉國流亡份子丕豹，他的父親被晉惠公所殺，如今晉國饑荒，這是報復晉惠公的最好機會。他跑來對秦穆公說：「現在正是攻打晉國的時候。」秦國大臣都力主對晉國實施人道主義援助，丕豹卻幸災樂禍，這令秦穆公很不高興，他正色說：「晉國國君著實可惡，但是人民卻是無罪的。」一個國君對敵國能有如此胸懷，秦穆公不愧為偉大的政治家。

救急的糧食通過水路，源源不斷地從秦國運輸到晉國災區。這次大規模的糧食運輸，又被稱為「泛舟之役」。

晉惠公是否感恩戴德呢？不。

他從來不是知恩圖報的人。

風水輪流轉。第二年，輪到秦國鬧饑荒了。

秦穆公派人趕往晉國，請求晉惠公提供糧食援助。晉惠公是十足的地痞無賴，又一次忘恩負義，拒絕賣糧。

晉惠公的一意孤行，終於激怒了秦穆公。秦國人憑藉自己的堅強，克服天災，度過了最艱苦的饑年。第二年災情緩和後，秦穆公要報復了。

穆公十五年（前六四五），秦國大舉發兵，越過邊界，殺入晉國，三戰三勝，渡過黃河，兵臨韓原。

面對秦國人凶悍的攻勢，晉惠公不甘示弱，決意親征，與秦穆公一較高低。

晉惠公親抵韓原，先派大將韓簡去偵察秦軍的虛實。

韓簡回來後向晉惠公彙報說：「秦軍的人數比我們要少，但鬥志比我們多了一倍。」晉惠公聽了很納悶，問道：「這話怎麼講？」

韓簡答道：「秦國曾多次幫助晉國，晉國一次也沒有報答，他們才興師問罪。現在您不但不反省自己，與秦國和解，反倒傾國家之力迎戰。我軍士氣低落，秦軍士氣高昂，這樣看來，秦國的鬥志何止比晉國多一倍呢？」

晉惠公聽後怒氣沖沖地說：「一個普通人都不能受人輕侮，何況是一個國家呢？」他讓韓簡充當先鋒，向秦軍挑戰，並傳話給秦穆公：「寡人不才，只能把軍隊集合起來，不能解散他們。您如果不退兵，將無處逃命。」

秦穆公聽後不禁輕蔑一笑，派公孫枝答覆道：「您還未返回晉國時，寡人為您憂懼；您地位尚未穩固時，寡人為您擔心；現在您的地位穩固了，我豈敢不接受您挑戰的命令呢？」

韓簡知道秦軍上下同仇敵愾，氣勢如虹，他回到兵營對左右說：「我們如果能活著當秦國人的俘虜，就已經是幸運了。」

連晉國大將都失去信心，更不用說一般的將士了。

九月十三日，秦、晉這兩支最凶悍的軍隊在韓原展開巔峰對決。秦軍如餓狼撲食，晉軍如猛虎下山；秦軍的士氣旺盛，晉軍則人多勢眾。這是勇者的時代，兩位國君親自揮戈，各自在戰車上參加戰鬥。晉軍將領韓簡的戰術是擒賊先擒王，他的戰車迅速插入秦軍陣中，直撲秦穆公。

晉軍人多勢眾，佔據上風。秦穆公在戰鬥中負傷，形勢很不樂觀。正當此時，不知從哪冒出三百個野人，手執武器，力大無比，衝入晉軍營中，把晉國人殺得人仰馬翻。這到底是怎麼回事呢？不要說晉惠公看得兩眼發愣，就連秦穆公也不知這支奇兵是何方神聖。

有果必有因。

原來在幾年前，秦穆公乘坐的一匹好馬走失了，被岐山下三百個野人宰了吃掉。後來這些野人被秦吏抓到，打算嚴懲。秦穆公擺擺手說：「算了。君子不能因為牲畜的緣故傷害人的性命。我聽說光吃馬肉不喝酒，是會傷身體的。」於是下令賜酒給三百個野人。這些野人雖沒什麼文化，卻比晉惠公懂得知恩圖報的道理。他們聽說秦穆公與晉惠公大戰於韓原，遂抄起傢伙趕來助陣。正好瞧見秦穆公為晉軍圍攻，還掛了彩，野人們便衝上去解圍，救了秦穆公一命。

由是看來，做善事還是有善報的。三百個野人參戰，秦軍反敗為勝。

與秦穆公相比，晉惠公倒楣得多，他的戰車陷入泥濘之中，動彈不得。秦軍一擁而上，將晉惠公活捉了。國君被生擒，群龍無首，晉軍被打得大敗而逃，同時被俘虜的，還有不少晉國大夫與將領。

晉惠公是個忘恩負義的傢伙，秦人恨之入骨，若是被押回秦都，恐怕小命難保。秦穆公放出這樣的話：「我要拿這小子來祭祀上天。」有一個人焦慮不安。

她就是秦穆公的夫人秦穆姬，也是晉惠公的異母姐姐。穆姬與弟弟不同，很有人情味，弟弟落難，她怎麼能袖手旁觀呢？怎麼救？女人有女人的辦法：以死相逼。

穆姬帶著兩個兒子、兩個女兒，登上高臺，高臺下堆滿乾柴。為了營造悲情效果，她光著腳，披著麻衣黑巾。

她派人對秦穆公說：「天降災難，使秦、晉兩國兵戎相見。如果晉國君主白天被押進秦都，妾就在晚上自焚；如果晚上押進秦都，妾就在早晨自焚。這件事，請您好好考慮。」

秦穆公沒有想到夫人來了這麼一手，他歎氣道：「俘虜晉國君主，我本以為可以凱旋而歸，倘若好事變成喪事，抓了晉國君主又有什麼意義呢？」想殺晉惠公者大有人在。

公子縶說道：「不如把晉君殺了，以免他回國後又與我們作對。」

公孫枝不同意，提出另一個方案：「不如有條件地釋放晉國君主，條件就是讓晉國太子到秦國來充當人質。晉是一個強國，我們無法消滅它，殺了晉君，只會加深兩國的仇恨。」

秦穆公心裡明白，晉國的實力絕不在秦國之下，韓原之戰的勝利，實有僥倖成分。他興師伐晉，只是為了給晉惠公一個教訓，並非想殺了他。再加上夫人穆姬以死相威脅，這人更殺不得了。他認可公孫枝的方案，與晉國進行談判。

晉惠公已是階下之囚，當然沒有資本談判，只得委託國內執政大臣呂甥為全權談判代表，前往秦國。

躊躇滿志的秦穆公問呂甥：「對於和談一事，晉國內部的觀點一致嗎？」

呂甥回答說：「不一致的。有些人以國君被俘為恥，為陣亡者悲傷，不怕徵稅賦、修兵革之苦，立太子圉為國君；他們說，寧可事奉戎狄，也要報仇。有些人愛戴國君，知道其過錯，因此不惜徵稅賦、修兵革以待秦國釋放國君的命令；他們說，必定報答秦國之恩，雖死無二心。所以說晉國民眾的看法是不一致的。」秦穆公點了點頭，又問說：「晉國人是怎麼看待自己的國君呢？」

呂甥回答說：「有些人表示擔憂，認為國君很難倖免於難，他們說，我國得罪了秦國，秦國豈肯釋放國君回國呢？有些人抱著寬恕之心，認為國君能安全返回，他們說，我們承認犯了過錯，秦國必然會釋放國君，這是天大的恩德，同時也是一種威嚴，秦國憑藉此恩德與威嚴，可以稱霸諸侯了。如果秦國廢掉了晉侯，只會把以前的恩德變為怨恨，這樣對秦國有什麼好處呢？」聽了呂甥的回答，秦穆公肅然起敬，晉國有人才，晉國不可欺。

談判的結果，秦國同意釋放晉惠公以及其他俘虜；晉國割讓河西之地，以及部分河東之地，同意遣太子入質秦國。

韓原之戰，是秦國歷史上重要的一次戰役。在此之前，秦國一直處於東周政治的邊緣地帶，憑此一役，秦國重創晉國，震動諸侯。從此，秦國開始為東方諸侯所關注，國內政治地位及影響力也不斷提升，躋身於強國之列。秦穆公在戰爭前後的表現，實有大國君主的雍容氣度，秦國歷史上的黃金時代，由是開始。

三、蜜月時代

晉國太子圉被送到秦國當人質。

秦穆公並沒把他當人質對待，還把女兒嫁給他。當然，穆公不是活雷鋒，他有自己的政治算盤：太子圉是晉國未來的統治者，又是自己的女婿，只要他順利繼承君位，無疑秦國對晉國將擁有更多的話語權。

只是落花有意，流水無情，太子圉根本就不領情。一個堂堂大國的太子，居然淪為戰敗國的人質，在秦國一待就是六年，這不能不說是一件奇恥大辱的事。

西元前六三八年，晉惠公病重的消息傳到秦國。

太子圉對自己的政治前景憂心忡忡，他入質秦國已六年之久，國內還有好幾個同父異母的兄弟對國君寶座虎視眈眈。近水樓臺先得月，如果他不能及時回國，恐怕夜長夢多。他未必不知道強大的秦國就是自己最好的外援，但是多年近似囚犯的人質生涯，使他對秦國沒有好感。他不想依靠秦穆公的力量上位，否則必受秦人的擺佈。

於是他不辭而別，秘密逃出秦國，返回晉國。

幾個月後，晉惠公病逝，太子圉即位，史稱晉懷公。

人質跑了，秦穆公的計畫泡湯了。他雷霆震怒，想到晉惠公與晉懷公都是忘恩負義之人，只把秦國當猴耍，這口氣，他再也嚥不下去了。

一定要把晉懷公拉下馬！怎麼做呢？秦穆公想到了一個人：流亡在外的晉國公子重耳。只要扶植重耳，把他送上晉國國君寶座，晉懷公就死無葬身之地了。

晉國公子重耳在外漂泊十幾年了。

起初他被驪姬陷害，不得不遠走他鄉，逃到狄國。晉獻公死後，驪姬被大臣們所殺，那麼重耳可以回到晉國了吧？繼位的晉惠公是他的兄弟，非但不讓他回國，反而把他當作對自己權力的威脅。晉惠公派出刺客，前往狄國刺殺重耳，重耳只得再度亡命天涯，逃到齊國。

在之後幾年，重耳與他的隨從們四處流浪，希望得到諸侯們的支助，返回晉國。只是他們所到之地，只遭人白眼，可謂嘗盡人世辛酸。最後，他來到了楚國。此時的楚國是天下最強大的諸侯，當權者是武功赫赫的楚成王。楚成王對重耳優待有加，然而最終將他推上晉國君主寶座的人，卻是秦穆公。

秦穆公向重耳拋出橄欖枝，重耳身邊那些精明的謀士群，從中窺見回國的機會已趨成熟，秦穆公必定會以他強有力的手腕，助重耳一臂之力。

重耳入秦後，受到了秦穆公的熱情接待。

為了拉攏重耳，秦穆公送給他五位美女，這位年過六十的晉國公子豔福非淺。在這五名女子中，竟有一人是穆公的女兒嬴氏，她是太子圉（晉懷公）的夫人，只是太子圉逃回晉國去了，婚姻也就到此為止。

不過重耳還蒙在鼓裡，他不知此女乃穆公女兒，頗有怠慢之意。嬴氏大怒道：「秦與晉的地位差不多，你為什麼要瞧不起我呢？」這時重耳才意識到這個女人身分絕非尋常。

秦穆公得知此事後，以抱歉的語氣對重耳說：「我的女兒中，屬她最有才能。當年太子圉作為人質時，我把女兒許配給了他，現在太子圉跑回晉國，我心裡最疼這個女兒，想將她許配給公子，又怕公子落得個壞名聲，沒敢舉辦盛大的婚禮。現在出了這件事，讓公子受辱了，這都是我的過錯，我女兒就聽憑公子處置吧。」重耳驚出一身冷汗，這個女人既是秦穆公的女兒，得罪不得，也惹不起，不如把這樁婚事推掉算了。然而，他的謀臣們都認為，迎娶秦國公主，就能得到秦穆公的有力支援，這個婚約，絕不能推。

就這樣，重耳正式迎娶秦國公主，同時在名分上成了秦穆公的女婿。這是一樁政治婚姻，秦穆公現在有充足的理由，為女婿返回晉國奪權而大動干戈了。

西元前六三六年，新年剛過，秦穆公派遣大軍護送重耳返回晉國。

秦軍渡過黃河，進入晉國，隨即展開軍事行動，連續擊敗晉懷公的軍隊，攻佔令狐、桑泉、臼衰三座城邑。

軍隊失利，令晉懷公大驚失色。他命令呂甥、郤芮率領軍隊駐紮在廬柳，與秦軍對峙。秦穆公派公子縶與呂甥、郤芮談判，談判結果是晉軍陣前易幟倒戈，宣誓效忠重耳。重耳接管這支軍隊後，晉國的局勢陡然之間失衡，勝利的天平已倒向重耳一方。

很快，重耳與秦軍聯手，攻取重鎮曲沃城，而後向首都絳城進軍。

肝膽俱裂的晉懷公逃往高梁。重耳的大軍兵不血刃佔領都城，在大臣的擁護之下，登上了國君的寶座，他就是歷史上著名的晉文公。

一國不容二主。晉文公上臺後，馬上派人刺殺晉懷公。

看上去晉國的內亂已結束，秦穆公也大功告成。

然而，一波未平，一波復起。先前投降晉文公的呂甥、郤芮陰謀發動政變，他們制定了一個暗殺計畫，打算刺殺晉文公。這個計畫還沒來得及實施就洩露了，晉文公大驚失色，他喬裝打扮，不走大路，只走小道，秘密離開晉國，前往秦國求援。

秦穆公再度伸出援助之手。他派遣大軍，陳兵於秦、晉邊界，嚴陣以待。當呂甥、郤芮兩人發現晉文公去向不明後，心知陰謀敗露，方寸大失，無心戀戰，糾集叛軍，離開都城，逃往邊境。秦穆公誘騙兩人入秦軍營地，就地處死。

晉國的這起政變，因為秦穆公的武裝干涉，很快被平息了。秦穆公派遣三千名精兵，護送晉文公再度返回國內。晉文公流亡在外十九年，在國內根基並不紮實，他能迅速安定國家，憑藉的就是秦穆公的武力支持。沒有秦穆公，就不可能有晉文公的霸業。

秦穆公做了一件好事，結束了晉國長期以來動盪不安的局面。

這裡還有一個離奇的故事。

據說秦穆公剛即位時，得了一場大病，整整臥床五天才醒過來。醒來後，他說自己夢到仙帝了，仙帝要他平定晉國內亂。後世的人認為秦穆公不是做夢，而是神魂出竅，跑到天上遊了一趟。

或許，這就是他的使命。

政治是利益的博弈。秦穆公費盡心思把晉文公扶上臺，不是因為他樂善好施、助人為樂，不是，根本不是。

他捲入晉國政治，只是為秦國尋找一條通往東方的道路。中國政治的重心在中原，秦國地處西陲，雖稱得上是軍事強國，但在政治上影響力遠遠與其大國地位不相匹配。雄才大略的秦穆公要在中原有所作為，必定要跨越晉國的阻隔。鼎力資助晉文公，換取秦國通往中原之路，在秦穆公看來，值。

只是秦國要向東擴張，晉國同樣也要向東擴張。近水樓臺先得月，晉國終究佔了地緣上的便宜。

西元前六三六年，周王室再起內亂。周襄王被弟弟王子帶打得落荒而逃，只得號召諸侯勤王。早對中原虎視眈眈的秦穆公自然不肯放過「尊天子而令諸侯」的難得機會，他馬上率軍隊東進到黃河，準備渡河，開赴中原勤王。只是黃河的對岸，卻是晉國的地盤。以秦穆公對晉國的恩惠，難道晉文公會不讓他渡河嗎？

確實，秦、晉兩國的關係從未像現在這樣親近。但這種親近並非是無間，摩擦還是存在的。事實證明，晉國人有厚黑的傳統。

晉文公一面謝絕秦軍東渡黃河，一面親自率軍勤王。叛軍豈是精銳晉軍的對手，很快被打得大敗，王子帶被俘虜並處死。晉文公把周襄王迎回首都雒邑，立下再造王室的偉大功業，掌握了「王令」這張王牌。晉國的霸業已呼之欲出了。

這個揚名立萬的機會，竟然被晉文公給搶走了。秦穆公痛心疾首，卻又無可奈何。

無論是晉文公或秦穆公，都曉得現在不是翻臉的時機，「蜜月之旅」還要繼續。當時天下最強大的諸侯國，不是晉國，也不是秦國，而是南方霸主楚國。楚國連續幾代出明君，雄踞江漢之地，公開自稱為「王」，與周王室分庭抗禮，可謂狂妄至極。晉文公與秦穆公都有霸主雄心，他們兩人後來都被列入「春秋五霸」。

但要當霸主，首先得打敗強大的楚國，否則就是空話。

晉文公在「勤王」行動中已佔了大便宜，現在得分點小利給秦穆公。

在「勤王」行動結束後，晉文公出兵協助秦穆公發動一場旨在針對楚國的軍事打擊，目標是楚國的「嘍囉國」鄀國。在這場戰爭中，秦國兵團顯示出強大的戰鬥力，大破楚國援軍，生擒楚軍總司令鬬克。

不過，真正改寫歷史的一戰，卻是西元前六三二年的城濮之戰。

城濮之戰是春秋劃時代的戰役，是晉國走向霸業的起點。在這場中原大戰中，秦穆公也派出精銳部隊參戰，但真正的主角卻是晉國兵團。

在晉國名將先軫的指揮下，晉軍大破楚軍於城濮，改寫了中原政治版圖，奠定了晉國百年霸業的基礎。秦國作為晉國的盟友，儘管成為勝利的一方，秦穆公非但沒有興奮，反倒有一種挫敗感。

他一手扶植起來的晉文公在這場關鍵的戰爭中出盡鋒頭，還被周天子任命為諸侯盟主（侯伯），地位已在他之上。

不是我不明白，是這世界變化快。

曾經四處流浪、無家可歸的晉國公子重耳，如今成為叱吒風雲的晉文公。女婿成了主角，岳父秦穆公只能屈居於配角的角色，這預示著兩國親密的關係已出現不可弭合的裂痕。

西元前六三〇年，挾霸主之威的晉文公發動對鄭國的戰爭，秦穆公又一次充當配角。誰叫秦穆公不甘心在中原無所作為呢？要東進中原，他一定要與晉國合作。

在兩大軍事強國的夾擊下，鄭國已是岌岌可危。

某天夜裡，秦軍大營裡來了一位不速之客。此人乃是鄭國「離職老幹部」燭之武，他偷偷潛入秦軍兵營，會晤秦穆公。

燭之武開門見山，對秦穆公說：「如果鄭國滅亡，只會使晉國坐大。秦在晉的西面，鄭在晉的東面，秦與晉滅了鄭國，晉國將獨吞鄭國土地，秦國只能坐視晉國的版圖擴大。出了力氣，卻讓鄰國更加強大，得不到實際的好處。」

聽到這些話，秦穆公心裡不由得咯噔了一下。燭之武的話，說到了他的心坎上。

燭之武估摸著秦穆公的心思，把更狠的話放出來：「晉國人多忘恩負義，當年您幫助晉惠公奪得政權，晉惠公答應要送給秦國河東之地，結果怎麼樣了？貴為國君，居然食言，不僅沒有把地獻上，甚至秦國鬧饑荒時，拒絕施予援手。這些都是您經歷過的，晉國人是不守信用的。」

「老幹部」燭之武此來的目的，就是挑撥秦穆公與晉文公的矛盾。

能被挑撥離間，說明秦、晉兩國關係並非鐵板一塊。是呀，憑什麼寡人出了力，好處卻讓晉文公獨吞呢？

與其讓晉國獨吞鄭國，不如秦國自己獨吞。

但如果與晉國撕破臉皮，秦國就難以東進中原了，豈不是只能退回荒涼的西陲？秦穆公畢竟智慧過人，他想到一個主意：我乾脆就留一支軍隊，駐留在鄭國，在中原安插這麼一支軍事力量，日後重返中原時，正好可以有個照應。

秦穆公明確答覆燭之武：秦國退出戰爭，同時派杞子、逢孫、楊孫三位將軍率部協助鄭國守衛都城。

這簡直是天大的喜訊。秦國不僅不攻打鄭國，還幫鄭國守衛都城，燭之武彷彿有做夢的感覺。這不是夢。很快，秦穆公遵守諾言，率大軍撤走了，留下一支部隊入駐鄭國都城。

這下輪到晉國人目瞪口呆了：秦穆公是在唱哪齣戲呢？你不想打仗，白個撤兵就是了，還留下一支軍隊幫鄭國人守備，這不是有意與我們為敵嗎？

怒氣沖沖的晉國將領們向晉文公提議：索性截擊返回途中的秦穆公，一舉消滅秦軍主力部隊。

晉文公搖搖頭道：「秦國有恩於我，我不能像前任惠公、懷公那樣恩將仇報。」為避免與秦為敵，他下令晉國大軍撤出鄭國，打道回府。

由於晉文公明智的策略，秦、晉兩國關係暫不至於惡化。

然而，秦、晉的蜜月時代已一去不返了，該來的，終究會來。

兩年後，大器晚成的一代霸主晉文公病逝。

晉文公的去世，使秦、晉的關係急轉直下。繼任者晉襄公剛剛上任，便迅速調整對秦的政策。山雨欲來風滿樓，秦與晉這兩大強國，將兵鋒再起，究竟誰才是強者中的強者呢？

四、殽山：揮不去的噩夢

秦穆公是一匹狼，一匹西域之狼。

他貪婪的眼光，緊盯著中原這塊大肥肉，可惜的是，中間橫亙著一頭巨虎，這頭巨虎就是晉國。秦國的風光完全被晉國壓制下去了，在幾次中原戰爭中，秦國完全是跟在晉國屁股後面，撿一些殘羹剩菜。

偉大的秦國，豈能當小混混的角色！

沒有晉國的提攜，難道秦國就無法在中原立足嗎？秦穆公不信邪。

三年前，他在鄭國布下一顆棋子。他留下一支軍隊，幫助鄭國人守衛都城。說是幫鄭國人，其實秦穆公並沒有高尚的國際主義精神，這只是他陰險的計畫，這支軍隊就是一顆地雷，有一天要把鄭國人炸得粉身碎骨。

他開始策劃奪取鄭國的計畫，只要鄭國到手，秦國人的「魔爪」便可伸入中原，同時可從東、西兩面夾擊晉國。這個計畫如此美妙，秦穆公不禁露出得意的笑容，似乎通往中原的大門打開了。

一支遠征軍組建起來，主將是孟明視將軍，兩位副將是西乞術與白乙丙。孟明視是百里奚的兒子，西乞術則是蹇叔的兒子。

深謀遠慮的蹇叔與百里奚卻旗幟鮮明地反對軍事大冒險。

蹇叔說：「秦國距鄭國那麼遠，出動龐大的軍隊進行偷襲，行蹤一定會暴露。將士遠征勞累不堪，鄭國人以逸待勞，將出師不利。」

百里奚說：「從秦國到鄭國要經過好幾個國家，一支軍隊行進千里，不被發現是不可能的，各國間諜活動頻繁，這事情準沒法保密。」秦穆公不高興，沒理會兩個老頭兒的意見。

遠征軍出發那天，秦穆公親自為將士送行，在一片歡快的氣氛中，突然傳來很不和諧的聲音——有人在哭泣。秦穆公很憤怒，回頭一看，是蹇叔和百里奚這兩個老傢伙，正擦著眼淚呢。

秦穆公怒喝道：你們哭啥呀？

蹇叔用長袖擦擦眼淚說：「我們的兒子都在出征的行列，我們都很老啦，恐怕他們這一去，就再也見不到面了。」

秦穆公已經聽出弦外之音了，他怒不可遏，說了一句古代最有名的詛咒：「爾何知？中壽，爾墓之木拱矣！」用現代文說就是：你咋知道，老傢伙，要是你死得早點，墳頭的大樹已經可以兩手合抱了。」

伴君如伴虎，蹇叔和百里奚不敢哭了，只是暗地裡對兒子說：「從秦國到鄭國，要經過殽山。殽山地勢險峻，容易設伏，現在秦晉關係惡化，如果晉國在殽山設下伏兵，就算是十倍的秦軍也難逃厄運。至於晉國會不會利用這次機會，就要聽天由命了。」

秦國遠征軍出發了，為了繞開晉國，他們行軍於荒無人煙的山林野地。

如果不是一個意外情況的出現，遠征鄭國的計畫幾乎得逞。

當秦軍行進到滑國時，與一位名叫弦高的鄭國商人不期而遇。弦高以商人特有的敏銳嗅覺，判斷秦軍意在突襲鄭國。他一面派人以最快的速度將情報送往國內，一面隨機應變，獻上四張牛皮與十二頭牛，對秦軍統帥孟明視說：「我國君得知貴國軍隊前來，命我在此迎接將軍，將軍一路勞累，特獻上一天的給養作為犒勞。」

孟明視被他天才的演技矇騙了，以為自己的行蹤已暴露。事實上，鄭國對秦軍的行動一無所知。當鄭文公收到弦高帶來的情報，他大驚失色，立即對留守鄭國的秦軍部隊下達逐客令。

秦軍失去偷襲的戰機，又失去內應的部隊，鄭國已進入全面戰備，想攻下已是不可能。奇襲鄭國的計畫完全失敗了。就這樣灰溜溜空手回去嗎？要知道國家發動一次遠征，要耗費多少人力物力，一箭未發就回去，臉上無光，對秦穆公又如何交代？

孟明視、西乞術等將軍索性順手牽羊，把小小的滑國給滅了。滅滑之戰，不在原先計畫之內，只是一場挽回軍隊面子的小戰。然而，這次開戰，卻給秦國遠征軍帶來毀滅性的後果。

在晉國國都絳城，剛剛即位不久的晉襄公主持軍事會議。會議的核心議題，就是要不要消滅這支秦國遠征軍。

晉軍高層分為兩派：一派堅持遵照晉文公生前對秦國的外交政策，把秦國視為盟友；另一派則力主利用秦軍孤軍深入的機會，打一場殲滅戰，一舉摧毀秦國的軍事力量。

三軍統帥、一代名將先軫是最堅決的主戰派，他力排眾議道：「國君剛剛過世，秦國人並沒有表示哀悼，還藉此機會東進奔襲鄭國，並滅了滑國。滑國跟咱們一樣是姬姓國，可見秦國是不講道義的國家。對於不講道義的國家，消滅他們的機會來了，這種機會不是經常有的，稍縱即逝，如果再爭論下去，就沒有機會了。上天要讓他們的遠征軍栽在我們手中，我們是不可以違背上天的，放過敵人，就是留給自己災患。我們是為子孫後代做打算，這是違背晉文公生前的意願嗎？」先軫的意見獲得大多數將領的支持，為全殲秦師，晉襄公決定不宣而戰。

戰場選擇在殽山，這是秦軍返回途中必經之地。

殽山，《讀史方輿紀要》中記載：「自新安以西，歷澠池、硤石、陝州、靈寶、閿鄉而至於潼關，凡四百八十里。其北皆河流，翼岸巍峰插天，約谷深委。終日走硤中，無方軌列騎處。」這是一個山高峰陡之地，以地勢險峻而聞名，蹇叔曾經警告過，要特別注意晉國軍隊在殽山設伏。

先軫發佈軍事動員令，並邀請長於山地戰的姜戎（戎人的一支）參加。晉軍主力與姜戎部隊陸續進入殽山區域，埋伏起來，等待秦軍鑽入預先設定的大口袋。鑒於這次會戰對晉國未來有著決定性的意義，晉襄公雖在守喪期間，仍然親臨前線，並把白色的喪服染成黑色。

四月十三日（前六二七），西行途中的秦國軍隊行進到殽山最險峻的地帶。

秦軍統帥孟明視想起蹇叔的忠告：晉軍一定會在殽山設伏。然而忠告卻不能使秦軍有效擺脫遭受伏擊的命運，從去年冬季遠征軍出發，到現在已經過了四個多月，將士們已是疲憊不堪，進入殽山後，險峻的山嶺使行軍變得更加困難。

突然間，兩側山嶺旌旗飄揚，戰鼓隆隆。

孟明視最擔心的事，還是發生了，自己已是身陷絕境。

晉國戰車已佔據有利的地形，晉襄公親自坐鎮指揮。從開戰的那一刻起，孟明視就明白失敗是不可避免的。晉國人以逸待勞，以眾擊寡，更控制了險關隘口與制高點，國君戴孝坐鎮。無論天時、地利還是人和，晉國人都佔據上風，秦國人何以抵擋呢？

但秦國人還是英勇反擊，頑抗到底。這只是為尊嚴而戰，這絕非勢均力敵的戰鬥。擋在道前的是晉國精銳的戰車部隊，擅長山地戰的姜戎人正沿著山坡向下猛衝，山頂上的箭矢如雨飄下，擂木滾石從天而降……殽山之戰，秦軍全軍覆沒。孟明視、西乞術、白乙丙三員大將全被俘虜。

這是秦國歷史上最慘重的失敗。在漫長的秦晉爭霸中，秦國第一次嚥下冷澀的苦果。

秦穆公東進中原的美夢被徹底打碎！

晉襄公向世人證明，沒有晉文公，晉國仍然是無可爭議的霸主。

在善後事宜上，晉襄公犯了一個非常嚴重的錯誤。

晉文公夫人文嬴是秦穆公的女兒，她想方設法營救孟明視、西乞術、白乙丙三員大將。她對晉襄公說：「秦國與晉國原來關係很好，都是孟明視、西乞術、白乙丙三個人，從中挑撥離間，使兩國關係惡化。如今三人打了敗仗，秦君恨之入骨，巴不得吃其肉喝其血。不如把他們交給秦國處置，既能讓秦君殺之解恨，又可顯示晉國的寬大，您看怎麼樣？」晉襄公被文嬴一糊弄，糊裡糊塗地答應了。

文嬴以最快的速度釋放了孟明視等三人。

這麼重大的決定，晉襄公居然沒有跟總司令先軫元帥打招呼。當先軫問起對孟明視等人的處置意見時，晉襄公不以為然地說：「因文嬴夫人強烈要求，寡人已經將三人釋放，讓秦國人去懲罰他們。」

先軫聽罷暴跳如雷，開口便罵：「將士們在前線以生命相拼，才把這幾個秦軍將領活捉。現在憑那個婆娘幾句話，就把他們給放走了，長敵人士氣，滅自己威風，晉國離滅亡不遠了。

呸——！」他當著晉襄公的面吐口水，氣呼呼地揚長而去。

晉襄公被他罵醒了，情知鑄成大錯，急派陽處父前去追趕，要在三位秦將還未離開國境之前把他們重新抓回來。陽處父還是遲了一步，他駕車疾馳到黃河邊，三位秦國將領已經上了一條小船，悠然而去。

陽處父急中生智，高喊道：「三位將軍且留步。我主公以為三位將軍空手而返未免禮數不周，特令我前來贈送馬匹。」

孟明視等三人，好不容易死裡逃生，恍如夢中一樣，哪裡會上陽處父的當。孟明視站在船尾，對陽處父抱拳道：「多謝貴國國君手下留情，沒有用我們的血來染紅戰鼓，我等甘願回國受懲罰。倘若國君處死我等，我等死而無悔；如若僥倖不死，三年之後，我等自然會前來報恩。」一葉小舟，悠悠遠去了。

秦穆公親自到郊外迎接，孟明視等人面帶慚色，跪倒在地，自求懲罰。秦穆公拉起三人，想著大軍出征，竟只三人得以生還，禁不住老淚縱橫：「這哪能怪你們啊。只怪寡人不聽蹇叔的忠言，致使全軍覆滅，還讓你們遭受恥辱，責任全在寡人一人。你等勿自責。」海納百川，有容乃大。

秦穆公遭遇殽山之恥，能痛定思痛，自我檢討，確有一代君主的風範。把過錯歸於自己，氣量果真不同一般。孟明視等三人，一概官復原職。

殽山之戰進一步確定了晉國的霸權地位。

秦穆公向東擴張的激情被無情地遏制了。他知道，只要有晉國在，秦國斷難向中原發展。只是殽山之仇不報，軍隊的士氣、信心就無法重振。

兩年後（前六二五），孟明視懷著一顆復仇的心，殺入晉國。決心很大，現實卻很殘酷，晉國又一次讓秦人見識何為霸氣。晉軍反守為攻，攻入秦國，雙方大戰於彭衙。孟明視再嘗敗績，復仇不成，又一次蒙羞。

屢戰屢敗，孟明視背上「常敗將軍」的惡名。但秦穆公仍堅定不移地信任他，這種信任，給了孟明視無窮的力量。為一雪前恥，他全身心投入到重建秦軍戰鬥力的工作中。

不報殽山之仇，秦穆公絕不甘休。

西元前六二四年，秦穆公親自率領大軍，孟明視為總指揮，東渡黃河，進攻晉國。渡河之後，秦穆公下令將船舶全部燒毀，以示不勝絕不西歸。君主尚且如此，將士無不奮力，一時士氣高漲，慷慨激昂之氣瀰漫全軍。

這是為榮譽而戰，為尊嚴而戰。

面對秦人來勢洶洶的進攻，晉國做出一個極為明智的決定：堅壁清野，只守不攻，避免與秦軍決戰。

秦軍主力從茅津南渡黃河，進入殽山。大將孟明視到此，不由得一陣心酸，四年前殽山之戰的慘敗，歷歷在目。戰場沒有打掃，秦軍將士的屍體早已腐敗，只剩下一堆堆白骨，終日風吹日曝，以及散亂在山谷中的車輪與生銹的兵戈。

陣亡將士的屍骨就地掩埋，堆成一個土丘，在土丘前立一個牌，作為標記。此舉表明秦國政府沒有忘記曾經為國家浴血奮戰的將士。這對於崇尚武力的秦人來說，無異是一劑強心針，驅動更多的人走上戰場，為國家、為榮譽而戰。

儘管這次出征，並沒有取得什麼戰果，但軍隊在晉國境內縱橫一番，又掩埋昔日戰友的屍骸，也算有所收穫，勉強算得上報復晉國一下了。

秦穆公心裡明白，自己一手扶植起來的晉國政權，已經振翅高飛，秦國已非其對手了。可是秦國不能就此沉淪，要對抗晉國，秦國還不夠強大；然而在西方，卻有廣闊的開拓空間。

當通往東方的一扇大門緩緩關閉時，另一扇大門開啟了。

五、東方不亮西方亮

西戎一直是秦國的頭號敵人。

秦穆公即位初年（前六五九），便發動討伐茅津之戎的戰爭。秦穆公十一年（前六四九），戎人進攻周都雒邑，秦國與晉國聯合出兵討伐戎人，保衛周王室。後來秦穆公全力向中原擴張勢力，與戎人的關係相對緩和，秦、戎一百多年的戰爭也告一段落，雙方甚至互派使節往來。

殽山之戰的慘敗，把秦穆公的眼光從中原轉移到了西方。

一個人的到來，對秦穆公稱霸西戎起到決定性的作用。

這個人，名叫由余。

西元前六二六年（殽山之戰後第二年），西戎之王派遣使節團出使秦國，使節團首席代表便是由余。由余並非戎人，他的先祖是晉國人，因躲避內亂逃亡到西戎。他從小在西戎長大，博學多才，深得戎王信任。

秦穆公有意在由余面前炫耀秦國的富實，帶他參觀了壯麗的宮殿，堆積如山的財糧寶物。由余不露聲色，只是淡淡地說：「秦國的宮殿，即使是鬼神來完成，也會覺得筋疲力盡，又何況是人力呢？這不過是勞民傷財罷了，算不上什麼政績。」

這一番話令秦穆公肅然起敬，不由得收起驕奢之氣，恭敬地請教道：「請問先生，中國有先進的文化，以禮樂法度來治理國家、施行政事，還是免不了經常發生變亂。西戎沒有中國的禮樂制度，如何治理國家與百姓，政事不是會更亂嗎？」由余回答道：「禮樂法度正是中國變亂的原因所在。上古時期黃帝等先王創建禮樂法度，到了後世，君主們憑藉這些法度約束百姓，自己卻驕奢淫逸；百姓受到壓制，生活在極度困苦之中，不禁要埋怨君主貴族。上下失信，紛爭便起，人就失去淳樸的本性，熱衷於篡權奪位，如此一來，不亂都不可以哩。」

秦穆公聽後直點頭，由余繼續說：「西戎與華夏不同，民風質樸。在上位者待民以惠，在下位者報之以忠誠，國家就像人的身體一樣，上下和諧，雖然沒有繁複的禮樂制度，卻是一個有機體，渾然天成。聖人治國，大約也只能到這樣了。」由余的一番話，著實讓秦穆公茅塞頓開。

西戎有由余這樣明智之人，豈非是秦國的心腹之患嗎？秦穆公問內史廖：「我聽說鄰國若有聖人，一定是值得擔憂的事。西戎有由余這等賢人，對我國始終是一個禍患，你看要怎麼辦呢？」

內史廖想了想說：「西戎地處偏遠之地，民風質樸，生活簡單，不如向西戎王進獻女樂數人，美妙的音樂與迷人的舞蹈，一定會讓西戎王心動。用女樂消磨西戎王的雄心壯志，乘機離間他們的君臣關係，就有機會策反由余。」

秦穆公拍手叫好，吩咐內史廖挑選十六名女樂，送往西戎。同時，他又以種種藉口，把由余留在秦國。

西戎文化落後，哪裡見識過如此美妙的音樂與舞蹈。很快，西戎王便沉迷於美女、歌舞之中。蠻族質樸的文化被浮華所摧毀，政事也開始荒廢了。

由余遲遲沒有歸國，引起戎王的猜疑，多次催促後，秦穆公才不得不放行。當由余回到西戎後，發現西戎王彷彿變了個人，終日不理政事。他不斷地向戎王進諫，勸導君王遠離女樂，勤於政事。西戎王哪裡聽得進去，反而嫌他礙手礙腳。君臣關係日益疏遠，信任也降至冰點。

秦穆公不失時宜地拉攏由余。暗中派人前往西戎，遊說由余歸降秦國。由余本是正直之人，不願背叛西戎王。然而，西戎王變本加厲，對由余的猜疑心越來越重，態度越來越冷淡。

由余在西戎已無立錐之地，無奈之下，他只得選擇離去，投奔秦國。

秦穆公的離間計終於大獲成功。他隆重歡迎由余的到來，親自出城相迎，以上賓待之，並將西戎事務交給由余打點。

我們細數秦穆公時代軍界政壇的重量級人物，百里奚、蹇叔、孟明視、西乞術以及由余，都不是秦國人。穆公對人才的重視程度，遠遠超過之前的任何一位君主，這也是他得以成就霸業的根本原因。由於穆公非凡的胸襟與氣度，原本人才匱乏的秦國，一時之間人才濟濟。

征服西戎的戰爭，很快提上議事日程。

西戎是一個籠統的稱呼，由許多部落組成（當時也稱之為國），並不是一個真正意義上的統一國家。在穆公時代，西戎王名義上是諸部落的首領，其實並無實際權力，各部落的關係十分鬆散。

由余制定了一個計畫，偶爾派出軍隊開赴邊界線，擺出進攻的架勢。很快就有人報到西戎王那兒，說秦軍要攻進來了。沒過多久，秦軍就從邊界撤走了。如此幾次後，當有人再報秦軍入寇的消息，西戎王便勃然大怒，操起一把弓，衝著報信的人就是一箭。此後，沒有人敢打擾西戎王喝酒賞歌舞的雅興了。

雅過頭了，災難就降臨了。

穆公三十六年（前六二四），秦軍準備就緒。負責征討西戎的總司令仍是孟明視將軍，秦穆公對這名並不算優秀的將領不離不棄。與晉國元帥先軫相比，孟明視絕對不算天才，也缺乏高明的戰略戰術。不過他是屬於苦幹型的人，用來對付戰略不太高明的戎人，就有用武之地了。

秦軍傾巢而出，直取西戎王。這時西戎王在幹什麼呢？他喝得酩酊大醉，不省人事，躺著呼呼大睡。等他睡醒時，睜開眼睛，才發現自己動彈不得，早已被殺進來的秦國士兵綁得結結實實了。

孟明視挾生擒西戎王之餘威，橫掃西戎。此役戰果巨大，拓地千里，吞併多個西戎國（部落），使秦國成為西部名副其實的霸主。秦國究竟吞併了多少個西戎小國呢？史料有不同的說法。《史記》中的《秦本紀》記為「益國十二」，這個說法與《韓非子》一書的說法是一致的。但在《史記》的另幾篇裡，卻有不同的說法，比如說《匈奴列傳》中稱「八國服秦」，《李斯列傳》中稱「併國二十」；《漢書》中的《韓安國傳》則稱「併國十四」。儘管記載不同，都可以看出秦國的赫赫戰功。

憑藉此役，秦國一掃數年前崤山慘敗的頹勢，其擴張之凶猛，令東方國家也為之震驚，周襄王也派召公前往祝賀秦穆公取得的豐碩攘夷戰果。

稱霸西戎，是秦穆公事業的頂點。後來，他被列為春秋五霸之一。

其實，秦穆公本不應被尊為霸主。春秋時代的霸主，不僅要有傲視天下的武功，也必須具備號令諸侯的資格。從這個意義上說，秦穆公是稱不上霸主的。然而秦穆公得以入選，證明他的偉大成就得到世人的認可。在他之前，秦國沒沒無聞，甚至連史料都少得可憐。

正是從秦穆公開始，秦國才成為一個令人矚目的政治大國。他任人唯賢，大力引進人才，吸收中原文明，使得秦國的實力有了實質的飛躍。他在韓原之戰中大敗晉國，開始為諸侯所側目，扶立晉文公更大大加強秦國的政治影響力。他積極把秦國的勢力擴張到中原，參與城濮會戰，在國內舞臺上聲名鵲起。殽山慘敗後，他臥薪嘗膽，再鼓雄風，橫掃西戎，再現強秦之風采。

無論從個人修為、涵養、氣質、才能以及取得的成就諸方面說，秦穆公列為五霸之一，當之無愧。

孔子對秦穆公有一段評論。當齊景公問他說：「秦國國土面積小，地理位置偏僻，為什麼秦穆公能稱霸呢？」

孔子回答說：「秦國的國土雖小，但秦穆公有偉大的志向。地理位置雖偏，但秦穆公的所作所為公正有道義。以百里奚為例，穆公以五張羊皮換回他，僅僅談話三天，就把國政交給他。從這點來看，穆公稱王都可以，稱霸還有點小呢。」

在百里奚落魄為奴時，他能禮賢下士；在忘恩負義的晉國遭遇饑荒時，他能不計前嫌，提供糧食援助；在重耳漂泊四方時，他能慷慨相助，安定晉國；在孟明視兵敗殽山時，他能總攬責任，自我批評反省。這些事蹟，足見其胸襟之廣闊，實非他人所能及。

然而，善始者未必能善終。

這位偉大的君主死後，竟以一百七十七個活人陪葬，遂使秦國一代霸業凋零，重新回到閉關鎖國的老路。

西元前六二一年，統治秦國達三十九年之久的秦穆公去世。他的葬禮極其隆重，下葬的不僅僅是秦穆公一人，還包括一百七十七人組成的龐大的殉葬隊伍。如此龐大的殉葬人數，在中國歷史上也是罕見的。在他之前的秦武公，殉葬人數也只有六十六人。

在這些陪葬者中，還包括秦國著名賢臣子車氏的三個兒子：奄息、仲行、鍼虎。三個人在民眾中的口碑不錯，被認為一時之賢人，可惜生在這種專制的年代，還沒來得及展現自己的才華，就被列入陪葬的行列中，與秦穆公的屍體一起腐朽，沉入暗無天日的漆黑墓室。在專制社會中，人的生命是何等一文不值。

《詩經》中有一首詩，題為「黃鳥」，是時人痛惜三位賢人之死而作，表達出無可奈何的遺憾之情：

交交黃鳥，止於棘。
誰從穆公？子車奄息。
維此奄息，百夫之特。
臨其穴，惴惴其慄。
彼蒼者天，殲我良人！
如可贖兮，人百其身！

交交黃鳥，止於桑。
誰從穆公？子車仲行。
維此仲行，百夫之防。
臨其穴，惴惴其慄。
彼蒼者天，殲我良人！
如可贖兮，人百其身！

交交黃鳥，止於楚。
誰從穆公？子車鍼虎。
維此鍼虎，百夫之御。
臨其穴，惴惴其慄。
彼蒼者天，殲我良人！
如可贖兮，人百其身！

三位賢人還有人作詩以紀念，其他一百七十四人，甚至沒有留下姓名。如果有朝一日，秦穆公的墓室得以重見天日，他們猙獰的屍骨，將會是對專制最好的控訴。

這時我們不禁要想個問題。

秦穆公一生愛才如命，死後卻將有才之人陪葬，這究竟是出於秦穆公的本意呢，還是他的繼任者秦康公藉此來拔去眼中釘、除掉政敵呢？這些歷史謎團，現在很難解開了。這次殉葬卻給了秦國深遠的影響，使得欣欣向上的秦國發展遲滯甚至倒退了。

秦國本來是文化落後的國家，秦穆公之所以可以稱霸，跟他引進外來人才是密不可分的。沒有這些國外人才，秦穆公無可作為。試問天下英才，有誰喜歡今天是座上客，明日是陪葬品呢？從此以後，國外的人才再也不願意踏進秦國這片土地。秦國的發展勢頭被遏制，又回到缺乏政治人才的蒙昧年代，這一停滯，有二百多年之久。

不過，秦國賴以立國的軍國主義傳統始終沒有斷絕，尚武精神尚在，這使其在文化遠遠落後東方諸國的同時，仍然有實力保持軍事大國的地位。

六、沉悶的拉鋸戰

秦穆公去世的同年，晉襄公也去世。

上一代的恩恩怨怨，隨著兩位君主的去世而淡化了。

秦國太子罃即位，史稱秦康公。與秦國相比，晉國高層權力鬥爭太複雜，使得立君一事，一波三折。

晉國元帥趙盾有意改善與秦國的關係，決定立晉襄公的弟弟公子雍。春秋時代的諸侯國有一個傳統，為避免諸公子爭權奪利，君主經常會讓他們僑居國外。公子雍僑居秦國，若立他為國君，勢必可緩和與秦國緊張的對立局面。

趙盾派士會出使秦國，秦康公當然樂意看到公子雍上臺，便痛快答應派兵護送他回國。公子雍在秦國待了那麼多年，算得上是半個秦國人，如果他順利即位，秦晉兩國的和平即將降臨，這也是眾望所歸。

護送公子雍的秦國軍隊已跨過邊界，進入晉國境內。誰想風雲突變，節外生枝，趙盾忽然變卦了。原來晉襄公的夫人大鬧朝廷，憑什麼要立襄公的弟弟呢？父位子承，不是天經地義嗎？應該立自己的兒子夷皋。這女人一鬧事，連元帥趙盾也沒了主意，只得讓步，同意立夷皋為君主，即晉靈公。

這不是胡鬧嗎？

那邊派人請秦國護送公子雍回國即位，這邊卻突然立了新國君。一個國家怎麼能有兩個君主呢？

晉國人向來是不厚道的。趙盾一下狠心，索性出動大軍，以武力阻止公子雍返回都城。在令狐，公子雍與秦國軍隊遭到晉軍的突襲，被殺得狼奔鼠竄，灰溜溜逃回秦國。

秦康公驚呆了。本想助人為樂，卻被人當猴耍了。

出使秦國的士會驚呆了，自己也被晉國政治耍了，他索性不回國了，留在秦國。

趙盾的反覆無常，葬送了秦、晉和平的機會，從此兩國兵戎再起，殺得昏天黑地，望不到戰爭的盡頭。

秦康公很生氣。

一國之君生氣，後果很嚴重，何況還是個軍事大國。

康公二年（前六一九），秦國發動報復戰，奪取晉國的武城。

一年後，晉國反咬一口，奪取秦國的少梁城。秦國不甘示弱，再度進攻晉國，奪得北徵。

雙方你揍我一拳，我踢你一腳，你來我往，卻只是小打小鬧。

不過，秦康公正醞釀一次大規模的進攻。

西元前六一五年，寒冬到來，秦康公頂著風雪，率領大軍越過邊境線，襲擊晉國的羈馬城，來勢洶洶。晉國元帥趙盾緊急動員三軍迎戰，所謂的三軍，不是今天的陸、海、空三軍，而是上軍、中軍、下軍。晉軍進抵河曲，與秦軍對壘。

晉國上軍副將臾駢建議：「秦軍遠道而來，不利久戰，我軍可以深溝高壘，堅守陣地，以逸待勞，等他們撤退時再發起進攻。」趙盾深以為然，下令全軍加強防禦，不得出擊。

以靜制動，晉國這一招相當厲害。秦康公遠道而來，利於速戰速決，不利於持久作戰，趙盾偏偏只守不攻，時間拖得越久，對秦軍就越不利。

秦康公急得像熱鍋上的螞蟻，他突然想起叛逃到秦國的士會。士會本是晉國傑出的戰略專家，對晉軍的底細自然非常了解，他對秦康公說：「這定是上軍副將臾駢的計謀，只要拖下去，就能把秦軍拖垮。」

「那如何是好？」秦康公又問。

「晉軍有個弱點，趙穿是趙盾的族弟，又是晉襄公的女婿，此人年輕氣盛，不學無術，狂妄自大。臾駢是他的頂頭上司，他卻瞧不起臾駢，對其戰術肯定嗤之以鼻。您只要派一支輕騎兵襲擾趙穿，他一定嚥不下這口氣，定會領兵出戰。」

秦康公採納士會的計謀，派出輕騎兵騷擾趙穿的部隊。果不其然，趙穿沉不住氣了，他命令軍隊集結，出營迎戰。

只是秦國人並不與之交鋒，虛晃一槍，掉頭就跑，趙穿沒能追上。

回到兵營後，趙穿恨恨地說：「我們準備了糧食與盔甲，就是為了跟敵人一決死戰。現在敵人已經到了眼皮底下，我們還在等什麼呢？」他手下的軍吏回答道：「是為了等待最佳時機。」

趙穿狠狠地吐口水罵道：「我可不懂什麼戰術，我只知道敵人來了，就得出去打仗。」他自恃是晉襄公的女婿，又是趙盾的族弟，不把軍令放在眼中，拉一隊人馬，私自出了兵營，準備找秦軍較量。

這麼一來，晉國的軍事部署完全被打亂了。

趙盾非常擔心趙穿的安全，對眾將說：「如果趙穿戰敗被俘，我們國家的顏面全無，我如何向國君交代呢？」於是下令全體晉軍，尾隨出發。

事實證明，秦國的武力雖強大，還是不如晉國。兩軍一交戰，晉國人便佔了上風。秦康公見勢不妙，趕緊鳴金收兵。

秦康公掂量了一下，自認為還不是晉軍的對手。三十六計，走為上策，還是先撤回國內再作打算。明明想撤退了，秦康公還是使了一個陰謀，他故意派人前去晉軍大營下戰書，並對趙盾說：「今天打得很不過癮，我軍士氣高昂，我們明天戰場上見。」這個詭計並沒有騙過臾駢。

秦國使者離開後，臾駢對趙盾說：「秦國使者的眼神與語氣，都掩藏不了對我們的畏懼，看樣子秦國人是想逃跑，我們可以出擊了，只要追到黃河邊，定可在秦軍渡河前擊敗他們。」論起用兵的謀略，秦國將領遠遠比不上晉國將領。

豈料又是趙穿壞了大事。他狗急跳牆般地跳出來阻撓道：「不行！現在我軍戰死的士兵屍體還沒有掩埋，傷者還沒有得到救治，丟下他們不管，有違仁義精神。秦軍約我們明天再戰，約期還沒有到，就要將敵人逼到險境，這不是勇士所為。」這個趙穿，成事不足，敗事有餘。在他的極力反對下，趙盾放棄了對秦軍發動進攻。

不出臾駢所料，當天夜裡，秦軍在黑夜的掩護下，悄然撤退了。

晉國失去了一次重創秦國的機會。

經此一戰，趙盾意識到有必要屯兵要塞，遏制秦國人無休止的騷擾。

桃林要塞成為防禦秦國的核心堡壘，這一要塞位於潼關至函谷關一帶，地勢險峻，易守難攻，乃是秦國通向東方的咽喉要塞。這個要塞在未來的秦、晉戰爭中發揮了重要作用，在整個春秋時代，秦國人死死地被壓制在桃林要塞以西，無法越雷池一步。

令趙盾深感擔憂的，並不是秦國軍事力量的強大，而是叛逃到秦國的士會。士會是晉國首屈一指的軍事家，只要他待在秦國一天，對晉國就是巨大的威脅。必須想辦法讓士會回到晉國。

這件事難度很大，秦康公怎麼可能平白無故拱手送還士會呢？為此，趙盾策劃了一個絕密計畫。

首先要派遣一個士會信得過的人前往秦國，還不能引起秦康公的疑心。趙盾找到一個人，此人名為魏壽余，是個貴族，采邑在魏地，靠近秦國。為了迷惑秦國人，趙盾與魏壽余上演了一齣雙簧。趙盾找了個藉口，將魏壽余的家人逮捕，囚禁起來。魏壽余在黑夜的掩護下逃出晉國，前去投奔秦國。

見了秦康公後，魏壽余大罵趙盾，並表示願意把自己的采邑魏地送給秦國。

秦康公聽了大喜，當即把群臣召集到大殿。

士會也來了。

魏壽余裝作不認識士會的樣子，從身旁走過時，只是用眼神示意一下，又故意踩了他一腳。士會何等聰明，馬上意識到魏壽余不過是假投降，此來另有用意，定是要迎自己回晉國。當初士會因為趙盾在立君的問題上反反覆覆，一怒之下離開晉國，但是隨著時光的流逝，事過境遷，晉國畢竟是他的祖國，他豈有不懷念之理呢？

秦康公完全被蒙在鼓裡，他滿心歡喜，率著一支軍隊，會同士會、魏壽余等人，前往接收魏地。一行人抵達黃河西岸，已經可以望到東岸的魏地。

魏壽余對秦康公說：「請先派個人跟我渡河過去，最好是對河東情況熟悉的人，能夠與當地官員打交道。」他把條件限定得這麼窄，很顯然，只有士會是合適人選。

秦康公沒有懷疑，他對士會說：「有勞先生去一趟。」

士會故意推辭說：「不行。晉國人如虎狼一般，沒有信譽可言，只怕我過去了，就會被他們殺死。到時您一怒之下，說不定會殺了我的妻兒子女。我不幹！」聽士會這麼一說，秦康公更放心了，安慰說：「你放心，如果晉國人背信棄義，不以魏地降秦，到時寡人肯定送還卿家的妻兒，你不必有任何疑慮，寡人願對著滔滔黃河水發誓。」不知不覺中，秦康公鑽進了士會與魏壽余設下的陷阱。

士會與魏壽余上了船，擺渡過了黃河。此時東岸冒出許多人影，原來是趙盾派來接應的人，大家齊聲喝采，歡迎士會歸來。

秦康公傻了眼，到這個時候他才如夢初醒，情知中計了。

這能怪誰呢？

士會早就說了，他可能一過河就回不來了。得了，怪來怪去，只能怪自己的聰明才智不如士會。與晉國人相比，秦國人的信用等級要高得多。無論是秦穆公還是秦康公，都不會輕易違背自己的諾言，哪怕是上了別人的當。秦康公信守承諾，不僅沒有殺死士會的家人，還把他們送還晉國。

不管怎麼說，秦康公的表現十分大度得體，狡詐的晉國人也不能不表示欽佩。「士會事件」無形之間讓兩國關係趨於緩和。在秦康公在位的最後幾年，秦、晉兩國沒有爆發戰爭。

西元前六〇九年，秦康公去世，秦共公即位。

此時晉國的戰略重心，是與南方的楚國爭霸。為避免兩線作戰，晉國十分希望與秦國媾和。秦共公剛上臺，這是談判的良機。不料倔強的秦國人根本不願意與晉國談和，有兩方面的原因：其一，晉國人比較陰險狡詐，忘恩負義，經常幹落井下石之事；其二，秦國與楚國結為軍事同盟，秦國曾出兵協助楚國滅了庸國。

談判不成，晉國人想到一個餿主意：以武力手段逼迫秦國接受談和。

出這個餿主意的人，正是眼高手低的趙穿。他對元帥趙盾說：「要與秦國和解，必須對其施加壓力。不如我們先攻打秦的小嘍囉崇國，以此為籌碼，同秦國媾和。」

趙盾同意了。趙穿揮師進攻崇國，秦共公派出軍隊援救。進攻崇國不是目的，逼秦國談判才是目的。可是趙穿想錯了，秦國不是那麼容易被人逼迫的，共公斷然拒絕晉國的要求，毫不妥協。

趙穿的計畫完全失敗，並導致秦、晉戰火重燃。

伐崇之戰後一年，秦共公出兵包圍焦邑，報復晉國的攻擊。趙盾親自率軍救援，秦軍遂撤圍而去。

這次軍事對峙並沒有持續很長時間，因為秦、晉兩國都意識到，你打我一下，我報復一下，並不能實現真正壓倒性的優勢，既勞民傷財，又收效甚微，最終只是兩敗俱傷。出於固執，秦共公不願意與晉國和解，但戰爭基本上停止了，這種冷戰中的和平，對雙方都有好處。

七、麻隧之戰與遷延之役

秦共公在位五年去世，秦桓公即位。

此時秦國與晉國的國力相差更大了，晉國在中原呼風喚雨，而秦國只是小打小鬧罷了。儘管兩國已有多年沒有兵戎相見，但間諜戰卻悄然興起。

秦桓公三年（前六〇一），晉國偵破一起秦國間諜案，間諜在晉都絳城被公開處決。這一事件，致使兩國戰火重燃。晉國聯合白狄（狄人的一支）攻略秦國，寧靜的邊境線又一次戰鼓隆隆。

與晉國對抗幾十年，秦國已完全落入下風。穆公的偉大時代已漸行漸遠，秦國人才凋零，一個名將也沒有。反觀晉國，則人才輩出，特別在軍事領域，優秀的將軍層出不窮。

為了打敗晉國，秦桓公耐心等待時機。

西元前五九四年，晉國發動對赤狄（狄人最強的一支）的全面戰爭。晉軍主力傾巢而出，掃滅赤狄。秦桓公乘機出兵，殺入晉國，兵抵輔氏（今陝西大荔東）。晉景公親自率一支軍隊，由魏顆擔任「敵前總指揮」，阻擊秦軍。輔氏一役，晉國並沒有派出最強的兵力，仍然大獲全勝。秦桓公只得仰天長歎，倉皇而逃。

在晉國的威懾下，秦桓公不敢再輕舉妄動。

西元前五八〇年，在宋國的斡旋下，晉楚兩大國進行停戰談判，史稱「第一次弭兵之會」。

「國際和平運動」的興起，促使秦、晉在對抗數十年後，第一次正式媾和。

兩國約定談判的地點設在晉國的令狐，屆時晉國新任國君晉厲公與秦國的秦桓公都將出席。到了和談的日期，晉厲公抵達令狐，秦桓公到黃河西岸後，卻猶豫不決了——狡詐的晉國人會不會搞什麼陰謀呢？

在秦、晉兩國關係史上，秦國的表現是令人稱道的，歷屆政府的信譽都很好。雖然秦晉一直處於敵對狀態，但在晉景公病重的時候，秦桓公還是很義氣地派了一位名醫來為他治病。相反，從史書記載來看，晉國人一直反覆無常，精於陰謀，不太講信用。

秦桓公心裡估摸一下：東渡黃河，踏上晉國的土地，難以保證人身安全。不行，不能自投羅網。他止步不前了，派了一個官員，名叫史顆，作為秦國代表渡河與晉厲公簽約。秦桓公不到河東，晉厲公也不往河西，同樣派代表郤犨過河與秦桓公締約。

歷史上把這次晉秦之會，稱為夾河之盟。

這次最高級別的外交和談，兩國君主甚至連面都未見到。相互防備到這種程度，一紙和平協議怎麼靠得住呢？

夾河之盟後一年（前五七九），晉國與楚國達成和平協定。

晉楚弭兵，對秦國絕不是好消息。在此之前，晉國的第一號敵人是楚國，正是因為楚國牽制晉國大量的兵力，才使得秦國沒有遭遇到重大打擊。如今晉楚媾和，晉國便可以全力對付秦國了。秦桓公對此深信不疑，他趁晉、楚兩國談判之機，暗地裡慫恿白狄出兵入侵晉國。

強大的晉國以攻代守，在交剛一役中重創白狄。

晉厲公把矛頭對準秦國，指責秦桓公背後支持白狄發動戰爭，違背兩國盟約。他同時派出使者往返於中原各國，向各諸侯國發出照會，共同出兵，打擊秦國。

「弭兵之會」令中原盟主晉國的威望空前高漲，晉厲公振臂一呼，東方諸侯紛紛響應。齊國、魯國、宋國、鄭國、衛國、曹國、邾國、滕國八個國家都派出軍隊，協助晉國打擊秦國。

中原烽火剛剛平息，西部的戰鼓又要擂響了。

西元前五七八年，晉厲公派大夫呂相出使秦國，遞交一份「絕秦書」。在這份絕秦書中，晉國歷數自秦穆公以來，秦晉八十年的外交關係，將兩國爆發戰爭的責任統統推卸到秦國人頭上。呂相絕秦書，是春秋時期一份著名的戰書，寫得很有氣勢，如排山倒海，我們且來欣賞其中一些片段。

呂相把秦國歷代君主的罪行都歷數一番。寫到秦穆公：「蔑死我君，寡我襄公，迭我殽地，奸絕我好，伐我保城，殄滅我費滑，散離我兄弟，擾亂我同盟，傾覆我國家。」寫到秦康公：「欲闕翦我公室，傾覆我社稷，帥我蝥賊，以來蕩搖我邊疆。」寫到秦桓公：「入我河縣，焚我箕部，芟夷我農功，虔劉我邊陲。」一言以蔽之，統統是秦國的錯，晉國是無辜的受害者。

這封信，自然沒有寫秦穆公如何幫助晉惠公上臺，晉惠公如何忘恩負義，秦國不計前嫌援助晉國度過災年；也沒有提到晉文公如何得到秦國一而再的幫助，沒有秦穆公的支持，哪來晉國的霸業呢？秦國對晉國的恩惠，只被呂相輕描淡寫地說成「不忘舊德」。顯然，這封著名的戰書所寫的，不見得都是事實。

晉國派出最強陣容，動用全部四個軍（上軍、中軍、下軍、新軍）的兵力，以欒書為元帥，傾巢而出。除此之外，還有齊、魯、宋等八個國家的聯軍，軍容浩大，令人望而生畏。

秦國即便想對「絕秦書」進行辯解，也沒機會了。

沒有一個中原諸侯國肯聽從於秦國，秦桓公唯一能做的，就是硬著頭皮，與九國聯軍決一死戰了。

秦軍開進到麻隧，與以晉國為首的聯軍對峙。晉國原本實力就比秦國強，擁有多名天才級的將領，現在又有多國助陣，更是威不可當。秦軍雖以悍勇而著稱，但雙拳不敵四手，哪裡抵擋得住？潰不成軍，大敗而逃，秦軍將領成差、護衛女父被晉軍所俘虜。

晉軍乘勝追擊，渡過涇水，一路追擊到侯麗才勝利班師。

麻隧之戰，是晉國對秦國發動的規模最大的一次進攻。在戰爭發動的時間上，充分利用晉楚弭兵之難得機遇。此亦可見晉國將軍們對戰爭宏觀面的把握十分精準，戰略思想非常明確，通過外交手段，聯合八個諸侯，形成絕對優勢，這些都是麻隧之戰勝利的原因。

麻隧之戰令秦桓公顏面盡喪，他在憂愁中鬱鬱而亡，其子秦景公即位。

此役令秦國元氣大傷，晉國則如日中天。繼麻隧之戰後，晉楚撕毀停戰協定，在鄢陵之戰中，晉國再度大敗楚國，鞏固不可動搖的霸主地位。

西元前五七三年，晉悼公即位，把晉國霸業推向高峰。晉國連續用兵，伐鄭攻楚，迫使鄭國臣服；同時晉國大力扶植東南吳國政權，開闢對楚戰爭的第二戰場。晉楚爭霸數十年，楚國已居下風。在這種政治背景下，楚國與秦國結盟，便成為不二的選擇。

秦楚不但是盟友，也結為姻親。秦景公的妹妹嫁給了楚共王，兩國的關係親上加親。有了楚國人的支持，蟄居十幾年的秦景公蠢蠢欲動了。

西元前五六四年，晉國爆發大饑荒。

秦景公想乘機撈一票，又怕自己不是晉國人的對手，便派人出使楚國，希望得到楚國的支持。楚共王求之不得，爽快答應。於是秦景公出兵攻入晉國，楚共王派軍隊駐於武城（河南南陽北），以威懾晉軍。晉國人既要防楚軍入侵，又沒有足夠的糧食，只得採取守勢。秦軍大掠一番後，揚長而去。

晉國豈是好惹的？災年過去後，晉國元帥荀罃揮師入秦，同樣蹂躪一番後才撤走。

又過了一年（西元前五六二年），晉悼公在鄭國的蕭魚舉行十三個諸侯國盟會，晉軍主力部隊與之同行。此時晉國國內守備薄弱，秦景公自然不會浪費這樣的機會，他派庶長鮑、庶長武入侵晉國。留守晉國的士魴對秦軍的力量過於輕視，他犯了一個嚴重的錯誤，疏於防守。秦軍兵分兩路，夾擊士魴，晉軍丟盔棄甲、落荒而逃。

晉悼公匆匆忙忙地從蕭魚起程回國。

秦晉接壤，只要晉國有什麼風吹草動，秦人便偷偷摸摸地殺來。那麼晉國為什麼沒有想到把秦國滅了呢？

春秋時代的戰爭，規模上總體是比較小的，受制於當時的兵力及武器裝備，想要滅掉一個大國，難度非常大。晉國擁有四個軍的兵力，最多時有六個軍，按照東周軍事編制，一個軍的兵力是一萬兩千五百人，四個軍便是五萬人，六個軍是七萬五千人。也就是說，晉國的總兵力約在五萬人至七萬人之間。以這些兵力要滅掉秦國，顯然不夠。

另一個原因，中原先進富饒，秦國落後貧瘠，稱霸中原，對晉國利益多多，佔據秦國，沒有實際利益。因此晉國對秦國的打擊，都是懲罰性的，而非滅絕性的。這是春秋戰爭與戰國戰爭的區別。也正因為如此，秦國雖屢屢戰敗，卻能很快恢復元氣。

不過，這次晉國真的被惹火了。

報復戰如期打響，這一次，晉國出動的兵力可謂空前。

西元前五五九年夏季，晉國元帥荀偃率晉軍主力以及十二個國家的聯軍，浩浩蕩蕩殺入秦國。然而剛到涇水邊準備渡河時，他驚詫地發現，所有嘍囉國的軍隊，都止步不前，不肯渡河。

對東方諸侯來說，秦國已經有七十年未涉足中原，對中原防務根本沒有任何威脅。秦國只是與晉國有仇，讓晉國自己去解決好了，幹嘛要興師動眾，把無關的人捲入戰爭的漩渦呢？

荀偃發佈了渡河的命令，諸侯聯軍還是無動於衷，消極怠工，沒有人吭聲，一片沉默。與之前幾位晉國元帥相比，荀偃魄力不足，給伐秦之戰帶來了隱患。大家都不肯渡河，他臉上掛不住，派叔向去遊說魯軍統帥叔孫穆子。

叔孫穆子沒辦法，表示魯國願意為諸侯國做出表率，率先渡河。魯國表態後，鄭國也做出表率，鄭國與楚國接壤，必須依靠晉國的保護，鄭軍統帥子蟜自告奮勇，遊說衛、齊、宋、曹等聯軍將領，好歹說服眾人渡河，繼續向秦國挺進。

很快，麻煩事又來了。

聯軍渡過涇水後，在河邊安營紮寨。早有防備的秦國人使出陰險的一計，在涇水上游投毒，聯軍士兵不少人喝了有毒的河水，毒發身亡。仗還沒打，就出現大量的非戰鬥性傷亡，對士氣打擊甚大，大家又賴著不走。

荀偃真的很沒面子，他這個「聯軍總司令」有名無實，不要說打仗，就是行軍都困難重重，他開始有點手足無措。所幸的是，有一個人出來為他解圍。

這個人，還是鄭軍統帥子蟜。

子蟜對荀偃說：「我們鄭國士兵願意充當先鋒。」鄭國軍隊出發了，其他諸侯國沒有辦法，只好繼續跟進。

就這樣，這支多國部隊拖拖拉拉地行軍，抵達了棫林。

戰爭的最高藝術，是不戰而屈人之兵。

聯軍內部不團結，荀偃希望憑藉人多勢眾的優勢，不戰而讓秦國舉旗投降。

然而秦國人不怕死。

秦景公斷然拒絕晉國的施壓，擺開架勢，準備與聯軍一決死戰。

既然如此，那就戰場上決一生死吧。荀偃傳令各軍做好戰鬥準備，次日天亮前，套好馬車，填井平灶，展開陣形與秦軍決戰。

晉國下軍主將欒黶是前元帥欒書的兒子，為人霸道，敢於頂撞上級，對才能平平的荀偃根本不放在眼裡。這天夜裡，他居然幹了一件荒唐事，置主帥命令於不顧，拉著自己的隊伍跑掉了。

欒黶都跑了，諸侯聯軍還待著幹什麼呢？大家二話不說，埋頭整理行裝，準備開溜。總司令兩眼發愣，大家都跑光了，這仗還怎麼打？沒辦法，只得打起退堂鼓，撤銷對秦軍發起進攻的命令，宣佈全體撤退。

不過，晉國還是有勇士的。有人不想撤退。

欒黶的弟弟欒鍼是積極的主戰派，他對部下說：「大軍出征是為了報仇，無功而返，是國家的恥辱。」他與士鞅各自帶著自己的部隊，拒絕撤退。

身為武士，戰死也比逃跑光榮。

面對晉國為首的十三國聯軍，秦景公壓力很大，他雖驕傲地拒絕投降，心裡卻忐忑不安，對擊敗晉國人實無信心。豈料天亮時，奇蹟降臨，晉國的大部隊已消遁無蹤，只剩下一支人數不多的隊伍立於風中。這支隊伍，就是欒鍼與士鞅的部隊。

秦軍以疑惑的眼光看著這支人數不多的晉國軍隊發起自殺般的襲擊，當他們發現真的只有這丁點人時，便不懷好意地衝了上去，把欒鍼等人圍起來。欒鍼沒有絲毫膽怯，視死如歸，衝入敵營，結局不出人預料，他戰死了。士鞅則殺出重圍，逃回晉國去了。

這次的伐秦之戰，虎頭蛇尾，草草而終。

伐秦之戰，戰爭的節奏非常慢，諸侯聯軍無心作戰，每到一處就拖拖拉拉，故意耗時間。最後晉軍內訌，對秦國的打擊不了了之。

後來史家把這場戰爭叫作「遷延之役」。

「遷延之役」暴露了晉國內部諸多問題，可惜的是，一代雄君晉悼公在不久後便去世，沒有時間來解決這些問題。之後，晉國諸卿家上演威逼君權、相互傾軋的血腥故事。晉國霸權由是開始衰落。

西元前五五〇年，晉國爆發欒盈之亂，齊國乘機出兵襲擾。儘管晉國很快平定叛亂並擊退齊國的進犯，但是其霸業已漸行漸遠了。

正是在此背景下，晉國再度謀求與秦國和解。西元前五四九年，晉、秦兩國各派使臣互訪，締結盟約。在夾河之盟三十年後，這兩個死對頭又一次握手言和。

八、在春秋與戰國之間

自秦穆公死後，秦國的影響力一落千丈。在東方諸侯眼中，秦就是一個野蠻未開化的國度。故而此期的史料，對秦國的記載十分簡略，主要集中在秦與晉的戰爭及外交上，對於秦國內政，幾乎不提。

不能否認的是，秦國仍然是一個軍事大國。能夠與天下霸主晉國對抗數十年，沒有一點本事可不行。

秦景公在位共四十年，於西元前五三七年去世，秦哀公即位。由於晉國內亂不止，無暇理會秦國，兩國倒是和平了幾十年。晉國衰落的同時，南方霸主楚國也走向衰落，國內的政治形勢發生了微妙的變化。東方老大諸侯齊國以及新興諸侯吳國強勢崛起，特別是吳國，在一代雄君吳王闔閭的統治下，騰飛於東南，成為楚國的勁敵。

西元前五〇六年，吳國兵團在名將伍子胥、孫武等人的指揮下，千里大躍進，搗破楚國郢都，鞭屍楚平王，曾強大一時的楚國幾遭滅亡的命運。

有一個人從楚國郢都逃了出來，他舉目四望，天下之大，能拯救楚國的，只有秦國了。他懷抱著一顆復國之心，拖著疲憊之軀，堅毅前行。他日夜行走，腳板裂開了，咬牙堅持，膝蓋骨磨損過度，撕下衣裳裹住，憑著頑強的意志力，來到了秦國。

他就是楚國名臣申包胥。

秦與楚是戰略同盟，也有聯姻。楚國有難，秦國理應出手相救。不過，秦與楚結盟只是為了對付共同的敵人晉國，如今秦晉關係緩和了，秦楚關係相對便疏遠了。兩國雖有聯姻，但秦國卻有難言之恥。

原來被伍子胥鞭屍的楚平王幹過一件十分荒唐的事，讓秦哀公蒙羞。二十年前，楚平王曾經派使者到秦國，為太子找個秦國老婆。秦哀公挑了一名漂亮的公室女子，送往楚國。楚平王一看這個未來的兒媳非常漂亮，竟然自己霸佔了，兒媳變成妃子。這件事，不僅導致楚國太子叛逃，伍子胥出走，也讓秦哀公相當沒面子。

當申包胥哭訴楚國的遭遇時，秦哀公無動於衷，懶得理睬。

秦哀公假惺惺地安慰他幾句，就退朝去了。申包胥還站在殿內，不肯退下。左右拉他，他也不走，沒辦法，只好任由他站在大殿上。申包胥靠著牆，越想越傷心，國破家亡，自己竟無能為力，心裡一片茫然，最後禁不住大哭。

這一哭，不得了，哭了七天七夜。

不僅哭，還絕食，飯也不吃，覺也不睡。

您還別說，哭也是一大本事，有時能發揮巨大作用。

這宮殿本是君主辦公之所，被申包胥霸佔著，還哭個沒完沒了，還怎麼辦公？秦哀公沒辦法，又出來見申包胥。

這幾天申包胥除了哭之外，心裡也在琢磨一個事：要如何才能說動秦哀公呢？老是低三下四求人，人家也未必願意幫忙。如今晉國國內亂得不得了，秦國高枕無憂，並不需要楚國幫忙，楚國就算滅亡了，對秦國有什麼損失呢？很顯然，要說服秦哀公出兵，就要點明其中的利與害。

想明白了這點，申包胥便對秦哀公說：「吳國乃是夷邦，貪婪無度，如果與貴國為鄰，勢必成為大患。趁現在吳國還未完全佔領楚國，貴國若能出兵拯救，楚國將世代事奉秦君。」

秦國是要挑楚國為鄰呢，還是要挑吳國為鄰呢？楚國作為鄰居，兩國幾十年來關係融洽，兵戈不舞。吳國呢？正處於瘋狂擴張期，若吞併楚國，實力將超越晉國而成為天下第一強國，況且吳國擁有闔閭這樣獰猛梟鷙的曠世雄君，有孫武這個千年不遇的軍事奇才以及伍子胥這樣謀略超群的名將。若吳滅楚，對秦國絕對是多了一個強橫的對手。

秦哀公怦然心動。

只要楚國存在，吳國再厲害，也打不到秦國。

秦哀公思忖片刻，說道：「你且回去休息吧，容寡人考慮考慮。」

申包胥一聽急了，叩首道：「國王流亡於草莽之間，沒有安身之地，我作為臣子，哪敢安心地休息呢？」

秦哀公為之動容，不禁吟起《無衣》詩，這首詩是這樣寫的：「豈曰無衣？與子同袍。王于興師，修我戈矛，與子同仇！豈曰無衣？與子同澤。王于興師，修我矛戟，與子偕作！豈曰無衣？與子同裳。王于興師，修我甲兵，與子偕行！」意思很明顯，秦國要出兵了。

沒想到哇，被視為蠻夷的秦國人，居然也能附庸風雅。

申包胥一聽，急忙跪倒在地，向秦哀公磕了九個響頭，餓了七天七夜的他已經虛弱到了極點，再也挺不住了，暈倒在大廳之上……

秦哀公派大將子蒲、子虎率五百輛戰車馳援楚國。

秦軍入楚後，與楚國將領公子期的抵抗力量會師，進攻吳國人控制的沂地。

狡猾的秦國人還是耍了些心計，他們不願意打頭陣，便對公子期說：「我們不了解吳國人的戰法。」公子期明白，秦國人把硬仗先留給楚國人，他沒有怨言，畢竟這裡是楚國，楚國人理所當然要為國家而浴血奮戰。

公子期的軍隊率先對吳軍發起進攻，吳王闔閭的弟弟夫概率軍迎戰，兩支軍隊正殺得難解難分時，秦軍參戰了！以凶猛剽悍著稱的秦國軍隊，突然出現在吳軍的側翼，五百輛戰車掀起漫天塵埃。夫概大驚失色，這時吳軍頂不住了，開始後撤。

秦、楚聯軍乘勝追擊，大獲全勝。

倘若不是兩個外在因素削弱了吳國的力量，秦軍能否打敗吳軍收復楚地，是很有疑問的。

第一個因素，越國趁吳軍主力在楚，突然出兵進攻吳國本土，後方吃緊，這對前線作戰的吳國軍隊十分不利。

第二個因素，吳王闔閭的弟弟夫概見闔閭留楚不歸吳國，就悄悄回到吳國，自立為王，舉兵作亂。闔閭大為震驚，他將楚國的戰事託付給伍子胥、孫武、伯嚭等人，自己率主力殺回吳國。闔閭一走，滯留在楚國的吳軍力量大大削弱了。

秦、楚聯軍乘機奔襲唐國。唐國是吳國的盟友，小國寡民，焉能抵擋得住虎狼之師，很快便被滅掉，吳國失去了一條臂膀。

唐國被滅後，秦、楚聯軍大舉南下，直逼郢都，仍然是楚軍打頭陣，秦軍做策應。伍子胥、孫武等人率軍在雍澨迎戰楚國軍團，儘管吳軍在人數上處於劣勢，憑著伍子胥、孫武高超的指揮藝術，吳軍還是贏得了一場勝利。

然而，這並沒有改變吳軍被動的局面。隨後趕到的秦國兵團，兵強馬壯，是一支生力軍。即使兵聖在此，也無法扭轉戰局，吳軍終於被打敗了。

雙方各敗一場，旗鼓相當，仍在雍澨一線對峙。楚軍將領子西採用火攻戰術，逼近吳軍。再往後退，就是楚都郢城了，是固守郢城，還是放棄呢？伍子胥說：「楚國人雖然打敗了我們，可是我實力並未受到重創。」他仍想同秦、楚聯軍再決死戰。

孫武反對說：「我們西破強楚，逐楚王，掘平王墓，割戮其屍，這已經足夠了。」

敵強我弱，伍子胥沉思後說：「自有霸業以來，從來沒有哪個臣子能夠這樣報仇雪恨，我們可以走了，沒有什麼遺憾了。」吳軍放棄固守郢城，撤退回國。

救援楚國一戰，是秦國在春秋末期參加的最重要的一次戰爭。沒有秦國人的慷慨相助，楚國的版圖恐怕已經被吳王闔閭輕輕抹掉了。縱觀整個春秋史，秦國儘管文化落後，但是比較樸實，講信用、重承諾。從秦穆公扶助重耳到秦哀公救援楚國，都可以看出這一點。

秦穆公之後的幾個君主，還想著向東發展，只是被晉國教訓幾次後學乖了，老老實實待在自家地盤。再往後的君主，早把當年秦穆公的理想拋到九霄雲外了。正好這時晉國、楚國都走向衰落，秦國也樂得享受和平的時光。

西元前五〇〇年，秦哀公去世。接下來的兩任君主，秦惠公與秦悼公，總計在位二十四年，無所事事，史料不留隻言片語。

秦厲共公上臺時，正是西元前四七六年，這一年也是春秋時代的結束，戰國時代的大幕已緩緩拉開。

與前兩任君主相比，秦厲共公是比較有作為的，他在位時間長達三十四年，其間最大的成就便是繼續討伐戎人。

在中國歷史上，只要中原政權強有力，外部蠻族便歸附，而當中原政權勢力衰微時，蠻族便乘機興起，這幾乎成了一種規律。以晉國為霸主的中原政治體系崩潰後，戎人勢力捲土重來。

秦厲共公十六年（前四六一），秦國沿著黃河修築防禦濠溝，出動兩萬人馬，討伐盤踞於大荔（陝西大荔）的戎人。秦軍勢如破竹，直搗其王城。

此役是華夏族與戎人新一輪戰爭的開始。在秦滅大荔後的四年（前四五七），秦國再攻綿諸（甘肅天水東）戎人。與此同時，晉國趙襄子滅代戎，吞併其地。秦厲共公三十三年（前四四四），秦國再度出兵進攻戎人中最強的義渠國，俘虜義渠王。同年，晉國韓、魏二氏共同消滅伊河、洛河之間的戎人。

在這場保衛華夏的戰爭中，秦、晉兩國都取得驕人的戰績。長期與華夏為敵的戎人被迫遠遁，自此中原不再有大的戎患。這也是秦國為保衛中原文明所作出的貢獻。

秦厲共公在位期間，中國發生的最重大的歷史事件，便是三家分晉。晉國長期實行六卿制，到了春秋末期，由於內亂頻頻，各卿家互相傾軋仇殺，六卿制蛻變為四卿制。西元前四五三年，四卿中的趙、韓、魏三氏聯合起來，消滅勢力最強的知氏，瓜分其地。晉國君主已全然被架空，國家落入各自為政的三卿手中，便是後來趙、魏、韓三國的雛形。這一變局，對未來的歷史產生了極為深遠的影響。

晉國的分裂，對秦國既是喜，也是憂。

喜的是晉國一分為三，力量自然就分散了，不再是當年那隻威風凜凜的大老虎。憂的是分裂後的趙、韓、魏三家，都迫不急待地要擴張自己的勢力。特別是雄才大略的魏文侯，他野心勃勃，麾下謀臣雲集，名將群星閃爍，早把進攻的目標鎖定在秦國了。

秦國能否頂得住這雷霆霹靂一擊呢？

九、雷神之錘

在整個春秋時代，東方諸侯政變頻繁，被孔老夫子斥為「禮樂崩壞」的年代。然而西方秦國的君主制居然穩如泰山，一起政變也沒有。不過到了戰國時代，秦國也終於迎來一起政變。

秦厲共公去世後，其子秦躁公即位。秦躁公在位十四年，於西元前四二九年去世，傳位給弟弟秦懷公。僅僅四年後，秦懷公便死於非命。秦國庶長晁彩同一幫大臣，圍攻秦懷公，秦懷公在絕望中自殺身亡。這起政變，在史書上只是輕描淡寫，我們無法了解更多的內幕。政變過後，秦懷公的孫子秦靈公即位。

政變總令國家元氣大傷，這也給了敵人可乘之機。

很快，秦靈公便遭當頭一棒。

魏文侯正在釋放戰爭的信號。

秦靈公六年（前四一九），一支魏軍偷偷渡過黃河，在黃河西岸修築起一座城堡，名為少梁城。很明顯，魏文侯要以少梁城作為進攻秦國的橋頭堡。

先下手為強，後下手遭殃。秦靈公趁魏兵尚未站穩腳跟，便率大軍氣勢洶洶趕來，雙方大戰於少梁城下。這次戰役的勝負，史書上沒有明確記錄。不過從次年魏文侯重修少梁城的記載來看，魏軍是保住城池，但城邑受損嚴重。

這是秦魏戰爭的開始。

為了遏制魏人，秦靈公在少梁北部修築兩座城邑以為防備，一為籍姑城，一為繁龐城，以威脅魏在黃河西岸的橋頭堡。兩城剛剛建成，秦靈公便去世，保衛家國的重任便落到秦簡公身上。

不過，魏文侯很快就讓秦國新君主蒙羞了。他派兒子魏擊率領軍隊包圍繁龐，一舉擊破，並把城裡的秦國人趕出去。

魏文侯顯然是吸取秦晉戰爭的經驗教訓。在春秋時代，晉國的軍事力量要遠強過秦國，為何不能重創對手呢？魏文侯認為晉國沒有在黃河西岸修築足夠多的城堡，沒有這些軍事支撐點，就無法持久作戰，因而打了勝仗後，也無法在河西長久立足。要徹底打敗秦國，就必須盡量多地築城，以堡壘戰術蠶食秦國的土地。

在這個戰略的指導下，魏文侯於西元前四〇九年，在少梁城以南約八十公里處築臨晉城，在少梁西南約五十公里處築元里城。三個堡壘遙相呼應，全面奪取秦國河西之地的時機已成熟。

西元前四〇八年，魏斯親自率領大軍，渡過黃河，入侵秦國。在三座城池的策應下，把秦國勢力完全驅逐，盡佔河西之地，而後又築洛陰、郃陽兩城。

秦簡公顏面掃地，只得全面退守洛水，並沿著洛水修築防禦工程。

令秦簡公稍感安慰的是，魏文侯並沒有繼續向西深入，因為他把進攻的矛頭轉向北方與東方。在隨後幾年，魏文侯滅掉中山國，大破齊國，威震海內。西元前四〇三年，周天子正式冊封魏、韓、趙三家為諸侯。

魏國只是晉國分離出來的一個諸侯國，卻足以把秦國打趴下了。在魏秦戰爭中，有一個人堪稱是秦國的剋星，他就是歷史上與孫武齊名的大軍事家吳起。

吳起本是衛國人，後來到了魯國。適逢齊國入侵魯國，他自告奮勇參戰。他雖有不世之才華，卻不擅長與人打交道，故而結仇甚多，處處受排擠。由於魏文侯禮賢下士，英雄歸心，吳起遂離開魯國，前往投奔魏國。

魏文侯知人善任，任命吳起為將，率領軍隊西擊秦國。吳起一鳴驚人，在伐秦之戰中，一口氣攻下秦國五座城池，震動天下。魏文侯將其提拔為西河郡守，全權負責河西戰區的軍政。

西河郡就是魏國從秦國手中奪取的河西地帶，也是秦、魏兩國交鋒最激烈的戰場。在現存的《吳子》一書中，有如下的記載：「與諸侯大戰七十六，全勝六十四，餘則鈞解。闢土四面，拓地千里，皆起之功也。」在吳起生平指揮的七十六次戰鬥中，勝了六十四次，十二次打了個平手，無一敗績。這些戰鬥，絕大多數是與秦國的戰鬥。

吳起駐守西河，秦國人根本佔不到便宜。

難道秦國就得被動挨打嗎？秦簡公的回答是：不！

魏國人把戰火燒向秦國，在秦國的地盤上打仗，自然佔便宜。秦簡公暗地裡策劃了一個精彩的反擊方案。這個方案是不與駐守西河的吳起正面交鋒，繞一大圈，甚至繞過魏國都城安邑，突襲魏國後方。這個方案冒險卻精彩絕倫。西元前四〇一年，秦軍迂迴到魏國大後方，對陽狐城發起意想不到的進攻。

這一戰大大鼓舞了秦軍的士氣，足以看出秦國人的韌性與勇敢。

不久後，秦簡公與魏文侯相繼去世，秦惠公與魏武侯接過戰爭大棒，繼續對峙。

魏武侯視察西河郡，與吳起泛舟西河，行到中流，他望著險峻的群山、寬廣的大河，不由得讚道：「美哉乎山河之固，此魏國之寶也。」有此山河之險，魏國的西線無憂也。吳起答道：「在德不在險，若君不修德，舟中之人盡為敵國也。」山河之險是靠不住的，若沒有道義，身邊的人都可能是敵人。

君臣兩人還時常探討軍事問題，特別是如何對付秦國。吳起分析說，秦國人性格倔強，國家地勢險要，易守難攻，秦政嚴厲，賞罰分明，士卒在戰鬥中有死鬥之心。秦軍士兵各自為戰的能力很強，缺點是沒有陣法，部署鬆散。擊破秦軍的方法是利以誘之，設置伏兵，在其陣勢混亂後果斷出擊。

在吳起鎮守西河的那段日子，秦惠公幾度出擊，都徒勞無功。

西元前三九三年，秦軍出擊洛水東岸的注城，被吳起的西河守軍擊敗；西元前三九〇年，秦、魏戰於武城；西元前三八九年，秦、魏戰於陰晉。由於史料殘缺，這些戰爭的過程沒被提及，武城之戰與陰晉之戰甚至誰勝誰負都沒說。

在《吳子》一書中，保留有一個戰例。

這個戰例，或許便是史書中所記的陰晉之戰。

據書中所載，秦國大舉用兵，迫近西河。吳起請求魏武侯撥給五萬名從未立過功的士兵，他說：「我率領五萬名渴望立功的剽悍戰士，如同五萬名亡命之徒一樣，敵人又豈能抵擋呢？」他以獎賞激勵士兵，軍隊士氣高漲，一舉打敗前來進犯的秦軍。

當初魏文侯奪取河西之地後，就止步不前，這是因為魏國地處四戰之地，周邊都是敵人，不能集中力量消滅秦國。吳起卻敏銳地發現秦國可怕的潛力，秦國非但民風強悍尚武，地理優勢更是遠遠強過魏國。秦國在西、北、南三面都沒有強敵，只要守住東線，國家即可確保無虞。魏國則不然，北有燕趙、東有齊國，南有韓楚，西有秦國，四面受敵。在吳起看來，必須滅掉秦國，否則魏國的軍事優勢很快就蕩然無存。

吳起開始籌畫一個大戰略，計畫以幾年時間，滅掉秦國。倘若這個計畫得以實施，就沒有後來統一天下的大秦王朝了。俗話說「槍打出頭鳥」，吳起在戰場上光芒四射，所向披靡，但是政壇上卻一敗塗地。他終於被政敵暗算了，被迫離開魏國。當他行至西河時，心頭一酸，泣下數行，歎息道：「主上倘若信任我，再給我幾年時間，秦國必亡。如今主上聽信讒人之言，不再信任我了，西河之地落入秦人之手的日子也不會遠了，魏國大概從此就衰弱了吧。」吳起離開魏國的時間是西元前三八七年。

他剛離開，秦惠公乘機出兵進犯武下。失去吳起的魏軍像丟了魂的軍隊，被打得大敗，一位大將被秦軍俘虜。只是秦惠公還未能實現收復西河的使命，便於同年病逝，其子秦出公（又稱出子）即位。

在秦、魏第一階段的戰事中，秦國是吃了大虧，讓魏國盡佔河西之地，國家安全遭到嚴重威脅。此中的原因，除了魏國強大之外，也有秦國自身的因素。進入戰國時代後，秦國政壇動盪，爆發多起政變。西元前四二五年，秦懷公被大臣所逼自殺身亡；四十年後，即西元前三八五年，又一位秦國君主死於政變。

這位君主就是秦出公。

秦出公即位時只是個小孩子，大權落入其母（史稱小主夫人）手中。小主夫人臨朝，任用奸臣，於是「群賢不悅自匿，百姓鬱怨非上」。秦出公的母親，著實不得人心。當時僑居魏國的公子連（秦靈公的兒子）風聞消息後，打算乘機入秦，取代年幼的秦出公。時任庶長的菌改駐守邊塞，暗地裡與公子連相通，放他入塞。

小主夫人得知公子連回國，大驚失色，急急派軍隊前往截擊。為了掩人耳目，士兵們得到的命令是：「有外敵入寇邊關。」菌改暗中與軍隊將領聯繫，當這支隊伍行進到一半時，公開宣佈擁立公子連。

形勢不可思議地發生逆轉了。

公子連非但毫髮未損，反倒率領這支軍隊進軍雍城。殺入城後，包圍小主夫人的宮殿，小主夫人自殺，年幼的秦出公也糊裡糊塗地被殺。

政變的結果，公子連登上國君寶座，史稱秦獻公。

這場內亂，又讓魏國漁翁得利。

魏武侯不會浪費這個機會，果斷出兵，把秦簡公收復的部分河西之地又奪了回來。

表面上看，魏國人在秦國內亂中撈得些許便宜。但若把眼光放遠點，秦國政變其實影響深遠。秦獻公是繼秦穆公之後又一位傑出的君主，也是一個承前啟後的君主。他一上臺，就廢除了秦國沿用三百年之久的殉葬制度，堪稱是秦國制度的一次革命。

自秦穆公死後以良臣殉葬，中原謀士誰也不願入秦。雖說那次殉葬只是例外，一般殉葬止於妻妾宮女奴僕，但是君主的脾氣誰摸得準呢？只要殉葬制度存在，在上位者就可以輕而易舉把政敵送入墳墓，無須理由。試問天下英雄，誰敢以身試之呢？人才不來，秦國的文化始終落後，有蠻力沒智慧，成不了真正的大國。

秦獻公為什麼會如此堅決地廢除殉葬制度呢？顯然，他是受到魏國文化的影響。他還是秦國公子時，僑居於魏國，公子出居他國，在春秋戰國時非常普遍。當時正是魏文侯統治的年代，魏文侯頗崇尚儒學思想，他尊孔子高徒子夏為師，與著名學者田子方、段干木亦師亦友，田子方是孔子高徒子貢的學生。儒學不僅反對活人殉葬制度，甚至也反對以陶製人俑陪葬，孔子曾說：「始作俑者，其無後乎。」正是受到時代思潮的影響，秦獻公回國即位後，立即廢除殉葬制度，為國外人才前來投奔解除了後顧之憂。

緊接著，秦獻公又做了第二件事：遷都。他把秦國的都城從雍城遷到櫟陽。櫟陽的地理位置靠東，遷都於此，顯然是表示收復河西的決心。而後又設立蒲、藍田、善明氏諸縣，完善秦國的行政區劃。

秦獻公並不急於同魏國開戰，他深知魏國的實力，特別是經過李悝變法後，魏國各方面制度都要比秦國完善。獻公七年，秦國開始一項經濟改革，稱為「初行為市」，這是對工商業進行規範管理，增加國家的收入來源。獻公十年（前三七五），秦國改革戶籍制度，把五家劃為一伍，實施集體化管理。

秦獻公是有才幹的君主，同時也是幸運的君主。

秦國最大的敵人是三晉，即魏、趙、韓。強大的晉國一分為三後，以魏國實力最強，魏文侯以大局為重，強調三晉一體的原則，與韓、趙兩國親同兄弟，共同對付秦國。不過，既然分裂了，這種親密的關係就難以長久維持。魏武侯只是半截明君，在他聽信諂言逼走吳起後，魏國開始走向衰落，其標誌性的事件就是魏、趙兩國由團結走向戰爭。

西元前三八六年（吳起離魏後第二年），魏國干涉趙國內政，導致魏趙關係急劇惡化。西元前三八三年，趙國入侵衛國，衛國向魏武侯求援，魏國出兵大敗趙師。次年，魏國奪取趙國河東之地。一年後（前三八一），魏、衛聯手攻入趙國，趙國求助於楚，反客為主，侵入魏國。與此同時，被魏國滅亡的中山國復國，魏國的實力急劇下降。

秦獻公想渾水摸魚，他把目標鎖定在三晉中實力稍弱的韓國。獻公十一年（前三七四），秦國派胡蘇為大將，率大軍進攻韓國。不料秦國竟連韓國也打不過，韓軍在統帥韓襄的指揮下，在酸水與秦軍展開決戰，秦軍大敗。

這一戰，著實令秦獻公感到鬱悶。

既然打不贏魏國，打不贏韓國，索性打打趙國。

三年後（前三七一），秦、趙開戰。你猜結果怎樣，秦軍在高安一戰中，又被趙國打敗了。

當年秦國打不贏晉國，現在晉國一分為三了，三個獨立出來的國家，秦國連一個也打不贏。看來秦國與三晉軍事力量上的差距，不是一般的大。所幸的是，三晉都沒有把精力放在對付秦國上，魏、趙為爭奪衛國而大打出手，韓國則乘機吞併鄭國。倘若三晉聯手，縱令秦獻公有三頭六臂，恐怕也阻止不了國破家亡的命運。

秦獻公嚇出一身冷汗。

要怎麼辦呢？只有一個字：等！

十、鶴蚌相爭，漁翁得利

很多年以後，當魏、趙、韓三國一一被秦國吞併時，他們定會痛心疾首：上天給了我們機會消滅秦國，我們卻沒有好好珍惜，倘若時光可以倒轉，過去可以重來，我們一定會把秦國滅掉一萬次。

只是追悔從來無濟於事。

正當秦獻公為自己奮鬥十幾年卻不免在戰場上連連受辱而灰心喪氣之時，機會不期而至了：魏國內戰爆發，繼而演變成三晉大血戰。

西元前三七〇年，魏武侯去世。

魏武侯沒有立太子，他死後，公子魏罃與公子魏緩兩人為爭奪君位，大打出手，內戰全面爆發。韓、趙兩國為了爭奪三晉老大的地位，捲入戰爭，魏國內戰很快成了一場「國際大戰」。

秦獻公樂呵呵地坐山觀虎鬥。

這場大戰一波三折，跌宕起伏。魏國內戰之初，魏佔據絕對的優勢，屢戰屢勝，眼看毫無懸念之時，韓、趙兩國突然參戰。

韓、趙兩軍分別從南、北兩個方向進軍，夾擊魏。雙方在濁澤展開大戰，魏軍大敗。魏罃被韓、趙聯軍團團圍困，危在旦夕。他就像砧板上的魚肉一樣，只能等待別人的宰割了。

可是令人瞠目結舌的一幕發生了。

韓、趙兩國君主在如何處置魏國的意見上不和。趙成侯主張殺掉魏罃，立公子魏緩，迫使魏國割地；韓懿侯卻主張把魏國一分為二，分別由魏罃、魏緩統治，分裂後的魏國將淪為二流國家，只能成為韓、趙的小嘍嘍。兩人看法相左，最後竟不歡而散，在勝券在握的情況下，莫名其妙地撤軍了。

大難不死的魏罃乘機重振旗鼓，一舉消滅公子魏緩，自立為君主，他便是魏惠王。魏惠王很快還以顏色，先是在馬陵擊敗了韓國軍隊，繼而又在平陽之戰中力挫韓、趙聯軍。

三晉戰爭，令參戰三方都元氣大傷，精銳部隊損失殆盡。

魏惠王與韓懿侯坐下來談判，兩國損失這麼大，得從哪裡弄點補償才行。兩個君主一拍即合，找秦國揩點油。是的，魏、韓都以晉國繼承者自居，不把秦國放在眼裡，在他們看來，一個國家對付秦國就足夠了，何況兩個一起上。

只是兩人都忘了一件事：這幾年的血戰，早已讓兩國虛弱不堪了。

西元前三六六年，魏、韓兩國聯手，共同出兵。以逸待勞的秦軍迎擊於武都，貌合神離的魏韓聯軍被打敗了。

既然從秦國那裡沒撈到任何便宜，魏惠王與韓懿侯再度撕破臉皮。魏國公子景賈率大軍討伐韓國，韓國兵團在陽地全力阻擊，擊潰了魏國兵團。曾經天下無敵的魏國，如今氣力已大不如從前了。

冷眼旁觀的秦獻公要出手了。

在三晉鬥得昏天暗地時，秦國卻蓄勢待發。此時秦獻公已在位二十一年，經過二十年臥薪嘗膽的改革，秦國實力有了突飛猛進的發展，而它的對手卻在走下坡路。此長彼消，秦獻公的信心高漲。

西元前三六四年，秦國兵團在大將章嶠的統領下，殺入魏國。在此之前，秦國雖以武力剽悍而聞名於世，名將卻寥寥。即便是秦穆公時代的孟明視，也不足以稱為名將，只能算苦力型的將領。到了戰國時代，秦國將星閃耀，而章嶠可算是這些將星中的第一人。史料中幾乎沒有留下他的任何資料，只留下他偉大的勳績。

石門一戰，震驚天下。

章嶠指揮秦國兵團大敗魏師，取得斬首六萬的空前勝利。這是戰國時代最重要的戰役之一，奠定秦國超級軍事強國的地位。當然，我們不能憑一場戰役的勝負，就斷定秦國的軍力完全超越魏國。但是，它證明了秦國已具備與三晉全面抗衡的實力，一舉扭轉先前被動挨打的局面，大大刺激其軍國主義思想的發展。

倘若不是趙國及時出兵救援，魏國的損失可能更大。

在此之前，趙國與魏國已交戰多年，趙成侯之所以鼎力相助，並非出於發揚國際主義精神，而是三晉再怎麼互鬥，其關係也要比秦國來得親近。在對付秦國這一立場上，三晉都不含糊，可以暫時休兵，對付共同敵人。

早已被邊緣化的周天子居然站出來慶賀秦軍大獲全勝，並給秦獻公一個「方伯」的頭銜，所謂方伯，就是一方之伯，即一方諸侯之長。按道理說，周天子本不宜在諸侯爭戰上站在偏向秦國的立場，只是他這些年被三晉壓迫得喘不過氣，看到有人教訓不可一世的魏國，很有點幸災樂禍的興奮。

秦魏攻守格局已逆轉，秦國開始了戰略反攻。

石門之戰次年（前三六三），秦軍又一次大舉出擊，目標是黃河西岸軍事重鎮少梁城，意在拔除魏國設在河西的戰略據點。在上一年戰爭中傷亡慘重的魏國再次向趙國求援，頗有義氣的趙成侯又一次派人馬渡過黃河，協助魏軍挫敗了秦國奪取少梁城的陰謀。

只是魏惠王與以前的晉國君主一樣，著實缺少感恩之心。他非但沒有報答趙國的救命之恩，反倒恩將仇報，悍然發動對趙、韓的進攻，在澮水之戰中大敗趙、韓聯軍，並佔領趙國的皮牢城。

得道多助，失道寡助。

像魏惠王這樣不講道義的人，終究惡有惡報。

西元前三六二年，秦獻公再攻少梁城，這回趙國人再也不施援手了。秦國庶長國大破魏軍，俘虜其統帥公孫痤，奪取繁龐城。這座城池是當年魏文侯從秦國人手中奪取的，現在又回到秦國人手中。秦國在與魏國的河西爭奪戰中，已經佔據了上風。

面對咄咄逼人的秦國，魏國已經沒有優勢可言了。魏惠王做出兩個重大決定：第一，在河西修築長城；第二，將首都從安邑（今山西夏縣西北）東遷大梁（今河南開封）。

這兩大決定，實際上是對秦戰略的重大調整。

修築長城，很明顯是防禦手段而非進攻手段。對比魏文侯、魏武侯，魏惠王的戰略思想嚴重倒退。當年吳起便強調「在德不在險」，高山大川尚且不能憑恃，何況是長城呢？打仗要靠民心士氣，民心士氣要靠政府的「德」來維繫。魏惠王非但不能團結兄弟般的國家，反而恩將仇報，好戰成性，哪來的「德」呢？從此，魏國便陷入被動挨打之中，絕少主動出擊。

遷都在古代是關係到國家興衰的一件大事，也可窺視政府的戰略方向。秦獻公遷都櫟陽，靠近前線，以表明收復河西的決心。魏惠王遷都到大梁，表明魏國的戰略重心轉向中原，西線對秦國的防禦力量也就相應削減。從以後的歷史看，這一決策是相當致命的。

正當秦國由戰略防禦轉向戰略反攻時，在位二十三年的秦獻公去世了。

他是秦國得以復興的關鍵人物，他的改革雖然沒有後來商鞅變法那麼全面深刻，卻也有許多制度是開拓性的，其中又以廢除殉葬制最為重要。他抓住三晉戰爭的良機，在石門之戰中一舉殲滅六萬魏軍，武功之顯赫，即便秦穆公亦有所不逮。不過，他對秦國最大的貢獻，大概是選對了接班人，繼位者便是一代明君秦孝公。

秦孝公即位時，戰國七雄的格局已明朗化。

經歷了幾百年的兼併戰爭，大魚吃小魚，小魚吃蝦米，在中國版圖上，形成七個大國對峙局面。這七個大國分別是：秦國、魏國、韓國、趙國、齊國、楚國、燕國，號稱「七雄」。除此之外，還有兩個中等國家：宋國與中山國，其餘的都是小諸侯，主要集中在淮河、泗水之間。在七雄中，秦國是最被瞧不起的。

春秋戰國時代，華夏文明高度發展，諸子百家興起，儒、道、墨、法諸家粉墨登場，文化群星閃耀。可是這些與秦國一點都不沾邊，有哪個文化大師出自秦國呢？一個都沒有。在這場影響至深、至遠的文化革命中，秦國一點貢獻也沒有。自殽山之戰後，秦國進入中原的道路被晉國阻斷，也失去與中原諸侯會盟的機會，在國內政治舞臺上毫無影響力。在中原諸侯眼中，秦國就是一個不折不扣的夷狄，四肢強壯，頭腦簡單，豈能不被蔑視？一個堂堂軍事大國，卻被人蔑視，秦孝公這面子往哪擱呢？明明是周天子冊封的諸侯，卻被視為蠻夷，這豈非恥辱？

更大的恥辱是，被魏國佔領的河西之地，遲遲未能收復，連領土都沒收復，秦孝公敢自稱為「強國」嗎？

秦孝公日思夜想的就只有一件事：如何讓秦國變得強大。

他年輕的肩膀上，扛著不能承受之重擔，把他壓得喘不過氣。他有雄心壯志，卻不知從何處下手。數百年的封閉，早養成秦人保守的習性，不願意接受新思想新觀念，暮氣頗重，毫無創新精神可言。靠這些人，收復失地尚有疑慮，談何建立更偉大的事業呢？知恥而後勇。

孝公上臺後的第一年，他便發了一道破天荒的「求賢令」，以裂土為賞，求天下賢才。我們且來看看這道歷史上十分珍貴的求賢令原文：

> 昔我繆公自岐雍之間，修德行武，東平晉亂，以河為界，西霸戎翟，廣地千里，天子致伯，諸侯畢賀，為後世開業，甚光美。會往者厲、躁、簡公、出子之不寧，國家內憂，未遑外事，三晉攻奪我先君河西地，諸侯卑秦，醜莫大焉。獻公即位，鎮撫邊境，徙治櫟陽，且欲東伐，復繆公之故地，修繆公之政令。寡人思念先君之意，常痛於心。國人賓客賢士群臣，有能出奇計強秦者，吾且尊官，與之分土。

求賢令首先回顧當年秦穆公的豐功偉績，主要有兩項：東平晉亂，西霸戎狄。那是秦國最風光的一段日子，秦孝公用「甚光美」的字眼，表達對先祖偉大事業的嚮往之心。寫完秦穆公，孝公筆鋒一轉，轉而沉頓，「國家內憂，未遑外事」，蒙受兩大恥辱：其一，三晉奪我河西地；其二，諸侯卑秦。這兩大恥辱，「醜莫大焉」。只要有人可以令秦國強大，孝公願意「與之分土」，裂土為侯。

孝公「強秦」的決心，可見一斑。

這是一個動盪的年代。

動盪的年代，最不缺的就是冒險家與投機家。

秦國「求賢令」一出，天下士人無不興奮，瘋狂湧入秦國。誰想放棄這樣的大好機會呢？孝公唯人才是舉，不論國別，不論出身，不論貴賤，只要你有治國之才就夠了。來的人五花八門，有政治投機家，有江湖騙子，有老學究，也有真才實學之人。但是能聲震寰宇、名揚宇宙的，只有一個人。

他就是商鞅。

十一、時勢造英雄：商鞅入秦

商鞅變法，非但是先秦時代最重要的一次變法，而且是中國歷史上最成功的一次變法。作為變法的總設計師，商鞅毀譽參半。毀之者認為他刻薄寡恩，強化專制，限制民權，對中國專制制度的發展起到推波助瀾的作用，「二千年之法，皆是秦法」，而秦法即是商鞅之法。譽之者認為他乃罕見的改革家，有魄力有膽識，富國強兵，使秦國迅速擺脫落後，崛起於七雄並最終完成一統中國的偉業。

時勢造英雄。正是戰國紛爭的時勢，才給了商鞅得以施展才華的舞臺。他以堅忍不拔的意志，推行新法，革新政治，對保守勢力毫不妥協。無論得或失，都不能不承認他取得的非凡成就以及對中國歷史深遠的影響。

商鞅，又稱為衛鞅或公孫鞅，出身於衛國公室家族。他從小勤奮好學，特別喜歡刑名之學，也就是法家的學問。在他之前，中國曾有過幾個著名法家人物，包括春秋時期齊國名相管仲、鄭國名相子產，以及戰國時代魏國著名的改革家李悝等。對商鞅影響最大的人，乃是魏國之李悝，李悝著有一冊《法經》，成為商鞅囊中必備的書冊。

衛國是周代一個老牌諸侯國，到了戰國時代，國力衰微，屢屢遭到趙國的入侵。每當衛國有難時，魏國總是出手相援，衛國人對魏國抱有深深的好感，商鞅也不例外。衛國不僅外患頻頻，國內政局亦動盪不安，弒君事件時有發生。商鞅在自己的祖國無法實現政治抱負，遂前往魏國，進相國府當一名中庶子（官名，相當於相國的侍從官）。

相國公叔痤是魏國出類拔萃的人物，十分賞識商鞅的政治才華。只是商鞅到來的時機不對，此時正是魏惠王統治時期，魏國最迫切的事，並不是政治改革，而是在多條戰線上同時作戰。

魏國處於四戰之地，在那一段時間，它幾乎與周邊的大國都交過手。對魏國來說，除了戰爭，還是戰爭，望不到戰爭的盡頭。西與秦戰，北與趙戰，南與韓戰，東與齊戰，有時還與楚戰，戰爭機器停不下來，魏惠王壓根沒考慮過政治改革的事。

一腔熱血的商鞅，有一種英雄無用武之地的無奈。

幾年後，連賞識他的相國公叔痤也死了。

公叔痤臨死前，魏惠王前去探病。望著相國瘦骨嶙峋的病軀，惠王悲傷地拉著他的手問道：「相國倘若有什麼三長兩短，國家以後要怎麼辦呢？」

老相國以蒼老的語氣答道：「我有一名侍從官，喚公孫鞅，雖然年紀輕輕，但有非凡的才能，希望主上能把國家大事交給他治理。」

公孫鞅？

魏惠王壓根就沒聽說過這個名字。

相國在病重時居然推薦了一個名不見經傳的小人物，魏惠王十分掃興，沉默不語。公叔痤歎了口氣，又說：「主上如果不願意用公孫鞅，就殺了他吧，不要讓他到別的國家去。」

唉，看來相國是被病魔折騰得糊塗了。魏惠王心裡覺得十分好笑，但他沒笑出聲來，為了表示對老臣的尊重，他一口答應公叔痤的請求。

魏惠王離去後，公叔痤差人喚來商鞅。

他對商鞅說：「你快逃吧，不然會遭殃的。」

「我為什麼要逃？」商鞅莫名其妙，他又沒幹過什麼非法勾當，怎麼會遭殃呢？

「因為我要魏王殺了你。」公叔痤毫不隱瞞，把對魏惠王說過的話重述了一遍。

「本想推薦你為相國，可是我看得出主上不會同意的。這時我要把國家、君主放在首位，把臣下放在次位，所以我勸主上殺了你，你一旦去了別的國家，會成為魏國的心腹之患。我把自己的意見先說給主上聽，盡到臣子的職責；可是我愛惜你的才華，所以叫你趕緊逃跑。你還是快點離開吧，否則就來不及了。」

「人之將死，其言也善。」這一番話，推心置腹，既對得起國君，又對得起下屬。

公叔痤可謂用心良苦。

那一刻，商鞅感動了。但他並不逃，他笑道：「主上如果不能聽您的話任用我，又怎麼會聽您的話殺我呢？」果不其然。

魏惠王回到宮中後，對左右的人說：「相國真是病得太厲害了。真可悲呀，他居然要寡人把國家交給公孫鞅治理，這豈不是太荒謬嗎？」

過了不久，公叔痤死了，他的葬禮辦得風風光光，他說過的話很快被遺忘了。

魏惠王既沒有給商鞅一個官職，當然也沒有殺他。

商鞅被遺忘了。

就在這時，秦孝公推出「求賢令」，廣求天下賢人，能令秦國強大者，裂土為侯。

此令一出，改寫了商鞅的人生。

此處不留爺，自有留爺處。商鞅懷揣一卷李悝的《法經》，離開魏國，動身前往秦國。

到了秦都櫟陽，商鞅沒有急著去見秦孝公，他還不了解秦孝公這個人。秦孝公改革的決心有多大呢？他的才能如何呢？是真心求賢，或者只是擺擺樣子呢？「知彼知己，百戰不殆。」商鞅畢竟是衛國貴族，對官場上的那套遊戲自然心知肚明，要取得秦孝公的信任，只靠自己的才學是不夠的，還得要有人舉薦才行。

很快，商鞅找到一個人。此人名為景監，乃是秦孝公最寵幸的一個大臣。商鞅登門拜訪，又送上禮物，託景監把自己引薦給秦孝公。

第一次見到秦孝公，商鞅顯然小心翼翼。遊說君王是一件十分困難的事，後世韓非子曾寫了一篇《說難》，專門論述此門學問。有一點是明確的，在沒有洞悉君主真實內心想法之前，說一些「高大上」的東西總是萬無一失。

古代中國人有崇拜先祖的傳統，言必稱「三皇五帝」。其實三皇五帝時間久遠，多是些傳說故事，既是傳說，越傳越高大上，最後成了毫無缺點的完人。商鞅在秦孝公面前大談三皇五帝的「帝道」，孝公聽著聽著，無精打采，中途有幾次差點睡著了，最後聽得不耐煩，沒好氣地把商鞅趕走了。

商鞅初戰失利。

秦孝公批評景監說：「你所推薦的門客是什麼人哪，哪裡值得用！」景監挨了罵，把怒氣傾洩在商鞅身上。

商鞅不慌不忙地說：「我今天跟主上說的乃是帝道，這個學問太深了，主上思想不開悟，與帝道無緣。」他請求再安排與秦孝公見面，也許是他那無與倫比的自信心征服了景監，這位寵臣答應再幫他一次。

五天後，商鞅第二度與秦孝公會晤。這一次，他不說帝道，而是說王道。所謂王道，就是夏王禹、商王湯、周文王、周武王等先王政治理論，這些人都是被後世推為「聖人」，無論文治還是武功，都有大成就。這回秦孝公沒有打瞌睡了，只是還有不滿意之處，因為禹湯文武都是幾百年甚至上千年前的人，生活的時代與今天迥然不同，把他們的政治理論放到今天用，牛頭對不上馬嘴。

商鞅不是研究刑名之學嗎？他不跟秦孝公談論刑名之學，卻大談帝道、王道之學，豈非奇怪嗎？其實不然。

刑名之學，向來上不了檯面。華夏政治文明傳統，都是講求道德至上，即便是表面一套，背後一套，也得裝出道貌岸然的樣子。總之一句話，把「道德」二字掛在嘴邊，保管不犯政治錯誤。商鞅在未知秦孝公底細之前，當然得小心謹慎，不能犯政治錯誤的。他先說了三皇五帝的帝道，又說了禹湯文武的王道，這些聖人都是歷史上的英雄，秦孝公為什麼不愛聽呢？靠修德取天下，時間太長了。就說大禹吧，治水治了十幾年，三過家門而不入，如此辛苦，才積累些德行，容易嗎？秦孝公可不想花那麼多時間在積德上，他要的是速效藥。

通過兩次面談，商鞅摸清秦孝公的底了，自己的那套刑名理論，不正是速效藥嗎？下次見面，必定可以征服孝公的心。

很快，秦孝公第三次召見商鞅。

商鞅不說帝道，不說王道，只說霸道。霸道，就是春秋五霸經驗，這裡也包括孝公最推崇的先祖秦穆公。商鞅剖析霸業，入木三分。霸道之說，太合秦孝公口味了。春秋時代幾位霸主，他們稱霸的模式各有不同，但都是因勢利導的結果。理論與時勢相結合，才能迸發出強大的力量。比如說第一代霸主齊桓公，當時周室衰微，諸侯爭戰，蠻夷威脅，他不失時宜地提出「尊王攘夷」的口號，順應天下民心，故能成就一代偉業。

秦孝公越聽越興奮，不住地點頭。事後，他高興地對景監說：「你的門客很不錯，可以跟他討論問題了。」

三次見面，商鞅的人生在此轉折了。

秦孝公召見商鞅的次數越來越多。兩人一熟，孝公也把心裡話掏出來說：「您最早說的五帝三王那些道道，用他們的方法來建功立業，花費時間太長，我等不了。賢明的君主，應該在位時就揚名天下，而不是沒沒無聞地等上數十年乃至上百年才能成就帝王之業。」

商鞅答道：「要使國家在短時間內迅速強大起來，方法是有的，但是這個方法，在德行方面，就無法與商、周時代相比了。」

儒家就是鼓吹德行，理想固然高遠，可是實行起來，成功遙不可及。且不說後世儒生，就連鼻祖孔老夫子也混得不行，遑論他人？商鞅與秦孝公本質上是同一類型的人，他們要在活著時就名揚天下，而不是像孔子那樣活著時如喪家之犬，死後卻成了至聖先師。孔子是理想主義者，商鞅則是現實主義者。

現實主義者，注重今生而非來世。

秦孝公也是現實主義者。對他來說，道德家不是理想，他的理想是雪恥，是奪回被魏國佔領的河西之地，改變中原諸侯把秦國當作蠻夷看待的「種族歧視」。

強國之路有嗎？有。

兩個字：變法。

商鞅對孝公說：「秦國一直以來所沿用的制度法令，很多都不適宜當下了。要改變國家，首先要變法。」他侃侃而談，把多年的心得一一道出，知無不言，言無不盡。秦孝公聽得入神，不知不覺之間，他的身體不斷向前挪，膝蓋已挪動到座席前，還渾然不覺。

整個宮殿裡，似乎只有商鞅慷慨激昂的話語在迴蕩，秦孝公彷彿看到了一幅美麗的圖卷，他與他的國家高高在上，傲視群雄，所有人都匍匐在他腳下。被人瞧不起的秦國，果真可以實現號令諸侯的偉業嗎？他的身體突然顫抖了。

變法，意味著要把歷代先王的法令制度推倒重來，摧毀傳統。這得有多大的勇氣。人有惰性，國家亦然，傳統就是惰性。當一件事成為一種習慣，就有一種巨大的力量阻止其變化。

秦孝公忽然想起吳起。這位秦國剋星離開魏國後，前往楚國，在楚悼王的全力支持下推行變法。豈料楚悼王剛死，屍骨未寒，一群頑固派便反攻倒算，將他射死在楚悼王的屍體之旁，楚國的變法半途而廢。這就是變革的下場！秦國頑固派的勢力，比起楚國一點也不遜色，秦國的變法，也會無疾而終嗎？秦國的強大，會只是一場不切實際的夢想嗎？

想到這裡，秦孝公焦躁不安了，吞吞吐吐地說：「我想變法，又怕天下人非議我。」

此時的秦孝公只是二十多歲的年輕人，即便他是君主，要以一人迎戰一國之人，他信心瞬間崩潰。

商鞅也只有二十多歲，比起秦孝公，更有破釜沉舟的勇氣。他慨然道：「優柔寡斷者不會成名，遲疑不定者難以成功。真正高人的做法，必定超乎尋常人的見解；有獨立見解的智者，必定遭眾人的厭惡。有智慧的人在事情發生之前便能看到結果，愚蠢的人即便事情發生了也懵然不知。智慧的人少，愚蠢的人多，主上要做成一件事，不可與民眾商量如何開始做，因為他們不過是鼠目寸光。您只需要在事成之後，讓民眾享用現成的果實即可。有高尚道德的人總是不合於習俗，建立大功業的人總是獨斷專行，不與眾人共同商量。因此，只要可以強國，不必效法舊的規章制度；只要有利於民眾，不必遵循舊的禮制。」

要成就不世之偉業，就要有超越凡塵的雄心。

雄心戰勝膽怯。

秦孝公決心留下商鞅，推行變法，扭轉暮氣沉沉的秦國政治。此議一出，一片反對聲浪，這原本是預料中的事。

這是一場沒有刀光劍影的戰爭，卻殺機密佈。商鞅要舌戰群臣，為變法辯護。面對疾風暴雨般的進攻，他能頂得住嗎？

老官僚甘龍率先跳出來反對道：「你簡直胡說八道。自古以來，聖人教化人民不改變習俗，智者治理國家不變更法令。順著民俗來教化，不費力卻易成功；沿襲舊法來治國，官吏習慣，百姓安心。」

說白了，像甘龍這樣的既得利益者，最不喜歡改變現狀，只要窩在舊的體制下，他的個人利益就不會受到衝擊。

話音剛落，商鞅就給他當頭一棒：「您所說的，不過是俗人的見解罷了。平庸的人被習慣所左右，學者們又拘泥於自己的見聞，不能突破常規。這兩種人，不能跟他們討論變法的事。歷代的禮法制度都是不斷革新的，而非一成不變。夏、商、周三代的禮制是不同，但都能稱王天下；五霸的法度也各不相同，但都能稱霸諸侯。我想告訴大家一個事實，揭示真相：智者創建法令制度，而愚者只是受其制約；賢者更改禮制，平庸者受其束縛。」

說到這裡，商鞅用堅定的語氣對秦孝公說：「受制於舊法者，不可與之談變法；受制於舊禮者，不可與之談政事。主上不要遲疑不決了。」

又一人跳了出來，杜摯喝道：「沒有百倍的利益，就不要變更法度；沒有十倍的功效，就不要變更工具。效法古制，可以不出差錯，遵循舊禮，可以避免偏差。」

商鞅輕蔑地質問說：「您口口聲聲說要效法古制，請問是效法哪一代的古法呢？又是遵循誰的禮制呢？伏羲、神農教化卻不誅殺；黃帝、堯、舜誅殺而不過分；周文王、武王時代法度、禮制又異於前代。事實上，治理天下絕不僅有一種方法，何必非要效法古代呢？商湯、周武王不受古法的拘束，卻成就王者之業；夏桀、商紂不變更古制，最終走向亡國。因此，循規蹈矩並非就是好，突破常規並非就是壞，關鍵是要順應時勢而定。」

「說得好。」秦孝公拍案而起，說道：「我聽說居住在偏僻小巷的人少見多怪，學識淺陋的人只知道詭辯。愚者所嘲笑的事，正是智者所悲哀的。狂者所高興的事，正是賢者所擔憂的。那些拘泥於世俗的言論，真是不值得一提。寡人對變法一事不再懷疑了。」沒有秦孝公堅定不移的支持，就沒有震古爍金的商鞅變法。很快，商鞅被提拔為左庶長，變法運動轟轟烈烈地展開了。

十二、史無前例的大變法

變法只是手段，不是目的。

目的是富國強兵。

固然，秦國並不弱，它擁有一支能征善戰的剽悍之師。但與其他諸侯相比，秦國也不強，否則淪陷數十年之久的河西之地，怎麼遲遲沒有收回呢？這是一個爭雄天下的年代，戰國七雄，無一弱者。要脫穎而出，鶴立雞群，只能比對手更強、更壯。

富國強兵不光是秦國的目標，也是諸侯們的目標。在此之前，各國的改革已如火如荼地展開。魏國有李悝變法；楚國有吳起變法；齊國以鄒忌為相，廣開言路，政治最為清明；韓國以申不害為相，以權術治國。然而，這些國家的改革，無論在深度或廣度上，都不及商鞅變法。

商鞅變法的理論核心是：最大限度地調動國家一切可資利用的力量，投入到農耕與作戰中。農業是本，商業是末，把農業提升到國家戰略的高度，這是富國之本，也是戰爭後勤的根本保證。為了最大限度地調動一切力量，採取賞與罰兩手硬的手段。賞是要激起百姓的熱情，罰是要用恐怖手段來控制他們，雙管齊下，把生殺之權牢牢掌握在統治者手中。國家就如同一台大機器，所有人只是其中的一個零件。

秦國開始朝著高度集權邁進。

在集權主義之下，個人的自由空間被大大壓縮了。

新法的條文相當苛刻。比如連坐法是這樣規定的：百姓每十家為一「什」，五家為一「伍」，一家犯了法，其他九家有舉報的義務與責任，倘若知情不報，十家連坐。不告發罪犯者處以腰斬的酷刑，舉報者得到的獎賞與戰場殺敵相同。窩藏罪犯的懲罰與戰場投降相同。

連坐法的危險在於，你不再是個自由漢，你沒犯法，也可以因為別人犯法而遭株連。所以你除了當一個守法良民之外，還得隨時充當暗探與告密者的角色。只要生活在這個國家的土地上，每個人都別想置身事外。

在這個國家，最重要的事就兩件：一是耕地，二是打仗。商鞅新法對農業的重視是前所未有的。經濟是國家實力強大的根本，而農業又是經濟之本。秦人尚武，向來注重軍功，卻不注重農耕，商鞅把農耕的重要性與作戰相提並論。要提高農耕的效率，就得壓制商業，讓商人無利可圖，他們破產了，就只好去務農。國家要求每個人都是有用的人，對遊手好閒的懶人只有一種處置手段：把他們充為奴婢。

軍事制度的變革更是變法的重中之重。建立起絕對的軍事優勢，是商鞅最大的努力方向，這同樣需要使用賞罰作為手段。凡是在作戰中立功的，按照功勞的大小受封爵祿。由於秦人尚武，民間私鬥十分盛行，這必須要堅決清除，對私鬥者要視情節不同而給予不同的懲罰。一個國家全體國民，必須要成為有機體的一部分，要服從國家意志，不許自作主張。對於有軍功的人，得給予顯赫的聲名，沒有軍功的人，就算富有也不光彩，公室宗族倘若沒有軍功，也不能列入貴族行列。

法令制定出來了，如何推廣實施呢？如何讓百姓了解政府堅定不移的決心呢？倘若僅僅只是在城門張貼法令告諭民眾，顯然達不到目的。為此，商鞅精心構想一個立威、立信的方案。

他在都城的南門立了一根約有三丈長的大木頭，對圍觀的人群說：「有誰能把這根木頭從南門扛到北門，賞十金。」大家覺得很奇怪，扛這麼根木頭可以得到十金的獎賞，不可能吧？

大家不相信，沒有人自告奮勇站出來。商鞅站在臺上高聲說：「把木頭扛到北門，賞五十金。」臺下的人驚叫起來，議論紛紛，過了片刻，總算有一個人擠上前來說道：「我來試試吧。」

此人扛起木頭，從南門走街過巷，一路扛到北門。站在路邊看熱鬧的人越來越多，想看看他是否能真的領到五十金的賞錢。那人把木頭扛到目的地，商鞅絕不食言，當場發放五十金賞錢。眾皆駭然，所有人都後悔了，早知如此，自己就應一馬當先衝上前去扛木頭。

整個都城轟動了，街頭巷尾都在議論這事。商鞅徙木立信，花費五十金，值！這是給政府打廣告，給變法打廣告，向國人表明：政府是講信用的，絕不欺騙百姓，有法必依，執法必嚴。

緊接著商鞅公佈了新法的各項細則，變法的大幕就這樣拉開了。

新法所招致的不滿，如洪水般襲來。

秦國各地的官員百姓，都感受到了新法的威力，他們全被捲入到變革的漩渦之中，以往的生活習慣完全變樣了。每個人的生活，全都打上政治的烙印，不能遊手好閒，不能無所事事，不能只顧著自家，還得盯緊鄰人，否則哪天被株連都不知道。當習慣剛剛受到外力的劇烈改變時，人通常會感到很不舒服，有強烈的抵觸心理。於是乎數以千計的人從全國各地集中到都城，抗議新法，其中有的是個人行為，有的則是有人在背後操縱。

變法的最大阻力，並不是來自底層的百姓，而是來自上層的貴族與官員，他們想方設法要中止改革，害怕自己的利益受損。商鞅必須採取更加強有力的手段，殺雞嚇猴，讓所有人都知曉，新法的威力絕對是不可抗拒的。

改革，就要有硬碰硬的勇氣。

小官小吏容易搞定，大官大吏則不容易擺平。

阻力巨大，要突破阻力，勢必與權貴周旋到底。

機會來了。

這次，觸犯新法的不是別人，正是國家儲君，當今秦國太子。

這時太子年齡還小，沒遵守法令，也是底下人縱容的，太子黨顯然認為根本不受新法的約束。商鞅藉這個機會，向太子黨開刀。這真是瘋狂，太子是未來的君主，其他人巴結都還來不及，怎麼敢與之作對呢？然而商鞅真的豁出去了，只要太子黨屈服了，還有誰敢對新法陽奉陰違呢？

商鞅謁見秦孝公，說道：「新法得不到強有力的執行，就是因為上面的人觸犯了它。太子犯法，依法應當查辦，只是太子作為國家儲君，不能施刑，但太傅公子虔、太師公孫賈兩人，作為太子的老師，其過不可恕，請允許我將此二人法辦。」對秦孝公來說，這是考驗他變法決心的時刻。

刑不上大夫，這是那個時代官場的潛規則。商鞅公然挑戰權貴，挑戰傳統，挑戰潛規則。改革進入一個關鍵點，能否頂住壓力，變法成敗在此一舉。令他欣慰的是，秦孝公的支持是毫無保留的，對年輕且雄心萬丈的君主，富國強兵是壓倒一切的大事。為此，秦孝公不惜砸碎一切絆腳石，與一切反對者為敵。

在偉大秦孝公的支持下，囂張的太子黨遭到當頭重擊。太傅公子虔與太師公孫賈兩人被依法懲罰，公孫賈被處以黥刑，就是在腦門上刺字，一輩子都得留下恥辱的烙印。全國震驚！誰也沒想到新政府動真格的，拿權貴開刀問路。太師下場尚且如此，其他大大小小的官吏豈敢再吭一聲呢？

在商鞅霹靂般的一擊下，所有反對新法者噤若寒蟬，無人敢抱怨了。所有人都知道商鞅背後有國君的支持，而且是無條件的支持。固然，許多人心裡怨恨商鞅，但商鞅毫不在意，我行我素，他充滿使命的狂熱，他才是創造歷史的人，其他人只是庸庸碌碌的無名之輩。

新法推行的進程越來越順，在短短幾年裡，秦國的面貌煥然一新，老百姓路不拾遺，山裡沒有盜賊——這是儒家一直想做卻做不到的事，商鞅全做到了。他能做到，是因為手段不同，儒家強調教化之功，而商鞅則迷信強權的力量。人皆有恐懼怵惕之心，商鞅看清這點，採取恐怖、強制的手段，故而能收一時之效。當然，商鞅也明白，光以恐怖手段難以長久，怨恨久了，人心必如火山噴發。因此，還要利以誘之，只有讓百姓嘗到甜頭，享受新法的好處，社會才能長治久安。

新法帶來什麼好處呢？人人都豐衣足食，家家富裕，社會治安相當好。同時，私鬥幾乎絕跡了，國人怯於私鬥，勇於為國家戰鬥，軍隊的戰鬥力比以前更強大了。只要秦國還能不斷地從其他國家掠奪土地、財富，就可以轉移百姓的注意力。當一個國家走向強大時，膨脹起來的愛國主義熱情，能有效抵消對新法的抵觸心理。

與變法同時進行的，是秦國一系列的軍事擴張。

從秦孝公始，秦國開始嶄露咄咄逼人的鋒芒。

孝公元年（前三六一），秦軍東攻魏國陝城，西伐戎人、斬獂王，亮出閃閃的刀鋒。孝公三年，秦國大舉進攻韓國。韓國連戰連敗，秦軍攻到懷地（河南武陟西南），在附近築城，作為長期威脅韓國的堡壘。孝公四年，秦軍再度攻韓國，在西山戰役中再創敵軍。

當秦國的威脅越來越大時，三晉之間仍熱衷於戰爭。秦孝公八年（前三五四），趙國發動對衛國的戰爭，魏國出手阻止，以十萬大軍包圍趙國首都邯鄲。魏國重兵集結於東部，西部已露出大大的空檔。秦孝公絕不浪費機會，再攻河西，大敗魏軍於元里，斬首七千，一鼓作氣奪下河西重鎮少梁城。儘管河西仍未全部光復，但秦國已經獲得少梁城這座橋頭堡，隨時可以渡過黃河進攻魏國本土。

少梁城塵埃方定，秦孝公又把戰火引向韓國。秦公子壯包圍焦城，初戰不利，轉而攻略上枳、安陵、山氏諸地，在這些地方修築城堡。秦人的勢力，已如一把尖刀，插入魏、韓交界處。

魏國運氣著實差勁。北線戰場與趙國陷入曠日持久的戰爭，西線被秦國收復少梁城，此時齊國忽地從背後插入一把刀。齊威王圍魏救趙，孫臏獻計大破八萬魏軍於桂陵，生擒魏將龐涓。南方的楚國乘機渾水摸魚，奪取魏國若干城池。魏國在東西南北四面受敵，狼狽不堪。

孝公十年（前三五二），商鞅被提拔為大良造，這也是秦國最高官職，相當於相國兼將軍。

商鞅不當戰爭的看客，他也要過過戰爭癮。

大家都知道商鞅是大政治家，他作為軍事家的一面總被忽略。其實商鞅有很高的軍事素養，曾鑽研過兵學，寫過《戰法》《兵守》等文章，論述作戰方法、防守手段等問題。他在新法中鼓吹戰功，沒有軍功就不配享受爵祿。這條法令，對別人適用，對他也適用，他要以身作則，在實戰中撈取軍功。

在商鞅的指揮下，士氣高昂的秦軍東渡黃河，迅速向魏國境內挺進，包圍安邑城。安邑是魏國舊都，重要性僅次於大梁城。只是魏國主力在北線戰場與東線戰場均陷入戰爭的泥潭不可自拔，如何還有兵力解安邑之圍呢？安邑守軍在孤城無援的情況下，被迫向商鞅投降。

安邑對商鞅實在是再熟悉不過了，他在此生活許多年，始終沒有出人頭地的機會。彼一時，此一時，當他再回到這座城市裡，不再是當年落魄人，而是帶著征服者的驕傲與光榮。

一年後，商鞅再度帶兵殺入魏國，兵圍固陽城，迫使守軍獻城投降。

魏國西線頻頻告急，魏惠王不得不放棄吞併趙國的企圖，與趙、齊等國陸續握手言和，集中力量對付秦國。魏國的軍事力量仍然不可低估，魏惠王大舉反撲，殺入秦國，兵圍定陽。這次進攻，雷聲大而雨點小。魏惠王的戰略重心在中原，對秦國的反擊，顯然只是報復戰。商鞅看清了這點，遂提議秦孝公與魏惠王議和。

果然不出商鞅所料，魏惠王贏了面子後，撤兵回國去了。

西線無戰事。

商鞅利用這個時機，實施第二階段變法。

第一階段的變法，主要是變更法令，強化賞罰手段，限制民眾自由，讓他們服從於國家。在商鞅鐵腕之下，變法取得極大成功，但仍不夠深入。醞釀十年後，商鞅二次變法隆重推出。

二次變法，主要是完善、強化國家的行政功能，主要有以下幾個方面：第一，遷都咸陽。

秦國歷史上曾數次遷都，秦獻公二年遷都於櫟陽。櫟陽並不是十分理想的都城，更像是一個臨時軍事指揮中心，難以擔當行政中心的職能。相較之下，咸陽的地理條件更好，四周有山河之險，易守難攻，扼東西、南北交通要衝。建都咸陽，中央政府對國內四境之地都有很強的掌控力。另外，作為新都，咸陽的保守派勢力絕對不像雍、櫟陽這些舊都那麼強大。

第二，完善行政區。

商鞅把秦國的小鄉小邑、村落整合為縣，全國總共有四十一個縣。每個縣都設置縣令、縣丞、縣尉，分別掌管縣的民政、軍事。以上三個要職都由國君直接任命，中央政府對地方的管理力度大大加強了。

第三，廢井田，開阡陌，「以盡人力墾闢，棄地悉為田疇」。

農業是經濟基礎，是戰爭的堅實保障。秦國地廣人稀，三晉地狹民貧，針對這種情況，商鞅從三晉引進勞動力，分給他們田地與住宅，允許三代人不用服兵役。這樣做，既增加了秦國的勞動力，又削弱了魏、韓、趙三國的兵源後備力量，可謂是一箭雙鵰之計。商鞅又頒佈法令，鼓勵開荒，只要是力所能及，不限土地數量，任由百姓耕種。這一政策實施數年後，秦國一舉成為最富裕的國家之一。

第四，統一度量衡制度。

秦國在戰國七雄中能異軍突起，標準化起到十分重要的作用。以兵器製造為例，統一度量衡後，有了標準的量器、容器，國家要打造一批兵器時，只要在設計圖中標明規格，如大小、重量、尺寸等，無論在全國的哪個工廠打造，出來的兵器規格都是相同的。除了秦國之外，沒有任何一個國家能做到這點。

第五，革除戎狄陋習，禁父子兄弟同室而居。

秦國僻居西北，受戎狄風俗影響至深。中原諸侯看不起秦國是有道理的，中原禮法，尊卑有別，長幼有序，儒家所謂「齊家治國平天下」，以「齊家」為本，秦國習俗父子、兄弟同室而居，在中原人看來，不合禮制。商鞅變風俗，把中原家庭禮制引入秦國，給這個文化落後的國家帶來了文明的氣象。

後來秦國名相蔡澤高度評價商鞅的二次變法：「夫商君為孝公平權衡，正度量，調輕重，決裂阡陌，教民耕戰，是以兵動而地廣，兵休而國富，故秦無敵於天下，立威諸侯。」

十三、改革家之死

變法令秦國的面貌煥然一新。周天子特地派人送祭肉給秦孝公。在周代，諸侯得到天子的祭肉，這是莫大的榮寵，只是如今周室衰微，所謂的榮寵也就有名無實了。不過既然天子表了態，其他諸侯也裝模作樣前來祝賀。如今秦孝公已完成一個心願了，秦國不再被人瞧不起，他打心裡感激商鞅，沒有商鞅，就沒有秦的光榮。

有一個人高興不起來。

他就是魏惠王。

自從與趙國和解，魏國似乎恢復了些霸氣。首先是入侵秦國，迫使秦孝公簽訂城下之盟；緊接著，魏惠王又發動對燕國與楚國戰爭，攻城掠地；最令魏惠王得意的是，泗上十二諸侯全部尊他為老大，魏國彷彿又回到了魏文侯雄霸天下的時代。

然而，秦國的崛起又令魏惠王相當擔憂，若不出手，恐怕夜長夢多。

秦孝公十八年（前三四四），魏惠王糾集十二個小諸侯，以朝天子為名，打算向西攻略秦國。怎麼辦？戰或是不戰？商鞅力主談和。原因有二：其一，魏國挾十二諸侯之威，以多打少，在兵力上佔據絕對優勢；其二，雖然魏國的霸業迴光返照，其世界老大的地位並不穩固，與趙、韓、齊、楚等國的矛盾依然很深，一個在地理上被諸強包圍的國家，不擴張就會陷入死地，一擴張就會引來敵人的聯合。秦國應該耐心等待機會，不應該與魏國硬碰硬。

魏惠王想開戰，商鞅有辦法避免戰爭嗎？

有。

對魏惠王這個人，商鞅太了解了。這個人好大喜功，野心很大，但才能與其野心不相匹配，缺乏戰略眼光。只要給他送上糖衣炮彈，就容易搞定了。

送什麼呢？王的頭銜。

為了敘述方便，我把魏罃稱為「魏惠王」，其實他現在還沒有稱王，而是稱侯。在戰國七雄中，只有楚國稱王，其餘六國仍是稱為侯。商鞅打算給魏罃送上一頂王冠。他代表秦孝公出使魏國，先是讚揚魏罃的偉大功業，把他吹得暈呼呼的，然後又略為惋惜地說，有這麼偉大的功業，卻只能領導魯、宋、衛這樣的小國，實在與世界領袖的實力不相般配，不如稱王，先有「王」的名號，然後可成「王」的事業。

商鞅信誓旦旦地說，秦國支持魏國稱王。

魏罃一聽，高興得不得了。只要稱王，便當之無愧成為世界領袖。既然秦國服軟，還要尊他為王，他很快就把攻打秦國的計畫拋之九霄雲外。不久後，魏罃自稱為夏王，在逢澤召開諸侯大會。只是去的都是小諸侯，六大強國中，只有秦國派公子少官出席會議，其餘五國都不搭理魏國。

商鞅略施小計，不僅化解了一場戰爭，還激化了魏國與其他大國之間的矛盾，可謂是一箭雙鵰。

被視為小弟的韓昭侯居然也不來參加大哥的盛會，魏惠王憤怒了，他出兵攻打韓國。這一冒失的舉動，徹底葬送了魏國的未來。

齊國再度出手，軍神孫臏在馬陵之戰中一舉消滅十萬魏兵，魏國大將龐涓都死於這場戰役。秦國的機會再度降臨。

商鞅乘機對秦孝公說：「秦國與魏國就是死對頭，不是魏國吞併秦國，就是秦國吞併魏國。為什麼這麼說呢？魏國西部是險峻的山嶺，跟秦國以黃河為界，獨佔殽山以東的地利，一有機會就能向西出擊，侵略秦國，倘若沒有機會，它還可以向東擴張。自從主上即位以來，賴主上聖明，國家強盛，多次打敗魏國。如今魏國在馬陵遭遇新敗，太子申被俘，龐涓被殺，諸侯反叛，這是攻打魏國的良機。倘若我們能一舉打敗魏軍，魏國必定放棄西部而全力謀求向東發展，這麼一來，我們將佔有黃河、殽山的險要地勢，向東控制各路諸侯，這可是帝王的偉大事業。」

一支強大的遠征軍組建起來，由商鞅親自率領，殺入魏國。「兵者，詭道也。」在這場戰爭中，商鞅極盡陰謀手段。鎮守魏國西疆的公子卬是商鞅的老友故交，商鞅寫了一封書信，差人送到魏軍兵營。這封信是這樣寫的：「吾始與公子歡，今俱為兩國將，不忍相攻，欲與公子面相見盟，樂飲而罷兵，以安秦魏之民。」

這封信，寫得極為誠懇。公子卬本是心胸坦蕩之人，哪知老朋友一肚子壞主意呢？他還真信了商鞅的話，動身前往秦國兵營，打算罷兵會盟。可是他也不想想，倘若商鞅真的「不忍相攻」，帶著這麼多人馬來幹嘛呢？

商鞅假惺惺地請公子卬喝酒，公子卬一點疑心也沒有。正當公子卬喝得有點醉意時，事先安排埋伏在外的甲士突然殺出，將他生擒。統帥被俘虜，魏國軍隊群龍無首。商鞅果斷地對魏軍發動致命一擊。

這一戰，魏國人慘敗，伏屍數里，血流成河。

此役對魏國的打擊力度，堪比孫臏所指揮的馬陵之戰。這兩大戰役，使魏國在東、西兩線全部遭到慘敗，魏國的霸業就此泡湯。魏國的強盛始於魏文侯，經魏武侯而終結於魏惠王。後世學者雷學淇曾這樣評論說：「惠王之敗於齊、秦，此盛衰一轉關也。」此後，「齊威奮起於東夏，秦孝起於西陲」，天下重心，由魏國分移到齊國與秦國。

連遭慘敗的魏惠王不得不做出重大讓步，迫切希望與秦國和談。

商鞅獅子大開口，要求魏國必須割讓河西之地。河西之地對秦國有著至關重要的作用，由於魏國修築有堅固的長城，成為秦國向東擴張時不得不防的心腹之患，只有把這根楔子拔掉，才能解除後顧之憂。河西經魏國幾代人耗費巨大財力物力經營，目的就是遏制秦國，如今已經無力壓制了。除了忍痛割愛之外，魏國如何能換取和平呢？

談判的結果是魏國割讓一部分河西之地給秦國。雖然還有若干重要城池控制在魏國人手中，但已經不足以威脅秦國了，因為魏惠王耗費巨資所營造的河西長城防線已經支離破碎。秦軍收復河西，只是時間問題。

自秦孝公上位，便把收復河西作為雪恥的第一目標，如今這一偉大事業取得突破性的進展。這一切成就，歸功於偉大的商鞅。他非但是變法的總設計師與執行者，也是卓越的統帥，智擒公子卬、大敗魏師、光復失地，這一連串的偉大勝利，把商鞅推向人生的巔峰。

西元前三四〇年，秦孝公兌現「分土」的承諾，把於、商封給商鞅，共計十五座城邑。商鞅把其地改名為「商」，故而後世不稱他「衛鞅」或「公孫鞅」，而是叫「商鞅」。時人也不敢直呼其名，而是尊稱為「商君」。

這一年，是商鞅入秦的第二十二個年頭。

秦孝公與商鞅的合作，是雙贏的選擇。秦孝公得以復仇雪恥，只用二十餘年的時間便贏得世人的尊敬，不復是被人嗤為蠻夷的君主，連續重創魏國後，河西之地雖未完全收復，業已看到希望的曙光。商鞅以秦國為政治實驗田，大展宏圖，實踐其富國強兵的改革理念，最終名利雙收，裂土稱孤，實人中之傑也。

然而，亢龍有悔，高處不勝寒。

在登上頂峰的那一刻，人生已沒有上升的空間，四面卻是懸崖峭壁，一個不小心，就可以摔得粉身碎骨。

許多雙不懷好意的眼睛都緊盯著商鞅，特別是曾被他打倒的太子黨，更是虎視眈眈，隨時準備反撲。

太子黨有兩大巨頭，一為公孫賈，一為公子虔。從兩人的名字來看，他們都是秦國公室成員，非但位高權重，背後還有龐大的家族勢力撐腰。遇到商鞅，這兩人倒楣到極點。先是公孫賈被施予黥刑，後來公子虔更慘，被施予劓刑。一個臉上被刺字，一個連鼻子都被割了，這怎麼見人？公子虔躲在家裡，八年不敢出門，但沒有一天不想著手刃商鞅。

其實商鞅對這兩人已經算手下留情了，其他人運氣可沒這麼好。譬如一個名為祝懽的權貴，反對新法，被商鞅一刀「咔嚓」了。

商鞅搖身一變成為「商君」，春風得意，馬蹄疾馳，一日覽盡咸陽之花。迷信權力的人，常死於權力，因為他們往往低估了對手。反對商鞅的人，早已凝成一股強大的勢力，之所以遲遲未動手，只是投鼠忌器，只要秦孝公還活著，他們就沒有機會。

表面上威風八面的商君並沒有意識到，權力是很空泛的概念，擁有它時，認為它是萬能的神，失去它時，它就是脆弱的蘆葦。表面上，商鞅一人之下，萬人之上，實際上他的權力只是來自於秦孝公的恩賜，沒有這座強有力的靠山，他就什麼也不是了。

有一個人提醒商鞅了。

這個人名叫趙良。

一天，商鞅頗得意地問趙良：「你覺得我治理秦國，與五羖大夫百里奚相比，誰更強呢？」趙良沒正面回答，而是說：「要我說實話有個條件，你不要殺我。」商鞅不由得一怔，隨即滿口答應。

趙良說：「五羖大夫百里奚執政時，沒有車馬隨眾，從不操持兵器，夏天時不張傘，勞累了也不坐車。他死的時候，秦國上下無論男女老幼都為他流淚，小孩子也不唱歌，連舂米的人也不吆喝。這就是他的德行。而您呢？當年您能見到秦王，是靠寵臣景監的推薦，當了秦相之後，用嚴峻法來殘害百姓，對太子師傅施刑，這不明擺著累積怨恨與禍患嗎？您不斷地樹立自己的權威，老百姓幾乎只知道您而不知道君主，這不是教化之道。可是您還不滿足，還依靠旁門左道來鞏固自己的地位，自稱寡人，用新的法度來壓制秦國貴族。自從公子虔受劓刑後，八年不敢出門見人，您還殺了祝懽，對公孫賈施黥刑，這些都是不得人心的。您每次出門時，前呼後擁，身後的車輛數以十計，車上滿是全副武裝的甲士，兩旁還有兩排衛隊，手持長矛與戈戟，威風凜凜。如果沒有這麼大的擺設，您絕對不出行。您這樣做，大概也是害怕遭人暗算吧。恕我直言，您的生命就像清晨的露水，瞬息之間就可能消失無蹤。如果能及時補救，或許還有一線生機。我建議您歸還國君所賞賜的十五座城邑，在郊野灌溉田園，勸諫國君起用有才華的隱士，贍養老人，撫恤孤寡，敬重父兄，尊崇有德。倘若您還貪圖財富與名位，增加百姓的怨恨，一旦國君有所不測，到時想要殺你的人難道還會少嗎？您的死期不會遠了。」聽完這些，商鞅兩眼發愣，無言以對。

只是，他沒有聽趙良的勸告。要他拱手讓出辛辛苦苦奮鬥得來的權力與土地，那還不如把他殺了。不過，他沒料到，他真的被殺了，而且是以最殘酷的手段殺死的。

五個月後，秦孝公死了。靠山倒了。

即位的正是當年被商鞅指責觸犯新法的太子駟，史稱秦惠王，又稱秦惠文王。太子黨得勢了，被割掉鼻子的公子虔終於走出家門，他等這一天，等了八年了！秦孝公屍骨未寒，對商鞅的反攻倒算就開始了。公子虔迫不急待地在新君主面前誣告商鞅，罪名是：謀反！

商鞅意識到自己後臺垮了，好日子結束了。現在坐在臺上的是自己的仇家，留在秦國死路一條，只能跑路了。

他一路狂奔，一直跑到邊關附近。

當時天色已暗，商鞅饑寒交迫，實在沒有氣力，得找個小店歇歇了。他連續找了幾家旅店，店主要求出示證件。他拿不出證件，店主說：「那不能讓你住宿，這是商君的命令。留宿沒有證件的人，是要犯法的。」

商鞅不禁苦笑了。他本以為自己是製造法律的萬能上帝，現在卻成為無家可歸的流浪者。他原本製造了一個大囚籠要把別人鎖在裡面，到頭來發現囚籠造好之後，自己卻被鎖在裡面了。

當一個人從山峰墜入谷底，那滋味絕對不好受。他早習慣了華麗的廳堂、眾奴僕的服侍，如今連住個荒村小店竟也成為奢侈。無奈之下，他只得強打精神，步履蹣跚地向國境線奔去，終於逃出秦國，進入魏國境內。

問題是，魏國能收留他嗎？

魏惠王對商鞅的痛恨程度，不亞於秦惠王與公子虔。想想這些年商鞅都幹了多少落井下石之事：攻破魏國舊都安邑；表面奉承拍馬魏惠王，背地裡卻捅一刀；施詭計以卑鄙手段生擒公子卬；逼迫魏國割地求和……每一件事，都令魏國蒙受巨大損失，令魏惠王臉上無光。這樣的人，魏惠王會收留嗎？

不能怪別人，只能怪商鞅自己做事做得太絕了，不給別人留活路，別人豈會給他留活路呢？

魏惠王不懷好意地下一道命令：「商鞅是秦國的犯人。秦國強大，得罪不起，犯人逃到魏國，必須把他遣送回去。」把商鞅遣送回秦國，與殺了他有什麼不同？魏惠王不必親自動手，他要幸災樂禍地看看秦國人如何處死自己的英雄與救星。

商鞅被逐出魏國。事到如今，他只能鋌而走險了。

他秘密回到自己的封地，拼湊起一支軍隊，做最後一搏。

在此之前，秦惠王是否要殺商鞅呢？這尚有疑問。固然，他對商鞅是痛恨的，再加上公子虔等人煽風點火，商鞅倒臺已是必然。不過，商鞅既是孝公重臣，又有大功於秦國，秦惠王未必真有決心殺他。若非如此，以秦國律法之嚴密，商鞅何以能逃得出秦國，又何以被驅逐出魏國後，還能從容回到自己的封地呢？可見秦惠王是有所猶豫。

如果說公子虔「謀反」的誣告只是一種莫須有的罪名，那麼商鞅一起兵，謀反的罪名便坐實了。秦惠王不必有所顧慮了，他馬上調動大軍，鎮壓商鞅的叛亂。

以區區十五座城邑與整個秦國對抗，豈非以雞蛋碰石頭。

以一群烏合之眾，去對付一支百戰雄師，無異於自殺。

雙方在彤地展開決戰，戰鬥結果完全不出人意料，商鞅全軍覆沒，自己也淪為階下之囚。他曾經手握生殺之權柄，只有他決定別人的生死，今天他被捆得嚴嚴實實，成為刀下之魚，俎上之肉，一點自由也沒有了。

等待他的，將是殘酷的車裂之刑。

車裂是古代最殘酷的死刑之一。

因為太殘酷了，在政治文明頗高的春秋戰國時代，絕少使用此酷刑。車裂又稱為「車轘」或者「轘」，就是把囚犯平放在刑臺上，用繩子或皮帶把軀體固定了，手腳張開呈一個「大」字形狀，頭與四肢分別綁在五輛車上。行刑時，用馬或牛從五個方向拉車，把人體撕裂為六塊。由於人的四肢並不是一下子就能拉斷的，受刑過程是極其痛苦的，正因為此刑罰太過於殘酷，所以只用在罪大惡極的人身上，比如弒君者。

春秋時有幾個車裂行刑的例子，都是針對弒君者。譬如周莊王三年（前六九四），鄭國大夫高渠彌因弒殺君主鄭昭公，被齊襄公以車裂酷刑處死。又如周定王九年（前五九八年），陳國夏徵舒因弒殺陳靈公，被楚莊王處以車裂之刑。

商鞅並未弒君，只是被逼反。包括秦惠王、公子虔等人當然心知肚明，可是他們對商鞅的仇恨委實太深了，特別是被割了鼻子的公子虔，被臉上刺字的公孫賈，如何能讓商鞅死得舒舒服服呢？不，一定要用最殘忍、最痛苦的刑罰，唯有如此，方可解心頭之恨。

從極樂天堂到阿鼻地獄，其距幾何？沒有想像中的那麼遙遠。

幾個月前，他還是天神，幾個月後，他是待宰的羔羊。

吳起的悲劇又在秦國重演，而且更悲，更慘。是商鞅把秦國從一個軍事大國變成政治大國與經濟大國；是他讓秦國在國內能抬頭挺胸，以一個文明國而非野蠻國的面目出現在世人面前；是他令秦國從諸侯國中脫穎而出，成為首屈一指的強國。但等待他的，卻是車裂的酷刑。

那一天，咸陽城萬人空巷，齊聚刑場。

有人同情，有人幸災樂禍，有人無動於衷……

商鞅在大庭廣眾之下，被撕扯身體，支離破碎，在巨大的痛苦中死去。他的屍體被掛起來示眾，血肉模糊……這樣的下場，著實令人噓唏，一個英雄，本不應當有如此之下場。

人生就是大賭局，不僅要賭輸贏，也要賭生死。商鞅全身心投入到人生的賭局中，賭到最後一無所有。

但他並不全然是失敗者。

他所創建的新法，比他的生命更長久。秦惠王恨商鞅這個人，卻不恨他的法，也不廢他的法，新法給秦國帶來的巨大變化並結出豐碩之果，這是所有人都看到的。再說了，商鞅新法立足點是加強君主權力，哪個君主會拒絕呢？

關於商鞅變法的爭議卻延續了兩千年。

他被指責最多的是刻薄寡恩。

大史學家司馬遷這樣寫道：「商君，其天資刻薄人也。跡其欲干孝公以帝王術，挾持浮說，非其質矣。且所因由嬖臣，及得用，刑公子虔，欺魏將卬，不師趙良之言，亦足發明商君之少恩矣。」西漢著名政論家賈誼則說：「商君違禮義，棄倫理，並心於進取，行之二歲，秦俗日敗。」司馬遷與賈誼是站在人道主義的立場上來批判商鞅，事實上也是批判他違背仁義之反道德主義。也許只有政治家才能了解政治家的苦衷與事業之艱難。後世為商鞅辯護之人，不少是有名的政治家。

為秦一統天下做出卓越貢獻的李斯說：「孝公用商鞅之法，移風易俗，民以殷富，國以富強，百姓樂用，諸侯親附。」

漢代著名的財政專家桑弘羊這樣評價商鞅：「昔商君相秦也，內立法度，嚴刑罰，飭政教，奸偽無所容。外設百倍之利，收山澤之稅，國富民強，器械完飾，蓄積有餘、夫商君起布衣，自魏入秦，期年而相之，革法明教，而秦人大治。故兵動而地割，兵休而國富……功如丘山，名傳後世。」

宋代的王安石是古史中唯一能與商鞅媲美的改革家，他的說法頗有中肯之處：「自古驅民在誠信，一言為重百金輕。今人未可非商鞅，商鞅能令政必行。」

不論世人喜歡或厭惡商鞅，都不能否認他導演了歷史上最深刻、最成功的變法，富國強兵的理想實現了，秦國吞併天下的大門也由此開啟。

十四、「魯蛇」逆襲：張儀的勵志故事

魏國的霸業凋零，秦國的霸業方興。

有趣的是，打敗魏國的正是魏國人。從春秋時代始，晉國就是人才輩出之地，三家分晉後，魏、趙、韓三國仍是人才鼎盛，其中又以魏國為最。當魏國最強盛時，各國人才紛紛湧入，吳起、孫臏、商鞅都是其中佼佼者。結果呢？吳起被陷害去了楚國；孫臏被砍掉膝蓋去了齊國；商鞅鬱鬱不得志去了秦國。此後便出了怪事，在魏國混得沒人樣的人，到了秦國後卻成了一條龍，魏國幾乎成了秦國的人才培訓基地。司馬遷在《史記》中寫道：「三晉多權變之士，夫言從衡（即縱橫）強秦者大抵三晉之人也。」商鞅死後，又有兩個大神級的人物，從魏國去了秦國。

這兩位大神，一個是公孫衍，一個是張儀。

此二人，皆是戰國縱橫家之代表人物。

所謂縱橫，即合縱與連橫，韓非子釋義說：「縱者，合眾弱以攻一強也；橫者，事一強以攻眾弱也。」隨著群雄兼併戰爭的加劇，外交活動的重要性也日益凸顯，這給了縱橫家脫穎而出的機會。一批權謀大師橫空出世，令縱橫術光芒四射，他們也成為那個時代真正的英雄與偶像。

先說說公孫衍。

他是魏國陰晉人，早年生平不可考，只知道曾在魏國當過官。估計混得不好，他便離開魏國，到秦國去碰碰運氣。此時秦國廣納賢才，公孫衍如魚得水，很快便聲名鵲起。

秦惠王上臺後，致力於全面收復河西之地。

西元前三三三年（商鞅被殺後五年），公孫衍率秦國兵團攻打魏國在河西的軍事據點雕陰城，大敗魏軍。他不遺餘力地攻打自己的祖國，秦惠王顯然很滿意，把他提拔為大良造。秦國如旭日初升，魏國卻已暮氣沉沉，老邁的魏惠王再無進取雄心，對付秦國虎狼般的進攻，他祭出的法寶是割地求和，把公孫衍的故鄉陰晉城割讓給了秦國，秦惠王將其更名為寧秦。

戰爭向來沒有中庸之道，魏國退一步，秦國則進一步，此消則彼長。西元前三三一年，秦惠王派公子卬對河西發動史無前例的猛攻。魏軍兵敗如山倒，統帥龍賈被生擒，戰死者不計其數。在《史記》一書中，有兩種不同的說法，一種見於《魏世家》，記為：「秦敗我龍賈軍四萬五千於雕陰。」《秦本紀》則記為：「虜其將龍賈，斬首八萬。」前者為魏方的記錄，後者為秦方的說法。不管哪種屬實，都證明秦國大勝而魏國大敗。

秦軍乘勝而進，渡過黃河，攻入魏國，兵圍焦、曲沃。

魏惠王再無繼續戰鬥的勇氣。他在位時間已經長達四十餘年，或許是年齡的原因，或許是戰場不斷遭遇的慘敗讓他心灰意冷、自信全無，他再也牛不起來了。這一次，魏惠王將河西之地全部割給秦國，以換取和平。

自西元前四一九年魏文侯築少梁城、經略河西以來，經過八十九年的反覆爭奪，魏國最終在河西戰爭中敗北。全面收復河西，是秦國歷史上的重大事件。釘子已經拔除，通往中原的大門即將打開，灼人的烈焰很快就要燒向東方。

魏國老大地位不再，從一流強國淪為二流國家。在東方諸侯中，在「圍魏救趙」及馬陵之役中異軍突起的齊國取代魏國成為老大。

西元前三三四年，齊、魏兩國在徐州相互稱王，此舉意味著周天子的王號失去權威。此後，各諸侯相互稱王。

西元前三二五年，秦惠王正式稱王。幾個月後，韓宣惠王稱王。西元前三二三年，趙、燕、中山等國稱王。至此，戰國七雄全部稱王，分別是齊威王、秦惠王、楚懷王、魏惠王、韓宣惠王、趙武靈王與燕易王。

僅僅十一年的時間，重要的諸侯國全部稱王，宣告周王室「天子至尊」時代被徹底終結。春秋時代「尊王」的口號徹底被拋棄，各國只為自己的利益而戰，當然其間也有國與國之間的合作，但多數都是短暫性的。連橫也好，合縱也罷，如何選擇，都要視自己的利益而定。戰國歷史進入到一個更加殘酷的階段，戰爭規模更大，也更血腥。

隨著戰爭的全面推進，各國紛紛開闢第二戰場，即外交戰場。

這是辯士們縱橫捭闔的黃金時代，連橫與合縱成為最重要的外交戰略，而一大批傑出的外交奇才也應運而生，張儀正是在此背景下來到秦國。

張儀是魏國人，與蘇秦是同學，師從一位神秘的高人鬼谷子。在求學期間，他的聰明才智讓蘇秦自歎弗如，他才思敏捷，巧舌如簧，天生就是一塊縱橫家的料。不過剛出道那會兒，他卻四處碰壁，狼狽不堪。

從鬼谷子那兒學成歸來後，張儀自以為可以行走天下，開始他的遊說生涯。此時魏國衰微，官場黑暗，張儀沒有用武之地，他便動身去了楚國，成為楚相國府裡的一名門客。豈料沒過多久，他便遇上一件倒楣的事。

有一回，相府丟失了一塊玉璧，大家懷疑是張儀偷的。為什麼呢？因為張儀家裡很窮，大家對相爺說：「張儀家裡貧窮，品行不好，準是他偷了玉璧。」就這樣，張儀被抓起來，嚴刑拷打，遭鞭笞數百下，被打得遍體鱗傷。窮也是過錯嗎，為什麼窮人就要被懷疑？張儀他咬緊牙關，死不承認。最後相爺也沒轍了，畢竟空口無憑，只得把半死不活的張儀趕出相府。

回到家後，張儀臥病好一段時間。妻子看著體無完膚的丈夫，心疼地說：「唉，夫君您要是不讀書，不學遊說之術，怎麼會蒙受這等冤屈與恥辱。」張儀張大嘴巴說：「你看看我的舌頭還在不在？」妻子笑著說：「還在。」

「這就夠了。」張儀十分樂觀地回答。

這時他打聽到一個消息，自己的同學蘇秦混得不錯，在趙國掛了相印，便心念一動：為何不去找老同學呢？於是他打點行裝，動身前往趙國。

到了趙國，張儀前往蘇秦的府邸，求見老同學。蘇秦知張儀有過人之才，有意要刺激他一下，以激發其雄心壯志，故意裝作十分冷漠的樣子，讓他等了好幾天後才接見。

張儀進了內堂，蘇秦也不吭聲，讓他坐在堂下，令人端上幾盤下人們吃的菜肴擺在他案前。正當張儀心裡頗有怨氣時，蘇秦慢條斯理地說：「張儀呀，憑你的才能，竟然窮困潦倒到這個地步，我真為你感到羞恥。當然了，我可以在趙侯面前舉薦你一下，讓你富貴，只是你不值得我這樣做。」

一個有血性的人，怎麼能被這樣侮辱呢？張儀雙拳緊握，怒髮衝冠。蘇秦才不管他呢，像打發下人一樣，把他打發走了。

恥辱，真是奇恥大辱。張儀恨恨地說，我定要出人頭地，總有一天要回來雪恥！魏國待不了，楚國待不了，如今趙國也沒他容身之地。

要去哪呢？

當然是秦國了。

他打點行裝，再不回頭望蘇秦相府一眼，向西而去。

張儀走後，蘇秦才對一位門客說：「張儀是天下奇才，我比不上他。如今我僥倖被趙國任用，趙國最大的敵人是秦國，能夠掌握秦國大權的人，只有張儀。只是張儀還沒有時來運轉，他現在窮困潦倒，很難有機會接近秦國君主。我怕他會貪圖小利，以至於浪費成就大功業的機會，所以故意羞辱他，就是為了激發他的鬥志。如今他動身前往秦國了，一路上會遇到許多麻煩，您幫我在路上照應他。」蘇秦給了這位門客一包金幣，配了一輛馬車，讓他跟蹤張儀，暗中相助。門客依蘇秦吩咐，有意接近張儀，與他住同一個旅舍，張儀缺什麼，他就給什麼。到了咸陽城後，門客又拿著金幣四處打點，使得張儀有機會見到了秦惠王。張儀以為遇到好心人，內心十分感激。

張儀的三寸不爛之舌終於有了用武之地，他向秦惠王大談遠交近攻的連橫戰略。秦惠王聽得意醉神迷，當即大腿一拍，給了張儀一個官職。

一路隨行的門客見張儀已經在秦國站穩腳跟，便前來辭行。張儀一聽急了，脫口說道：「我是靠著您才有今天的地位，正想要報答您呢，您怎麼就要離開呢？」門客微微笑道：「我跟您說實話吧。了解您的人不是我，是蘇秦先生。蘇先生擔心秦國將攻打趙國，他認為除了您之外，沒有誰能掌控秦國的政權，所以一心激您到秦國，又派我暗中提供財物相助。現在我完成任務了，要回去向蘇先生交差了。」

這時張儀才明白真相，他動容道：「蘇先生的激將法，正是老師鬼谷先生所傳授，我卻沒能領悟，很明顯我的水準不及蘇先生。我剛剛被任用，豈能謀取趙國？請您一定要代我向蘇先生致謝。蘇先生在位執政時，我哪裡敢說些什麼，又哪裡能做什麼呢？」

張儀為人精明，辯才無礙，有真知灼見，很快取得秦惠王的信任。

有個人不高興了。

他就是秦國大良造公孫衍。

既生瑜，何生亮！既然有了我公孫衍，怎又生出了一個比他更強的張儀？一山不容二虎。兩人都來自魏國，都是縱橫大師，都充滿權力的渴望，明爭暗鬥不可避免。兩人鬥了好幾年，最終張儀技高一籌，把公孫衍給擠掉了。公孫衍氣急敗壞，一怒之下離開秦國，返回魏國，被魏惠王任命為將軍。

秦惠王九年（前三二九），秦國以公孫衍叛逃為藉口，大舉出兵討伐魏國。可憐的魏國已經想不到對付秦國的辦法，汾陰、皮氏、焦、曲沃等城邑紛紛落入秦軍之手。

秦國的進攻如疾風暴雨，令魏惠王連喘息的機會也沒有。第二年（前三二八），秦軍再次兵臨城下，領兵打仗的，正是張儀。或許我們可以認為這是秦惠王對張儀忠誠的考驗，讓他去屠殺自己的同胞。在今天看來，張儀可稱為「魏奸」、叛國者。不過戰國時代國家觀念沒那麼發達，張儀的理論是，魏王不肯用我，我才跑到秦國效力，這是天經地義的事。出自鬼谷門下的張儀不僅懂得縱橫術，也學過兵法。他還是有兩下子的，很快攻佔魏國城池蒲陽。

對張儀的表現，秦惠王相當滿意。

不料張儀班師回朝後，給了秦惠王兩個看似荒唐的建議：其一，把蒲陽歸還魏國；其二，派一名公子入質魏國。

這是什麼話？秦惠王拉了拉耳朵，懷疑自己是不是聽錯了。辛辛苦苦才把蒲陽攻下來，又要拱手讓出，你唱的是哪齣戲呢？要派人質，也應該是失敗者送上人質，哪有勝利者送人質的道理？秦惠王不禁要懷疑，你張儀是不是魏國派來的奸細？

若是大家都看得明白的謀略，怎麼算得上是奇謀妙略呢？張儀自然有自己的算盤。他本質上是一個賭徒，既然要下賭，就得有賭注。城池與人質就是他的賭注。賭什麼呢？賭魏惠王的面子。

魏惠王是個好面子的人，你越不給他面子，他硬要死撐著。若是給他一點面子，他必定會變得慷慨大方。魏惠王正為蒲陽的丟失而垂頭喪氣時，張儀來了，把城池送還，還附帶送來一個秦國公子當人質。看上去秦國是做了賠本的買賣，其實不然，張儀此來，是要做交易的。

老子不是說過：「將欲奪之，必固予之。」贈送是為索取更多。張儀見魏惠王樂呵呵的，便說：「秦國對魏國這麼好，魏國總得意思意思吧。」魏惠王不禁一愣，怎麼意思一下呢？張儀早有方案。

去年秦國不是奪了魏國焦邑、曲沃數城嗎？這些都是大城池，特別是曲沃，是晉國的發跡之地，歷史名城。只要魏國拿些城池來交換，秦國將交還焦邑、曲沃。魏惠王已經當了四十二年的國君，垂垂老矣，早失去往昔的銳氣與鬥志，只是對虛名看得很重。能換回歷史名城曲沃，自己面子上才過得去。他取來地圖，大筆一揮，劃了十五座城邑與張儀交換。

用蒲陽、焦邑、曲沃三座城池換回十五座城，秦國便宜佔大了。張儀畢竟是魏國人，對魏惠王的心理摸得太準了，只要保全他的面子，準能撈到好處。是的，魏惠王自認為很有面子，秦國主動來求和，還送上人質，送還歷史名城。只是秦惠王要在背後偷笑了，他只是用魏國的這塊土地交換那塊土地，自己分文未付呢！

張儀用一張利嘴，為秦國撈了十幾座城。不必舞刀弄槍，三寸之舌功過十萬雄師，果然是厲害角色。

秦惠王不能不服，他把張儀提拔為相國。

在此之前，秦國是不設相位的，最高官職是大良造，商鞅、公孫衍都當過大良造。秦設相國，是從張儀開始的。曾幾何時，張儀四處碰壁，跑了半個中國也沒混出個人樣，如今「魯蛇」逆襲，華麗轉身為高富帥，醜小鴨變成白天鵝。沒有秦國開放的政治，就沒有張儀的勵志故事。由此看來，秦孝公當初求賢天下的政策，可謂是目光遠大。

十五、新戰略：連橫VS合縱

「縱橫術」是張儀的看家法寶。

縱橫術包括合縱與連橫，要使用哪種策略，得隨機應變。若是在弱國，就得鼓吹合縱，譬如張儀的同學蘇秦，跑到趙、燕這些較弱的國家，他得鼓動諸侯聯合對抗強國；若是在強國，用法則不同，須鼓吹連橫，遠交近攻。

張儀的時代，天下形勢明朗化。東部的齊國與西部的秦國崛起為兩大超級強國；三晉沒落，夾在兩大強國之間；楚、燕兩國各據南北，沒有雄心壯志。

秦國欲席捲中原，勢必要與三晉戰鬥到底。

「上兵伐謀，其次伐交。」謀略與外交，是軍事的上乘之道。張儀深諳此理，他祭出「連橫」法寶，在外交上積極拉攏齊國與楚國，打擊魏、趙、韓三國。

西元前三二四年，張儀與齊、楚兩國外交大臣會晤於齧桑（江蘇沛縣西南），商討合作事宜。一旦三國結盟，魏、趙、韓將陷入西、東、南三面的環形包圍圈，到時就相當被動。但我們不要忘了，三晉是縱橫家的大本營，人才還是有的，挺身而出的，正是張儀的老對手公孫衍。

公孫衍被張儀擠出秦國後，回到魏國，這位縱橫大師著實本領不同一般，很快取得魏惠王的信任。針對張儀「三國結盟」的企圖，公孫衍精心策劃「五國合縱」，五國就是魏、韓、趙、燕、中山五個國家，以合縱戰略對抗張儀的連橫戰略。

棋逢對手，公孫衍這一招，實在大大出乎張儀的意料。

一計不成，張儀再生一計。

不久後，一個消息震動天下：張儀被秦惠王免去相國之職！天下無雙的權謀大師張儀，難不成就這樣丟了飯碗嗎？當然不是了。

張儀與秦惠王合演了一齣雙簧戲，一個願挨，一個願打。目的何在呢？張儀的目的是回到魏國，拆毀公孫衍苦心建立起來的「五國合縱」。他自告奮勇充當冤大頭，只是為找一個返回魏國的理由。

魏惠王沒那麼討厭張儀，因為張儀曾保住他的面子。對張儀的回歸，他是歡迎的，希望這位縱橫大師能給魏國帶來新氣象，重振雄風。

張儀對人性十分洞悉，知道魏惠王要什麼。魏惠王打了幾十年的仗，越打國家越衰弱，越打土地面積越小，他太需要勝利了。既然需要勝利，就不應該與強國為敵，而應該與弱國為敵才對。

他對魏惠王說，魏國不應與秦為敵，應與秦國聯手進攻實力較弱的韓國，魏國出兵攻南陽，秦國出兵攻三川，韓國勢必要割地求降。

魏惠王聽罷眼睛不由得一亮。丟失了那麼多土地後，他真的很需要從別人那裡獲得補償。他對張儀提出的計策大加讚賞，甚至授予相位。張儀果然好本事，搖身一變，從秦國宰相變成魏國宰相。只是有一件事，魏惠王是始料不及的，張儀自始自終，都是秦國的奸細！

張儀的陰謀差一點得逞。

他可以忽悠魏惠王，卻瞞不過一個人的法眼。

此人正是他的對手、縱橫術的另一大師公孫衍。

公孫衍在秦國栽在張儀手上，回到魏國後，張儀又尾隨而至，真乃不是冤家不碰頭。張儀一來，又搶走了鋒頭，輕鬆爬上相位。公孫衍苦心經營起來的五國合縱，眼看就要斷送在張儀手中了。不行，絕不能讓張儀得逞。

謀士之間的決鬥，不是動手動腳，而是智力上的搏鬥。

如何整垮張儀呢？公孫衍老謀深算，既然張儀的目的是發兵侵略韓國，那他就先下手為強，遊說韓國出讓一部分權益給魏國，不戰而屈人之兵，同時又可保全五國合縱聯盟。問題是韓國如何肯吃虧呢？

關鍵要說服韓國執政的韓公叔。公孫衍前往拜訪韓公叔，告知張儀的陰謀，並說：「只要魏國與秦國聯手侵韓，韓國必定要喪權失地。」韓公叔聽得冷汗直流，這如何是好？公孫衍不急不慢地答道：「您為什麼不把一些政事交給我來處理呢？如果我不用戰爭手段，卻能讓魏王得利，魏王定會拋棄張儀而重用我，這樣做對韓國也是有利的。」

兩權相害取其輕。韓國迫於壓力，同意公孫衍的意見，出讓部分國家權力，以避免戰爭的發生。公孫衍不戰而撈足好處，比起張儀的建議更勝一籌。老邁的魏惠王在公孫衍的遊說下，又一次搖擺到了「合縱」的立場，以公孫衍為相，灰頭土臉的張儀跌下神壇。

秦惠王拆散五國合縱的陰謀破產，勃然大怒，發兵攻打魏國，連下曲沃、平周等地。張儀丟了相位，待在魏國，閉門不出。秦惠王沒有忘記這位縱橫術大師，悄悄派人前往魏國，給張儀送去了很多禮物。直到四年後，張儀才又離開魏國，前往秦國。

與後來的亂世不同，戰國時代的特色是縱橫家左右政局的發展。在公孫衍的主持下，東方針對秦國的合縱運動如火如荼展開了。

西元前三一九年，在位長達五十年之久的魏惠王去世。魏襄王即位，力圖重振魏國雄風。此時魏國風光不再，已從一流強國淪為二流國家，僅靠單槍匹馬，難與秦國爭鋒。然而，魏國的政治影響力猶存，振臂一呼，仍有合縱諸國的能力。魏相公孫衍成為此期叱吒風雲的人物，領導東方合縱運動以對抗崛起中的秦國與齊國。

在公孫衍的努力下，合縱運動取得了實質的進展。

西元前三一八年，魏、趙、韓、燕、楚五國達成協議，共同出兵，組建一支多國部隊，討伐秦國。這次合縱運動表面上來勢洶洶，五國聯合，兵強馬壯，卻有一個致命的弱點：無論哪個國家都無法領袖群倫，各諸侯各自心懷鬼胎。這些國家之間都有矛盾，互有戒心，誰也不肯全力以赴。你要保存實力，我要避敵精銳，這樣的軍隊，如何能戰勝精銳的秦師呢？

五國聯軍抵達函谷關（河南靈寶北），秦軍出兵迎戰。秦軍同仇敵愾，氣勢逼人，聯軍只知扯嘴皮子，真到戰場上，誰也不賣力。戰爭的結果並不出人意料，多國聯軍被輕而易舉地擊敗了。

不過公孫衍並非毫無所獲。

在公孫衍的策反下，一直歸順秦國的義渠突然叛變，令秦惠王手忙腳亂。義渠是古戎國，與秦國關係錯綜複雜。下面我簡單梳理一下義渠與秦國之間的恩恩怨怨。

自秦莊公始，西戎便成為秦的死敵。經過數百年的戰爭，西戎基本上被秦所征服。義渠是戎人中最強的部落，西元前四四四年秦厲公大舉征伐義渠，俘虜義渠王。十四年後，義渠捲土重來，進攻秦國，直抵渭水北岸。此後兩國進入相持階段，秦國的戰略重點轉向河西以防禦魏國的進攻，與義渠的關係相對緩和。

西元前三三一年，義渠國內爆發動亂，給了秦惠王難得的機會。他毫不猶豫地投入重兵，派庶長操率領大軍入侵義渠，義渠被迫臣服。四年後，西元前三二七年，秦惠王將義渠併入秦國，置為一縣，納入政府的管轄。

心懷不滿的義渠王等待時機雪恥復仇，東方合縱運動興起後，他潛往魏國朝見魏王。公孫衍對義渠王說：「若中原沒有發生重大行動，秦國就要焚燒侵略您的國家；倘若中原諸侯們能聯合起來，一致對秦，秦國就會用賄賂手段來討好您的國家。義渠的命運與中原諸國息息相關，就看您如何選擇了。」

義渠王當即表示，一定會與中原諸侯站在同一條戰線上。只要東方有所行動，他將在西方發動起義，脫離秦國統治。

當公孫衍率五國聯軍殺奔函谷關時，秦國震動。謀士陳軫建議說：「義渠王是蠻夷部落中的賢者，如今東方有戰事，義渠蠢蠢欲動，不如以重金賄賂他們，以免他們有叛志。」秦惠王遂以上等錦繡千匹、美女百人賄賂義渠王。

然而義渠王不為所動，他牢記公孫衍的警告，不接受秦的賄賂，毅然起兵反秦。此時秦國精兵猛將都調往東線，西線兵力不足，只得臨時拼湊一支雜牌軍迎戰義渠，被打得大敗而還。

義渠的勝利，令吃了敗仗的公孫衍看到了希望。

他檢討何以五國聯軍一戰即潰，得出的結論是同盟各國的積極性是不同的。燕國與秦國並不接壤，儘管出兵了，只是擺擺架子，沒有死戰之心；楚國雖驚恐於秦國的強大，但楚、秦向來和平相處，自然不可能成為反秦的急先鋒。真正充滿危機感的，還是魏、趙、韓三國。畢竟從歷史關係來看，三晉的命運是捆綁在同一輛戰車上，唇亡則齒冷。

為了配合義渠對秦國的進攻，魏、趙、韓三國拋開燕、楚兩國，再次組建聯軍，發動討伐秦國之戰。

然而，此役卻成為三晉的傷心之戰。

粉碎三晉反撲的英雄人物，是秦國名將、綽號「智囊」的樗里疾。

與商鞅、張儀等人不同，樗里疾是土生土長的秦國人。他是秦孝公的庶子、秦惠王的弟弟，單名一個「疾」字，因長年居住於樗里，故而人稱樗里疾。漢語中的智囊一詞，最早便是出自樗里疾，這是稱讚他滿腦袋都是錦囊妙計。他是秦國王室中出類拔萃的人物，能言善辯，足智多謀。

西有義渠之患，東有三晉大兵壓境，此時的秦國兩線受敵。兩線作戰向來是軍事大忌，稍有不慎，滿盤皆輸。可以說，秦國面臨的局面是很不樂觀的。樗里疾臨危受命，挑起反擊三晉的重任。

樗里疾並沒有匆匆上陣，戰爭是一門藝術，絕不僅僅是戰場上的拼殺。上兵伐謀，比廝殺更重要的，是謀略上的較量。他審時度勢，在紛繁的天下亂局中整理出清晰的思路。要破三晉之合縱，就須與他國連橫。當今天下，最強大的國家，西有秦國，東有齊國，要對付三晉，最好的辦法，莫過於拉齊國入夥。

樗里疾遣使入齊，說服齊宣王，聯手夾擊三晉。齊宣王是齊國歷史上最有雄心與進取精神的君主，此時正是打敗三晉、樹立霸權的良機，他豈肯錯失？

西元前三一七年，秦、齊兩強與魏、韓、趙三晉的決戰在東西兩個戰場同時展開。「智囊」樗里疾於脩魚迎戰以韓國兵團為主力的三晉聯軍，取得一場令人瞠目結舌的偉大勝利，斬首八萬二千，另俘獲韓國兩員大將。與此同時，齊國不甘落後，在東線迎戰魏、趙聯軍於觀澤，同樣取得不俗的戰績，令魏、趙兩國蒙羞。

這一戰，把魏襄王的中興美夢砸得粉碎。

自此之後，魏國再也沒有挑戰秦國的勇氣了。

當魏國舉國同悲之際，有一個人卻幸災樂禍。

此人便是待在家裡無所事事的張儀。

魏國的失敗，就是合縱運動的失敗，就是公孫衍的失敗。公孫衍是張儀的政敵，兩次合縱運動，第一次止步於函谷關，第二次覆師於脩魚、觀澤。看到政敵失魂落魄的模樣，張儀不懷好意地笑了。他迫不及待地跳出來，又要用他的三寸不爛之舌來翻江倒海。

張儀遊說魏襄王，內容大致有三方面：

其一，魏國的地理位置十分惡劣，是所謂「四分五裂」之地。張儀分析說，魏國方圓不過一千里，地勢平坦，沒有大山大川倚為天險，周圍強敵環伺，乃是天然的戰場，隨時可能遭到周圍列強的圍攻。

其二，魏國的合縱戰略是錯誤的。鼓吹合縱的人以天下為一體，諸侯約為兄弟，刑白馬歃血為盟。然而，就算同父同母的親兄弟也會為錢財而相互爭奪，更何況是諸侯呢？參與合縱的諸侯，不過是想靠欺詐虛假的手段來牟取利益罷了。

其三，魏國最好的策略，是投靠秦國。只要投靠秦國，其他諸侯一定不敢輕舉妄動。沒有外來的災禍，便可以高枕無憂。秦國對楚國虎視眈眈，若魏國出兵相助，定可與秦聯手瓜分楚國，這就叫轉移禍害從而使國家獲得安定。

比起魏惠王，魏襄王性格中更少了一份韌性。

兩度合縱的失敗，令他心灰意冷，很快就對現實妥協了。在張儀的忽悠下，魏國打起退堂鼓，率先退出合縱同盟。同時，魏襄王請張儀出馬，作為魏國向秦國妥協的中間人。張儀離開魏國，返回秦國。

作為秦惠王安插在魏國的間諜，潛伏多年後，張儀終於不辱使命，成功地破壞了魏國與其他國家的合縱運動。不戰而令魏國屈服，張儀的功勞可謂大矣。他僅憑一張利嘴取得的成果，與樗里疾斬首八萬相比，也不見絲毫遜色。為了表彰張儀對秦國的巨大貢獻，秦惠王第二度任命他為秦國宰相。

接下來，秦國要把打擊目標放在哪個方向呢？

張儀認為首先要進攻韓國。一來韓國在前一年的脩魚戰役中慘敗，遭到前所未有的重創；二來魏國已投靠秦國，韓國已不能指望得到魏國的協助；三是韓國與周王室相鄰，打敗韓國後，可直搗周王室，挾天子而令諸侯，掌握政治上的話語權。

正當張儀精心設計攻韓方案時，西南發生了一件大事，迫使征韓計畫不得不推遲。

十六、志在長遠：秦滅巴蜀之役

在張儀二度出任秦相的這一年（前三一六），中國西南兩個蠻夷國家爆發戰爭。這兩個國家，一個是巴國，一個是蜀國。

巴國與蜀國位於今天的四川、重慶一帶。巴國首都是巴，位於重慶嘉陵江北岸，是西南重要蠻夷國家，軍隊以強悍勇猛而著稱。戰國七雄先後稱王，巴國君主也自立為王，稱為巴王。此時巴國國力已經衰微，鄰國蜀國崛起成為西南最有實力的國家。

蜀國是西南古國，立國時間大約是東周初。古代蜀國的文明已達一定規模，在三星堆出土的一系列蜀國青銅器、金器、玉石等證明了這點。特別是青銅器造型誇張、離奇，富有想像力，器形巨大，結構複雜，聞名天下。蜀國雖屬蠻夷之國，但文明程度較高，在西南稱雄一方，被稱為「戎狄之長」。

由於蜀國地處富饒肥沃的成都平原，號為天府之國，秦國自然對之虎視眈眈。不過從秦入蜀的道路險阻難行，秦惠王遲遲未對其用兵。攻打蜀國的關鍵是要在崇山峻嶺之中打通一條道路，難度可想而知。要如何修築這條路呢？秦國人想出一個妙招。

蜀王是個貪財之人，人有了弱點便可以利用。秦國故意造出五頭石牛，吹噓說這石牛能拉出一粒粒的黃金糞便，稱為「牛便金」。秦惠王放出風聲，稱若蜀國願意與秦交好，便把這五頭能下黃金的石牛送給蜀王。利令智昏的蜀王大喜，派使者前往秦國。秦惠王假戲真做，特地派一百人「養」這五頭石牛。每天蜀國使者便收到幾錠金子，據說是石牛拉出來的。蜀王聞訊大喜，當即向秦惠王請迎石牛。秦惠王很「慷慨」地把石牛送給蜀王，不過石牛相當沉重，用人搬運到蜀國是不行，得用馬車運送。有馬車還不行，沒有馬車行駛的路，得開一條路才行。蜀王動用大量的人力物力，在崎嶇山嶺中修了馬車可以通行的道路。在他看來，只要石牛送到，每天拉幾錠黃金出來，很快就能把開山修路的本錢收回來了。

路修好了，蜀王派五名大力士去秦國，把五頭石牛拉回蜀國。只是石牛到了蜀國後，水土不服，愣是沒拉出一小粒黃金。蜀王天天盯著牛屁股發呆，總算明白過來了：他就是個大傻帽兒，被秦國人騙了！

秦國人略施小計，只花了小小的代價，就騙得蜀國修了一條車馬行走的路。

接下來要做的，就是等待攻蜀時機的成熟。

西元前三一六年，機會不期而至。

蜀國發生內亂了。

這是兄弟窩裡鬥。

事情是這樣的：蜀與巴兩國本是宿敵，蜀王的弟弟苴侯偏偏與巴王交上朋友，老兄認為老弟勾結外敵，遂起兵討伐。弟弟打不贏哥哥，逃到巴國，蜀王一鼓作氣殺入巴國，兩國戰爭爆發。

面對蜀軍凌厲的進攻，巴王抵擋不住，只得派人前往秦國求援。

要不要救援巴國呢？

此時秦相張儀正推出征韓方案，當然不願意臨時變更計畫，故而堅持己見：「應該先征韓。」

有一個人不同意張儀的看法，此人名喚司馬錯，他說：「應該先伐蜀。」

征韓還是伐蜀，秦惠王猶豫不決，只得舉行公卿會議討論。張儀與司馬錯在會上展開唇槍舌劍的較量。

張儀先發言，他滔滔不絕地大談征韓方略：

「如今魏國已投靠我們，只要再拉攏楚國，就可以進兵三川（韓國戰略要地），封鎖韓國重要交通要道。魏國出兵攻打南陽，楚國出兵威脅南鄭，秦國軍隊猛攻新城與南陽，韓國勢必無法阻擋。只要控制了韓國，就可以把二周（周王室分裂為東周與西周）控制在手心，周天子窮途末路，必定要獻出國家寶藏、象徵權力的九鼎。到時我們佔據了九鼎，又可以得到周室所藏的全國地圖、戶籍資料，挾天子而號令天下，天下諸侯，誰敢不聽從呢？這才是王者的事業！至於蜀國，不過是西部偏遠的國度，又是戎狄蠻夷之地，就算興師動眾去攻打，也不可能贏得什麼功名，得到那片荒涼的土地，不能帶來什麼好處。我聽說爭功名就得在朝廷爭，爭利益就得在市井，現在明擺著周室、韓國的地盤不去爭，而去爭蠻夷之地，這不是王者所做的事。」

征韓的好處是顯而易見的，只要消滅韓國，就可乘機奪取二周，搶奪政治制高點。

張儀的鐵嘴是何等厲害，司馬錯並沒被他嚇倒，寸步不讓：

「不是這樣的。王者的事業，必須有三個堅實的基礎：第一，要使國家富裕，必須要擴大國土面積；第二，要使軍隊強大，必須使百姓富有；第三，要稱王就得廣施恩惠。這三點做到了，王者的事業就具備條件了。

「現在秦國土地還不夠大，百姓還不夠富有，當務之急是要先解決這兩件事。蜀國是西部偏遠的國家，又是戎狄之長，國內面臨危機，秦國如果能乘勢發動進攻，就如同狼對羊群發動突襲一樣，必定手到擒來。奪取蜀國的土地以擴大秦國的地盤，奪取蜀國的財富來充實秦國百姓的腰包，改善軍隊的裝備。蜀國實力不強，我們不必付出重大傷亡，就可以令他們舉國投降。救援巴國，師出有名，滅掉蜀國，天下人也不會說我們殘暴；撈足了好處，天下人也不會說我們貪婪；真是一舉多得、名利雙收。

「倘若攻打韓國、挾持天子，背上不義的惡名，未必能得到多少實際好處。為什麼這樣說呢，請聽我的分析：周在名義上是天下諸侯共尊的王室，韓國與齊國是盟友。如果周王室面臨喪失九鼎的危險，韓國面臨丟失國土的困境，必會困獸猶鬥，向齊國、趙國借兵，謀求與楚國、魏國和解。楚國一直覬覦周室的九鼎，若是周天子情急之下把九鼎送給楚國，楚國必定會一馬當先出兵相救；魏國一直想得到韓國的三川之地，韓國迫於無奈之下，將三川之地拱手相送，魏國勢必會與韓國聯手對付秦國。綜上所述，可以看出，攻打韓國的戰略，不如攻打蜀國來得圓滿。」

司馬錯的看法是，秦國攻打韓國，必定會引來其他諸侯的圍攻，未必能收到預料的戰果。攻打蜀國，師出有名，中原諸侯也不會為一個蠻夷之邦而出手相救，可坐收全功。

對比兩套方案，征韓顯然急功近利，伐蜀則志在長遠。

秦惠王拍板決定：伐蜀！

指揮伐蜀之役的秦國將領，包括張儀、司馬錯、都尉墨等。

秦惠王支持司馬錯，是因為他早有伐蜀之打算。他以坑矇拐騙的方法，誘使蜀王開鑿通道，便是為伐蜀做準備。若論軍事力量，蜀國當然不是秦國的對手，伐蜀成功與否，關鍵看能否克服地形的障礙。

秦軍入蜀所行的通道便是石牛道，又稱為金牛道，就是蜀王開鑿的道路。這條通路是蜀與秦的交通要道，大約是從今天陝西勉縣向西南行，越過七盤嶺，入四川境，經朝天驛趨劍門關，一路上有許多險隘之處。道路雖已開通，卻只是簡陋的路，行幾輛馬車沒問題，一支大部隊要穿行就有許多困難了。且不說是戰國，就是在一千年後的詩人李白眼中，蜀道仍是「難於上青天」，「爾來四萬八千歲，不與秦塞通人煙。」

只要蜀王在沿途要隘險關布下重兵，憑著「一夫當關，萬夫莫開」的地形優勢，秦軍想順利挺進就不是容易的事了。蜀王只想著滅巴國，豈料螳螂捕蟬，黃雀在後，張儀與司馬錯已神不知鬼不覺地穿越崇山峻嶺了。

蜀王麻痺大意，因為歷史上從未有一支大軍能穿越「難於上青天」的蜀道。只是歷史總是不斷被創造出來，舊例總會被打破。

當秦軍入蜀的消息被證實後，蜀王面如土灰。他趕緊把軍隊從巴國調回，屯兵於葭萌，抗拒秦師。

司馬錯發動強攻。秦軍武器精銳，訓練有素，個個都是如狼似虎的鬥士，蜀軍士兵還沒上陣就心膽俱裂了。這一戰，蜀軍大敗。狼狽而逃的蜀王運氣著實欠佳，逃到武陽，被秦軍騎兵逮個正著，幾刀捅過去，便倒在血泊之中。

蜀國太傅、宰相、太子等人率殘兵敗將退守逢鄉。眼看不是秦軍對手，連國王都死於非命，他們還能怎麼辦呢？這幾人湊在一起商量，只有一條路可走，就是向張儀、司馬錯投降。號稱「戎狄之長」的蜀國就這樣滅亡了。

滅蜀之戰是打著救援巴國的名義，蜀國滅了，巴國又如何呢？

俗話說，脣亡則齒寒。巴國與蜀國本是脣齒相依的兩國，秦國滅了蜀，又怎麼會獨存一個巴國呢？

據《華陽國志》記載，吞併巴國是張儀的主意。打動張儀的，是巴王與苴侯的財富。我們從三星堆出土的文物中可以看到古代巴蜀的富有，黃金面具就是其中一例。可以想像張儀那貪婪的眼光，既然幹掉了蜀國，何不把巴國一同吞併呢？於是秦軍繼續深入，以雷霆萬鈞之勢攻破巴國。巴王灰頭土臉地成了俘虜，秦國並沒殺他，給他封了個「君長」的虛銜。

在春秋時代，秦國是一個非常講信用的國家，或者說風俗很淳樸。秦穆公曾以德報怨，在晉國糧荒時施予援手，曾力助晉文公上臺；到了春秋末期，秦國又出兵幫助楚國復國，打敗吳國的入侵；這些都堪稱有信用、有道義。自從商鞅變法後，秦國的樸實便蕩然無存，東方的法家、縱橫家把生機與活力帶到秦國的同時，也把爾虞我詐的陰謀詭計帶到秦國。商鞅計擒公子卬，張儀毀約滅巴國，宣告秦國「無節操」時代的到來。

秦國把蜀國收入囊中，置蜀郡。秦惠王封公子通為「蜀侯」，陳莊擔任蜀相，張若擔任蜀郡守。巴國也成為秦國的一個郡，即巴郡。後來秦國政府又從巴郡、蜀郡各劃出一塊土地，置漢中郡。

由於有義渠叛亂的前車之鑒，秦惠王認為蜀國雖然投降，但作為西南地區「戎狄之長」，蠻族的勢力仍然不可低估，反叛隨時可能發生。最好的方法，莫過於大量向蜀地移民。於是，一場大規模的遷移開始了，秦政府動員上萬個家庭移居到蜀地。這個移民政策改變了蜀地的面貌，先進的中原文化開始在蜀地紮根。隨著大量人口的湧進，蜀地的耕地得到更多的開發，「天府之國」的優勢逐漸顯露出來，這裡成為秦國的糧庫，也是秦國能進取中原的強有力的後方保障。

巴、蜀這塊土地畢竟受制於交通，秦國中央政府對其掌控力度比較有限，故而只要稍有風吹草動，難免會發生叛亂。下面簡單地介紹一下秦國政府所任命的幾任蜀侯的命運。

在張儀、司馬錯伐蜀後五年，即西元前三一一年，蜀侯公子通與蜀相陳莊發生嚴重衝突，陳莊殺死了蜀侯，據蜀而反。秦惠王去世後，繼位的秦武王派庶長甘茂連同張儀、司馬錯等人率軍隊入蜀，殺死蜀相陳莊，平定叛亂。

陳莊死後，秦武王以公子惲為蜀侯。公子惲擔任蜀侯共計七年，頗得秦王的信任。西元前三〇一年，公子惲以蜀侯名義祭祀山川，把祭祀的食物獻給秦昭王，豈料招來殺身之禍。公子惲的後媽故意在進獻的食物裡下毒，等秦昭王要吃時，阻攔說：「這些食物是從兩千里外的蜀地送來的，吃之前要試一下。」秦昭王便把食物分予身邊的人，結果那人一吃便毒發身死。秦昭王大怒，派司馬錯入蜀，賜一把劍給公子惲，勒令他自裁。公子惲情知被陷害，難逃此劫，遂與妻子一同自殺。

公子惲死後，秦昭王封其子公孫綰為第三任蜀侯。

幾年後，公孫綰年長懂事，得知父親被人陷害獲誅，便查明真相，上報秦廷。在秦昭王的同意下，公孫綰把父親公子惲的遺骸從城郊遷到城內，為他立祠紀念。可是公孫綰最終的結局竟然與父親毫無二樣，封侯十五年後，即西元前二八五年，多疑的秦昭王懷疑公孫綰有反叛之心，遂將他處死，從此撤銷了封侯，只保留了蜀郡太守作為蜀地最高行政長官。

連續三任蜀侯都死於非命，這證明一件事：秦國政府寧可錯殺，也不願冒著丟失蜀地的風險。由此可見吞併巴蜀對於秦國的重要意義。在取得巴蜀這塊富饒之地後，秦國變得更加強大，既穩定了大後方，又獲得了大量的兵源。

如果說商鞅變法讓秦國獲得內在優勢，那麼吞併巴蜀則讓秦國獲得外在優勢。秦國佔據遼闊的西部，控制「天府之國」的糧倉，在陸地則有高山峻嶺為天然屏障，既能阻擋東方諸國的進攻，又能憑藉居高臨下的優越地理條件，不斷向東方發動鯨吞蠶食。從水路上看，中國河流都是由西而東，秦國穩居上游，沿著水路正可順流而下，對下游的東方諸國又取得另一個地理優勢。佔據巴蜀後，秦國獲得了側擊楚國的機會，從此楚國再也不可能高枕無憂。這樣，秦國在地勢上進可攻，退可守，據西河、殽山之險，控長江上游，居高臨下，雄視東方，隱隱有窺視天下之勢矣。

十七、無節操的外交

滅蜀之戰，開啟了秦國大擴張的序幕。

史書上寫道：「蜀既屬秦，秦以益強，富厚，輕諸侯。」在張儀的遊說下，魏襄王被迫低下高貴的頭顱，臣服於秦國，三晉的另兩個國家——趙國與韓國——便被推向風口浪尖。

西元前三一六年（是年秦滅巴蜀），秦發動對趙國的戰爭，奪取中都、西陽等城邑。

西元前三一四年，秦國以名將樗里疾討伐韓國，雙方會戰於岸門，秦軍大獲全勝，斬首萬餘。面對秦軍凶悍的進攻，韓宣惠王只得向魏國求援。已經臣服於秦國的魏襄王很想置身事外，但魏韓兩國關係如同唇與齒，唇亡則齒寒，不能不救。

魏襄王派公孫衍率軍入援韓國，在岸門附近被秦軍擊敗。

韓宣惠王信心全無，被迫以太子入質秦國，以換取和平。

魏襄王的背叛令秦惠王有攻打魏國的藉口。樗里疾掉轉馬頭，攻入魏國，掠取曲沃城，佔領該城後，把城內的魏國百姓逐出城。曲沃失陷後，另一座城邑焦城也舉旗投降。

在一系列失利面前，魏襄王被迫再次與秦國簽訂城下之盟。秦國人不僅要蠶食魏國的土地，還要干涉魏國的政治。在秦惠王的干涉下，魏襄王不得不依秦國的意思，立公子政為太子。魏國的力量更加衰微，曾經的中原霸主如今淪為秦國的小嘍囉。

西元前三一三年，樗里疾指揮大軍攻趙，俘虜趙國大將趙莊，拔取藺城。曾經威風凜凜的三晉，已不是秦國的對手，只有招架之功，而無還手之力。

不過，秦國並非一枝獨秀。

與秦國一樣霸氣外露的還有齊國。

此時的齊國正是齊宣王統治時期，他是戰國史上最傑出的君主之一。與秦滅巴蜀幾乎同時，齊國也完成了一項令人瞠目結舌的成就：吞併七雄之一的燕國。西元前三一四年，齊宣王乘燕國內亂之機，大舉發兵，以名將匡章為統帥，僅僅用了五十天的時間，便一舉吞併燕國。齊國的疆域幾乎擴張了一倍，足以與西方的秦國相媲美。

為了與齊國爭雄鬥霸，秦國必須加緊擴張的步伐。

秦惠王把目光盯在一塊大肥肉上，這塊肥肉就是楚國。

伐蜀之役的勝利，為秦國側擊楚國打開了一扇大門。

在春秋時代，楚國是與晉國並駕齊驅的超級強國，只是晚節不保，在春秋末期，吳王闔閭以孫武、伍子胥為將，席捲千里，擊破楚都，鞭屍楚平王，楚國幾乎滅亡。在秦國的相助下，楚國總算僥倖躲過一劫，只是從此江河日下，霸氣蕩然無存。楚悼王振衰起敝，任用吳起實施變法，楚國的變法隨著悼王去世、吳起被殺而中止，終究未能像秦國那樣東山再起。

在數百年時間裡，秦、楚兩國關係不錯，時有通婚。商鞅變法後，秦國強勢崛起，成為東方諸侯最危險的敵人，為了遏制秦國的擴張，楚國與魏、韓、趙等合縱，兵進函谷關，與秦國對峙。楚國雖已衰微，然而其國土遼闊，軍隊數量多達百萬，是秦國不可忽視的對手。

早在征蜀之前，秦將司馬錯、中尉田真黃曾向秦惠王進言：「從蜀國有水路通往楚國，加上巴國勁卒的配合，可以乘大船沿江而下，直取楚國，則楚地可得。得到蜀國後就可以得到楚國，楚國一旦滅亡，就可以吞併天下了。」

這個戰略非常明確，楚國將成為秦國的下一個鯨吞蠶食的對象。

伐蜀戰役結束後，司馬錯以巴、蜀兩地的士兵為主力，糾集十萬大軍，造大船萬艘，米六百萬斛，沿著涪水漂流而下，向東進攻楚國。這次作戰大獲全勝，秦軍攻城掠地，秦惠王把這塊新得來的土地併入秦國。

面對秦人咄咄逼人的進攻，楚懷王慌了手腳。此時，東方超級強國齊國拋來橄欖枝，拉楚國入夥。齊宣王與楚懷王歃血為盟，共同對付秦國。

在齊國的撐腰下，楚懷王對秦國展開復仇戰。楚軍大舉北進，攻克曲沃城。在秦惠王眼裡，三晉（魏趙韓）已不足為懼，齊、楚聯手卻是可怕的對手。當務之急，是要開展外交戰，拆散齊、楚同盟。這一外交重任，理所當然落在名嘴張儀身上。

秦相張儀出使楚國，一見到楚懷王，便開出一個令人心動的條件：「大王如果能對齊國閉關絕約，秦國將獻上六百里的商於之地。」

天下有此等好事？

什麼事都不要幹，只是宣佈與齊國斷交，便可得到六百里的土地？都說天上會掉下大餡餅，這不，還真掉下來了。

楚懷王急急召集群臣，宣佈這個好消息。群臣紛紛表示祝賀，能唾手得到六百里之地，與齊國斷交又有什麼關係！馬屁精們的吹捧讓楚懷王飄飄欲仙，只聽得有人喝道：「這事不值得祝賀，反倒值得擔憂。」誰這麼不知趣呢？謀士陳軫。此人也是戰國時代著名的縱橫家。

怒氣沖沖的楚懷王黑著臉質問道：「寡人不動一刀一槍，唾手得到六百里的土地，你非但不高興，還擔憂什麼呢？」

陳軫答道：「秦國重視楚國，是因為楚國有齊國作為盟友。張儀誇誇其談，楚國卻還沒有得到六百里之地。沒得到地，就與齊國絕交，楚國就孤立了；一旦孤立了，秦國又豈會看得起楚國呢？最好的辦法是：表面上與齊國斷絕關係，暗地裡仍通好，然後派人跟著張儀到秦國。倘若秦王把六百里之地送給我們，再正式與齊國絕交也不算遲。若大王迫不及待與齊國絕交，再向張儀要地，一定要被他給矇騙了。一旦大王覺得被欺騙，心生怨氣，就不得不與秦國為敵。如此一來，楚國西面有秦國之患，北面與齊國為敵，豈不是失算嗎？臣對此很擔憂。」

還沒等陳軫說完，楚懷王便暴跳起來，不懷好意地說：「你給我閉嘴，等著瞧吧，看我怎麼得到六百里之地。」於是急急宣佈與齊國斷交，還以相印授張儀，就是封他為「名譽宰相」，並賞賜許多禮物。

這筆買賣，真是太划算了。楚懷王很開心，心花怒放。張儀親自出馬，很快就圓滿完成外交使命，拆散齊、楚同盟。大功告成後，他告辭回秦國。楚懷王派了個使者一同入秦，接收六百里商於之地。

接收土地的事情一點也不順，因為張儀「病倒」了。據說那天他酒喝多了，不省人事，從馬車上掉下來，就臥病在床整整三個月。連張儀的影子都沒瞧見，六百里地更是虛無縹緲了。楚使等了許久，發現沒有人提起交割土地的事，無奈之下，只得向楚懷王稟告。

楚懷王也看出這件事不妙，只是他三省吾身的功夫不錯，反省自己是不是哪裡做得不夠，哪裡讓秦國不滿意呢？最後他得出一個結論：楚國雖與齊國斷交，態度還不夠強硬。若是再強硬點，秦國人滿意了，才會交割土地。

如何強硬呢？

呆頭呆腦的楚懷王想了一個餿主意，派人到齊國，當街罵齊宣王。這種潑婦的行徑果然激怒了齊宣王，他轉而向秦國示好，以孤立楚國，教訓一下傲慢的楚王。

此情此景，只會令張儀躲在被窩裡偷笑。既然楚國與齊國徹底撕破了臉皮，他也就不必再演戲了。張儀的「病」神奇般地好了，他穿好朝服，接見楚使。見到張儀終於露臉了，楚使心裡石頭總算落地，秦國該兌現承諾了吧。

果然，只見張儀讓人取來一幅地圖，裝模作樣地比畫說：「為了回報楚國，秦國打算割地贈楚，從某地到某地，總計六里。」

六里？

不對吧。

明明說好是六百里的。

楚國使者張大嘴巴，一時間竟啞口無言，呆住了。

張儀衝著他喊道：「您怎麼不前來接受贈地呢？」

使者怒不可遏地說：「我得到的命令是接收六百里之地，不是六里！」

張儀帶著誇張的驚訝說：「您何出此言呢？我明明說的是六里呀。」

見過坑人的，沒見過這麼坑人的。

見過無節操的，沒見過這麼無節操的。

堂堂一個大國，竟然毫無信用可言，堂堂一國宰相，竟然使用這種下三濫的手段。原來坑矇拐騙並非小商小販的專利，簡直是張儀的代名詞。

六百里土地就這樣泡湯了。

土地沒撈著，與齊國還結了怨。楚懷王裡外不是人，他兩眼發愣，呆呆望著天空，又羞又惱，又憤又怒。楚立國數百年了，還從來沒被坑得這麼慘。這讓堂堂楚懷王情何以堪！一怒拔劍，凡是有血性的人就不能忍氣吞聲。楚懷王沒經歷什麼挫折，血性還是有一點的，老子拼了命，也得要回面子！楚國大舉發兵，進攻秦國。

向來只有強者攻弱者，楚懷王要以弱者拼強者，豈非自尋死路？謀士陳軫反對這種無謂的冒險計畫，別出心裁地提議：「與其攻打秦國，不如乾脆再送給秦國一座城池，與秦國共同出兵，攻打齊國。既然與齊絕交，就鐵下心來聯合秦國攻齊，把楚國的損失從齊國人身上撈回來。」

楚懷王勃然大怒：老子被張儀羞辱得還不夠嗎？人家欺負我，我還要拿著地盤低聲下氣地送給他們？不行，定要攻秦！楚國發兵十餘萬，由大將屈匄出任總司令，大舉伐秦。

秦惠王求之不得，正好堂堂正正與楚國幹上一場。如今魏國投靠秦國，齊國與楚國斷交，楚懷王沒有外援，只能靠自己的力量一搏。

「智囊」樗里疾再次光芒四射。他與魏章、甘茂等將領反擊楚軍，很快逆轉戰局，轉守為攻，殺入楚國。雙方在丹陽展開決戰，秦軍再次展示其天下無雙的戰鬥力，斬首八萬，楚軍總司令屈匄、裨將逢侯丑等七十餘名將領悉數成為秦軍的俘虜。

八萬將士，橫屍疆場。

楚懷王呆了，愣了，傻了。

這一天，楚國都城風雨聲與哭泣聲交織成一片……

六百里地沒撈到，反倒損失了六百里。

楚懷王像賭紅眼的賭徒，非但不知收斂，反倒孤注一擲，抱著僥倖的心理企圖翻盤。他把所有籌碼都押上了，全國總動員，要以舉國之力與秦國決一死戰。

奇蹟沒有出現。

藍田一戰，楚國拼光血本，再度被樗里疾打得大敗而回。

屋漏偏逢連夜雨。

魏、韓兩國也攪了進來，他們狐假虎威，要爭幾塊肉骨頭啃。兩國乘機出兵，席捲楚國北疆，攻城掠地，如入無人之境。

強敵環攻之下，楚懷王驚慌失措了。楚國無力再打下去，只能與秦國媾和，當然，少不了要割地。楚懷王忍痛割了兩座城池給秦國，才換得停戰的喘息之機。

這場由張儀導演的陰謀，令秦國獲益匪淺。

對秦國來說，打垮楚國是不夠的，必須要逼迫齊國把吞進肚子的肥肉吐出來，燕國必須復國，否則齊國終究是秦的大患。

此時齊國已同楚國斷交，而魏、韓都已臣服於秦國，齊國儘管國力強大，在戰國時期則比較孤立。秦惠王抓住機會，一方面支持燕國內部的復國勢力，一方面動用武力干涉。

名將樗里疾再次臨危受命，他指揮秦國、魏國聯軍，攻入齊國。此時齊軍主力正全力圍剿燕國的復國勢力，國內守備較空虛，樗里疾在濮水之役中打敗齊軍，俘虜齊國將領聲子。緊接著，秦、魏聯手北略燕國，為燕國各地起義軍助威。

在秦、魏武力干涉下，齊宣王被迫從燕國撤軍，燕國得以復國。

這是齊、秦勢力消長的一個關鍵點。

秦國在西南吞併巴、蜀，齊國在北面吞併燕國，雙方勢均力敵。唯一不同的是，秦對巴蜀的佔領是長久性的，而齊對燕國的佔領僅僅兩年時間，最終功敗垂成。

倘若齊宣王能吞併燕國，那麼將使齊國的領土擴張一倍，重新取得與秦國的均勢，但事與願違，燕國只能是燙手的山芋，最後不得不完全放棄了。

齊國的失敗，證明了其外交策略遠遠不及秦國。

秦國深知天下諸侯中，唯一能對其構成威脅的，只有齊國，絕不可以對齊國的擴張坐以觀望，必須要採取武力遏制的手段。秦國打出的兩張外交牌是其勝利的保證：其一是離間齊、楚聯盟，其二是與魏國聯合對付齊國。這兩張外交牌令齊國在列國舞臺上處處被動，成為孤家寡人，沒有強國可作為盟友，因而失敗在所難免。

至此，秦國的勢力開始超越齊國。雙雄並峙的局面很快被秦國一枝獨秀所取代。

十八、化險為夷：政壇不倒翁

相較其他諸侯，秦國有四大優勢：

其一，地理優勢。秦國地處關中，除了東面之外，在北、西、南三面均無強敵，加上黃河之險，殽、函之固，易守而難攻。

其二，軍事優勢。秦以勇武立國，從秦莊公始，秦人便以驍勇善戰而聞名天下。及至戰國，更是名將輩出，兵力雄厚，可以征戰沙場的士卒在一百萬人以上。

其三，政治優勢。自商鞅變法後，秦國面貌煥然一新，法紀嚴明，人才政策靈活，重視農業。郡縣制的推行，加強君主專制的權力，政府運作效率奇高。

其四，外交優勢。三晉縱橫家紛紛入秦，令秦國開啟大外交時代。秦國的外交政策是大棒加胡蘿蔔，一面以軍事手段恫嚇，一面以利誘之。張儀的到來，深刻影響秦國的外交，開闢擴張的第二戰場。

在秦惠王時代，秦國在外交戰場上縱橫捭闔，所向無敵，其中張儀最為光芒四射。他以一張利嘴，拆毀東方合縱聯盟；他以滿口謊言，計騙楚懷王與齊國絕交。我們可以鄙視其為人，卻不能不佩服他的能耐。

且來看看張儀還有怎麼樣的表演。

自吞併巴蜀後，秦國對這個大後方十分重視，希望把隸屬楚國的黔中合併過來，使巴蜀與黔中連為一片。秦惠王派人出使楚國，向楚懷王提出一個土地交換計畫，打算以秦國的漢中交換楚國的黔中。

又是土地！當初楚懷王不是在土地問題上被秦國給坑了嗎？現在秦國又來說土地的事，他能不火冒三丈嗎？

「要黔中也行，只要把張儀交出來，我就送上黔中。」楚懷王惡狠狠地說。

看來這筆買賣是做不成了。

大家都知道楚懷王對張儀恨之入骨，欲殺之而後快。秦國怎麼可能用張儀去交換黔中地呢？

正當所有人都認為交易無法達成時，張儀自己跳出來說話了：「用我 個人換一塊土地，何樂而不為呢？請讓我到楚國吧！」明知山有虎，偏向虎山行。張儀的膽子也忒大了吧！

秦惠王瞪大眼睛，一臉困惑地說：「楚王沒有得到商於六百里之地，對你恨之入骨，巴不得置你於死地。你前往楚國，不是找死嗎？」

「楚王不敢對我動手的。」張儀胸有成竹地說。

「為什麼？」秦惠王不解。

張儀答道：「從國力上說，秦國強盛，楚國弱小，楚王不能不有後顧之憂，這是其一。我與楚國大夫靳尚是好朋友，靳尚深得楚王夫人鄭袖的信任，楚王最為寵幸鄭袖，她所說的他都會聽，只要我搞定靳尚、鄭袖，楚王必不會害我，這是其二。再說了，我是奉秦王之命出使楚國，怎麼說也是大國使者，楚王哪敢加害於我？這是其三。若楚王一意孤行，非得要殺了我，用我一條小命，換得黔中之地，也算是值了。」分析固然有幾分道理。道理畢竟只是道理。人並不都是理性的人，特別是當一個人被憤怒沖昏頭腦時，什麼事做不出來？楚懷王若一心要殺張儀，誰又阻擋得住呢？因此張儀此行，風險巨大，沒有幾分視死如歸的武士精神，斷然不敢接下這項使命。

張儀又來了！

楚懷王大感意外，他從來不相信張儀會來，只有傻瓜才會來，張儀不是傻瓜，怎麼會自投羅網呢？來了更好，楚王不禁冷笑了，既然來了，老子就整死你。

還沒見到楚懷王，張儀就被抓起來，投入監獄。

進了監獄，離死期就不遠了。但張儀還是談笑風生，神色自若，因為他有一張王牌。

靳尚開始活動了。他對楚王寵幸的妃子鄭袖說：「夫人，您很快就會被大王冷落了，您知道嗎？」這話說得莫名其妙，鄭袖搞不懂。

靳尚說：「楚王一心要報仇，想殺張儀解恨。秦王十分器重張儀，絕不想讓他受到傷害，他打算用六座城賄賂楚國，再挑幾個美女嫁給大王，陪嫁的還有宮廷裡能歌善舞的宮女。出於對秦國的尊重，大王必定要寵幸秦女，夫人您的地位就岌岌可危了。」摸準女人的弱點，搞定女人原來這麼簡單。

鄭袖有點慌了：「要怎麼辦呢？」

靳尚說：「只要您能說服楚王，把張儀放了，秦國就沒必要使用美人計了。」這套說辭，定是張儀教的。

鄭袖輕而易舉掉進陷阱，她對楚懷王說：「大王為什麼把張儀抓起來呢？妾聽說，臣子也是各為其主罷了。您說要用土地交換張儀一個人，土地還沒給秦國，秦國就已經派張儀來了，可見人家是敬重大王的。大王不僅沒有回禮，反倒要殺死張儀，秦王豈不是要雷霆大怒，到時必定攻打楚國。臣妾就不敢想像結局會怎麼樣，懇請大王讓我們母子遷徙到江南去吧，以免被秦國人當作魚肉任意宰割。」說完後，鄭袖掩面而哭。

女人哭的時候，更加楚楚可憐，男人怎麼會不憐香惜玉呢？女人的眼淚，澆滅男人內心憤怒的火焰，軟化男人的意志，摧毀男人的鬥志。楚懷王的殺意，隨著飛揚的淚花飄散空中。

張儀又自由了。

他不僅被釋放，還被楚懷王敬為上賓。在所有人認為他必定一敗塗地之時，他奇蹟般地逆轉敗局。這位史上最負盛名的縱橫大師，果真有深不可測的本領，在鬼門關逛了一圈後，閻王爺也沒敢收留他。

與張儀的剛強相比，楚懷王是軟弱的；與張儀的詭詐相比，楚懷王是愚蠢的。

楚懷王遇到麻煩了。

他揚言，用張儀來換取黔中之地。現在，張儀來了，他豈非要喪失土地了？不交出土地也行，但有一個條件：楚國要臣服於秦國！張儀又要發揮鐵齒銅牙的威力了，他說：

「天下強國，非秦即楚。秦國土地佔了天下一半，兵力足以抵擋四個國家，背靠天險，有黃河為天塹，四面都是要塞，牢不可破。秦國有虎賁戰士一百多萬，戰車千乘，戰馬萬匹，積粟如山。

想用合縱的手段抗衡秦國，無異於驅趕羊群攻擊猛虎，下場可想而知。大王不與猛虎交往，卻與群羊往來，無疑是不明智的。倘若與秦國交惡，秦國就會挾持韓國與魏國進攻楚國，秦國攻打西部，韓、魏攻打北部，楚國就危險了。

「現在有一小撮人鼓吹合縱，集合一群弱小的國家去攻打最強大的國家，這是使國家陷於危亡的做法。明明兵力不如對方，就不要輕易挑釁；明明糧食比不上敵方，就不要打持久戰。這都是簡單的道理，主張合縱的人只會胡說八道，只挑著有利的一面說，卻不說不利的一面，一旦國家陷入禍害中，就後悔莫及了。我這些話，請大王仔細考慮。

「我給大王分析一下吧。秦國已經據有巴蜀，糧食充足，若沿著長江而下，只要十天的時間就可以打到楚國的扞關。同時，地面部隊從武關出發，向南進攻，楚國北部的土地就會被切斷。只需三個月的時間，楚國就要陷入危險之中，就算其他諸侯國想救援，恐怕也得等半年以後吧。等待弱國的救援，卻忽視強秦的禍害，這使我不得不替大王您憂慮。秦國與楚國土地相接壤，本來就應該成為親近的國家。大王如果聽臣的意見，與秦國互換太子為人質，使秦、楚兩國長久成為兄弟般的國家，世代互不侵犯，那才是高明的計策。」

這是給楚懷王灌迷魂湯，別指望以合縱手段對抗秦國，臣服秦國才是硬道理。

楚懷王是軟弱的君主，只能看到眼前的利益，對未來的災禍沒有絲毫洞察力。不是所有人都願意服軟，大夫屈原極力反對向秦國妥協，只是忠言逆耳，反對無效。楚懷王我行我素，同意了張儀的要求。

在張儀的外交攻勢下，魏國、韓國、楚國都被迫臣服於秦國。東方六雄，已有三個被秦國控制，秦的實力已超越齊國，成為當之無愧的天下第一。

正當張儀春風得意時，壞消息來了。

秦惠王死了。

這的確是相當壞的消息。一朝君主一朝臣，帝王是權臣的靠山，帝王之死，總意味著權臣的失勢。商鞅就是前車之鑒，秦孝公一死，他就落得個車裂身死的下場。張儀看到一雙不友善的眼睛，即位的秦武王絕非友善之人。

秦武王好勇鬥狠，崇尚武力。如果要給秦國歷史上的君王來個排名，以武功華山論劍，秦武王無疑要排名第一。《史記》稱「武王有力好戲」，他天生神力，武藝高強。迷信拳頭的人，看不起油嘴滑舌的人。秦武王還是太子時，打心眼裡就瞧不起張儀，鄙視他。我們看看秦武王身邊都是些什麼人，跟他最親近的有任鄙、烏獲、孟說等，這些人都是江湖高手，滿臉橫肉的力士。

政客們最擅長的事，就是落井下石。既然新君王不喜歡張儀，攻擊張儀的奏摺便如雪花般飄入宮中。一向強勢的張儀豁然發現自己立於懸崖邊上，隨時可能墜入萬丈深淵，他不得不收起尾巴，小心翼翼。

有人憂，就有人喜。

東方諸侯們終於可以喘上一口氣了。在秦惠王時代，魏、楚、韓等國被強大的秦國打得丟盔棄甲，潰不成軍。雕陰一戰，魏國八萬人授首；脩魚之戰，三晉八萬將士喪命；丹陽一役，楚國男兒棄屍八萬。無可奈何之下，魏、楚、韓不得不委曲求全，臣服秦國。現在秦惠王死了，張儀眼看也混不下去了，莫非秦國的好運不再了嗎？三國頗有默契，紛紛叛離而去，又扯起「合縱」的大旗，幸災樂禍地冷眼旁觀秦武王與張儀的較量。

張儀畢竟是聰明人。

商鞅的下場歷歷在目，一個臣子要鬥過君主，勝算太小了，不值得去嘗試。儘管他小心翼翼，仍不免被政敵砸磚頭，《史記》的說法是「群臣日夜惡張儀」，不分白天黑夜、輪番攻擊。人言可畏。假的說多了就變成真，死的說久了都可以變活。張儀在秦國執掌大權十餘年，得罪的人多了去了，現在許多人想要整死他。

好漢不吃眼前虧。

三十六計，走為上。

逃跑也是一門藝術，商鞅不懂藝術，所以失敗了。張儀若是落荒而逃，勢必被人逮住口實，下場未必比商鞅強。他要離開秦國，不是偷偷摸摸，而是光明正大離開。天下沒有能難倒他的事，他想出一個金蟬脫殼之計。

張儀對秦武王說：「我有一個不成熟的計畫，希望能試一下。」

秦武王道：「你說吧。」

張儀說：「東方若時局動盪，對秦國最有利，大王可以乘機得到更多的土地。齊國人一直想置我於死地，如果我去魏國，齊國必然出兵攻打魏國。只要齊、魏開戰，大王便可進兵韓國，攻打三川，進逼周室。到時周朝必定要交出祭器，大王您挾天子而號令天下，同時得到王室所藏的地圖與戶籍資料，可成就帝王的偉業！」

說得冠冕堂皇，其實就是要逃跑，永遠離開秦國。

秦武王批准了，還派了三十輛精美的、裹有皮革的馬車供張儀使用。張儀驅車回到自己的祖國，與秦國永別了。

當初張儀說服魏襄王投靠秦國，這些年魏國跟在秦國後面狐假虎威，攻楚伐齊，撈得不少便宜，故而魏襄王對張儀頗有好感，不僅接納他，還拜他為魏相。

一年後，這位在政治舞臺上叱吒風雲數十年的縱橫大師病逝，竟得善終。作為魏國人，他一生多數時間為秦國人效力，晚年葉落歸根，還撈了高官厚祿，比商鞅要幸運得多了。

張儀是秦國擴張史上的重要人物，他最偉大的成就，就是以連橫的戰略破壞東方諸國的合縱，使得秦國牢牢佔據外交的主動權。

在專制時代，個人對國家的強弱興衰有很重要的影響。失去張儀的秦國會不會倒退呢？這是對秦武王統御力的巨大考驗。這位年輕且朝氣蓬勃的君王，身上流淌著先祖尚武的血液，他要以一往無前的精神，將秦國的擴張事業進行到底。

十九、扛鼎而死的秦武王

秦武王二年（前三〇九），秦國首次設立雙丞相制度，樗里疾出任右丞相，甘茂出任左丞相。

樗里疾是秦國歷史上偉大的將領，一生從未有過敗績，戰功赫赫。他南征北戰，幾乎與所有強國都交過手，有戰必勝。他在脩魚之戰殲滅三晉聯軍八萬人；在岸門之戰大敗韓軍，斬首萬餘；在丹陽之戰大破楚師，斬首八萬；他還遠征齊國，為燕國復國立下殊功。由他出任右丞相，可謂眾望所歸。

甘茂原是楚國人，博學多才，後來前往秦國，由於才幹非凡，受到張儀與樗里疾的賞識，開始平步青雲。甘茂曾追隨樗里疾參加伐楚之戰，蜀相陳莊叛亂後，他又跟隨司馬錯入蜀，平定蜀亂。

秦武王之所以設立雙丞相制度，乃是擔心出現像商鞅或張儀這樣權力太重的大臣，這是對君主的巨大威脅。右丞相樗里疾的地位比左丞相甘茂略高，但秦武王對甘茂更器重，因為樗里疾功勞太大，功高震主。秦武王對樗里疾有很強的防備心理，不想讓他掌握兵權。

剛剛上臺的秦武王雄心勃勃，他本是尚武之人，渴望建立不世之武功。在秦惠王死後，原本臣服的魏、韓、楚三國紛紛叛去，不教訓一下不行。他手握雷神之錘，要先砸向誰呢？韓國！

為什麼是韓國呢？

秦武王對甘茂說：「寡人欲車通三川，以窺周室，而寡人死不朽矣。」此時周王室已經風光不再，天子沒權力了，但他有一樣諸侯們沒有的東西：象徵權力的九鼎。

九鼎是什麼呢？它有點類似後世的皇帝玉璽，是權力的象徵。據說九鼎乃是大禹所鑄，九鼎象徵九州，象徵天子至高無上的權力。商湯滅夏桀後，九鼎由夏入商；武王滅商紂後，九鼎由商入周；九鼎在哪裡，王權就在哪裡。

如今戰國七雄都自稱為王，可是誰也沒有九鼎，九鼎還在周天子手中。秦武王要超越之前的偉大君王，他要把九鼎奪過來。秦與周王室領地並不接壤，要窺周室，首先必須要通三川。三川就是宜陽，是韓國的一個縣，境內有河（黃河）、洛（洛水）、伊（伊水）三條河，故而得名「三川」，是中原的腹地。

只要能實現「車通三川，以窺周室」的理想，秦武王就可以「死而不朽」了。

要攻略宜陽（三川）並不是容易的事。宜陽是軍事重鎮，方圓百里，城池堅固，韓國在此駐紮十萬最精銳的部隊，城中儲備的糧食可供數年之用。韓國軍隊雖不如秦國軍隊強悍，仍有自己的強項。據史書載：「天下之強弓勁弩皆從韓出」，「韓卒超足而射，百發不暇止，遠者括蔽洞胸，近者鏑弇心」。韓國的弓弩製造水準在諸國中最高，用於守城優勢明顯。

進攻韓國，樗里疾固然是最合適的人選，秦武王卻要交給甘茂。

甘茂明白，樗里疾功勳蓋世，秦武王不想看到他錦上添花。只是甘茂左右為難，樗里疾的地位不僅在自己之上，也是自己的恩人，怎麼能把他冷落在一旁呢？他索性向秦王建議：不要攻打韓國。秦武王大感意外，問道：「為什麼？」

甘茂答道：「宜陽是韓國重鎮，名義上是一個縣，實際面積相當於一個郡。千里奔襲宜陽，難度極大。大王聽說過曾母的故事吧，有人對曾母說，曾參殺人了，曾母一點也不相信；可是三個、五個人都這樣說，曾母就嚇得翻牆逃跑了。人言可畏。大王對我的信任，比不上曾母對兒子的信任；懷疑我的人，又絕不止三五個。要攻打韓國宜陽，必定是一場艱苦的戰爭，不可能短時間內就取得成功。倘若在這段時間裡，有人在背後說我的壞話，大王您一定會懷疑我。如果因為這個原因，攻打宜陽半途而廢，還不如不攻打。」

有一句話，甘茂沒說出口。由他指揮攻打宜陽，樗里疾必定會罵他忘恩負義，到時定會干涉阻撓，若秦武王心志動搖，自己就裡外不是人了。秦武王一心要建立奇功偉業，怎麼可能取消既定的計畫呢？他安慰甘茂說：「你放心吧，寡人不會聽他們的，我給你寫一份保證書。」

秦武王三年（前三〇八），宜陽會戰打響。

這是一場硬碰硬的較量。

韓國不僅在宜陽駐屯十萬精兵，還有二十萬兵力作為後備力量，隨時可作為後援。宜陽城高牆厚，固若金湯，秦軍打得非常辛苦，卻始終無法越雷池一步。

五個月過去了，戰事仍處於膠著狀態。

這場戰爭，成為天下關注的焦點。

甘茂的處境不妙，一方面進攻宜陽沒有取得重大進展，另一方面南方楚國蠢蠢欲動，隨時可能增援韓國。楚懷王派大將景翠屯兵於邊界，靜觀其變。這位軟弱的君主在援韓一事上舉棋不定，坐失良機。

與前線不樂觀的局勢相比，後方的流言蜚語更有殺傷力。宜陽之戰曠日持久，秦國內部反對聲浪高漲，樗里疾、公孫奭等人都強烈要求退兵，攻擊矛頭直指甘茂。面對各方施加的壓力，以尚武著稱的秦武王內心動搖，打起退堂鼓，想要放棄攻略宜陽。

這一切，早在甘茂預料之中。

甘茂派人快馬奔馳回咸陽，對秦武王說：「大王的保證書還在這裡。」秦武王想起來了，當初他就答應過，不論什麼人反對，他都會無條件地支持甘茂。身為君主，一言九鼎，不能反悔。以秦武王直率剛強的性格，當然不會賴帳，事到如今，他只能硬著頭皮，頂住各方壓力，把宜陽之戰進行到底。

又有幾批生力軍投入宜陽戰場，秦武王幾乎把看家部隊都用上了，傾全國之精兵，全力攻略宜陽。如此生猛的架勢，把在旁窺視的楚懷王嚇壞了，他終究沒敢越過邊界參戰。

宜陽城之堅固，實是名不虛傳。儘管甘茂獲得生力軍的支持，以鋼鐵般的意志對固若金湯的城池發動一波又一波的猛烈進攻，仍然舉步維艱。一向英勇的秦國兵團疲備不堪，甚至厭戰，聽到戰鼓聲響，誰也不前進了。

甘茂對親信說：「我作為一名客將，能在秦國擔任丞相，是因為秦王想通過我佔據宜陽。如不能攻克，樗里疾、公孫奭等人一定要排斥我，韓國一定會通緝我，天下之大，恐怕沒有我的容身之地。」

重賞之下，必有勇夫。

為了攻克宜陽，甘茂懸賞重金組織一支敢死隊。為提高賞金，他不惜將自己的錢財拿出來倒貼。他召集全軍，下達死令說：「明日若不能一鼓作氣攻下宜陽城，宜陽城郊就是我們的葬身之地。」

秦軍固然疲備不堪，宜陽城內的守軍更是處境不妙，他們苦苦支撐，敵人卻越來越多。甘茂深知，誰的意志力更勝一籌，誰就能獲得戰爭的勝利。最後一波進攻在瘋狂中展開，敢死隊拼了老命，奮勇登城。在甘茂的嚴令之下，後續部隊緊緊跟上。秦人的決心最終佔據上風，宜陽守軍全線崩潰。

宜陽淪陷，韓國軍隊戰死六萬人！

這是秦軍繼脩魚、丹陽之戰後取得的又一場偉大勝利。

甘茂如釋重負，他意猶未盡，乘韓軍大潰敗之機，擴大戰果，涉河奪取武遂。韓國再也無法抵抗了，宰相公仲侈親自入秦請罪求和。韓國在此役戰敗，秦軍的傷亡也絕不在少數，據《戰國策》所載，「秦死傷者眾」。甘茂指揮的秦國兵團業已是強弩之末，秦武王遂同意韓國的請和，秦韓戰爭結束。

宜陽之戰令秦武王實現了「車通三川」的夢想，接下來便是「窺周室」。

進入戰國後，周王室一蹶不振，分裂為二：一稱為西周，一稱為東周，天子周赧王居於西周王城。

秦武王派右丞相樗里疾率領一百輛戰車進入西周，此行的目的，表面上是向天子獻捷，實際上是想趁西周不備時，奪取九鼎。

狼子野心，昭然若揭，周赧王豈能不知？他思前想後，想出了一條妙計，派人前往歡迎樗里疾的車隊。天子安排一隊持戈的士兵，走在車隊前面；又安排一隊強弩手，走在車隊後面。名義上是保護樗里疾的安全，實際上是監視他的一舉一動。

說實話，倘若秦國必要搶走九鼎，周天子估計也無能為力。只是周王室命不該絕，秦武王竟在此時意外身亡，奪鼎行動便不了了之。

身體強壯的秦武王，怎麼會意外身亡呢？問題恰恰出在「尚武」二字。眼看「車通三川以窺周室」的夢想即將實現，秦武王心情大悅，為了顯示自己的武力，他與大力士孟說舉行一場扛鼎大賽，看看誰舉的鼎更重，舉得更久。

在中國歷史上，恐怕沒有哪個君王參加過這種比賽。秦武王要證明自己是獨一無二的勇士，他非常自信，只是自信過頭了。一座大鼎重達數百斤，比賽終究是有風險的。很不幸，意外發生了。秦武王扛起大鼎，正想舉起來繞行一周，豈料重心不穩，其中一條腿受力過猛，只聽得「嘎」的一聲，腿骨斷裂。

一聲慘叫後，秦武王已是身負重傷。

這個傷，是致命傷。

賣弄武力者，死於武力之下。

傷勢惡化，這位好勇鬥狠的秦國君王，竟英年早逝。

想要奪鼎，卻死於鼎之下。這就是秦武王的宿命，他為鼎而生，也為鼎而死。

秦武王之死引發秦國政壇的動盪。

他死得太突然，膝下無兒，誰能成為下一任秦王呢？各方勢力粉墨登場，爭權逐利，最有實力問鼎王座的是武王的兩個兄弟，一個是公子壯，一個是公子稷。

公子壯是秦武王的親弟弟，秦惠王的嫡子，根正苗紅，最有資格繼承王位。他得到惠文王后與武王后的支持。

公子稷是秦惠王的庶子，當時入質燕國，遠在天邊，看上去即位可能性很小。然而，他的母親羋八子是個非常厲害的角色。羋八子是楚國人，工於心計，深得秦惠王寵幸。更重要的是，羋八子的兩個弟弟在秦國政壇上是重量級的人物。

她的兩個弟弟，一個叫魏冉，被封為穰侯；一個叫羋戎，被封為華陽君。有人會奇怪，既是兄弟二人，怎麼姓氏不同呢？說來有趣，魏冉與姐姐是同一個媽生的，羋戎與姐姐是同一個爸生的。也就是說，魏冉與羋戎雖名為兄弟，既不是同一個爹，也不是同一個媽，兩人沒有絲毫血緣關係。除此之外，秦國大夫向壽也是羋八子的外族親戚。

羋八子果斷剛強，她與弟弟魏冉秘密從燕國接回公子稷，立為秦王，他就是秦國史上著名的秦昭王。羋八子一躍成為太后，史稱宣太后。不甘示弱的惠文王后、武王后也擁立公子壯為秦王，史稱「季君」。

一個國家冒出兩個國王，這怎麼行？

有一個王必定要死。

內戰無可避免。

宣太后把弟弟魏冉提拔為將軍，鎮守首都咸陽。先發制人的戰略使她贏得了政治上與軍事上的主動權。為了得到軍方的支持，宣太后留用名將樗里疾為丞相。

這是秦國歷史上最嚴重的一次內亂，史稱「季君之亂」，內戰整整持續了三年。在魏冉的鐵腕下，昭王的軍隊徹底打垮了季君的軍隊。失敗者的下場殊為可憐，政治鬥爭殘酷無情。在宣太后的指示下，魏冉盡誅公子壯（即季君）、惠文后、昭王異母兄弟以及追隨季君的大臣。只有一個人免於一死，她就是秦武王的王后，被逐回自己的娘家魏國。

由於秦昭王年齡尚幼，宣太后與魏冉遂專國政，威震秦國。三年的內亂令秦國無暇東顧，齊國乘機主導中原政局。備受戰爭之苦的東方諸侯們終於有了一線喘息之機，他們能翻盤嗎？

二十、自投羅網：誘拘楚懷王

自從張儀離開後，秦國強勢外交大受挫折，在列國中形同孤家寡人。持續三年之久的「季君之亂」，令秦國對外擴張戛然而止。

內戰結束後，執掌權柄的宣太后與魏冉再次把目光投向東方。要恢復強勢外交，首先就得找盟友。宣太后與魏冉都是楚人，當然想把楚國拉入自己陣營。

齊宣王不能袖手旁觀了。

當年楚懷王被張儀忽悠，與齊國斷交，還派人咒罵齊宣王，擺出決裂的架勢。只是楚國非但沒有撈到任何好處，反倒被秦國打得元氣大傷。齊宣王對楚懷王的行徑當然耿耿於懷，只是他大人不計小人過，當務之急是要防止楚國再次投入秦國懷抱。

齊宣王給楚懷王寫了一封信：「我聽說楚國要事奉秦國。這樣的話，魏國與韓國勢必會擔心，肯定也得倒向秦國；魏、韓倒向秦國，燕、趙必然也要追隨其後。魏、韓、燕、趙四個國家爭先要事奉秦國，楚國在秦人眼中，不過就是一個郡縣罷了。大王何不與寡人結為聯盟，齊心協力招攬魏、韓、燕、趙四國。六國合縱，共尊周室，可安兵息民，令行天下了。到時大王必定聲名遠揚，統率各路諸侯討伐秦國，擊破秦國是必然的。大王曾被張儀忽悠欺騙，喪失漢中地，兵敗藍田，天下人莫不替大王深感痛惜與憤怒。現在聽說楚國想事奉秦國，這件事請大王要深思熟慮。」要倒向秦國還是倒向齊國呢？

楚國大臣們認為國家蒙受奇恥大辱後，「必將取地於秦，而後足以刷恥於諸侯」，要報仇雪恨，就得與齊國結盟。楚懷王同意了，於是齊、楚達成合縱同盟。

不久後，在宜陽之戰中損失六萬精兵的韓國也加入同盟。

三國同盟的建立，令秦國大驚失色。

雷厲風行的魏冉馬上策劃陰謀，欲瓦解齊、楚聯盟。為了達到目的，他採取三管齊下的方針：第一，以重金賄賂楚懷王及楚國重臣；第二，秦、楚通婚，楚懷王娶秦女、秦昭王娶楚女；第三，秦國將其佔有的上庸歸還給楚國。

楚懷王原本就是個貪小便宜的人，秦國給點小恩小惠，他又把奇恥大辱給忘得一乾二淨了。他就是一個呆子、傻瓜，又幹了一件傻事，傻呼呼地與齊國斷絕關係，把太子橫送到秦國當人質。他忘了一件事：秦國只會顧及自己的利益，他們的任何做法，都是有陰謀的。

後來史書這樣評論：「楚之禍自此始。」

這個不慎重的決定，是楚國無休止大災難的開始。

正當楚懷王自以為找到一棵大樹好乘涼時，發生一件意想不到的事情。

西元前三〇二年，被送往秦國作為人質的楚國太子橫，與一位秦國大大發生口角，口角最後演變為一場鬥毆。身強力壯的太子橫在鬥毆過程中，把秦國大夫給打死了。這可闖下大禍了，太子橫不敢待在秦國，匆匆忙忙地逃回楚國去了。

堂堂的秦國大夫，竟然被楚國的人質給打死了，這簡直是對秦國的羞辱！秦昭王暴怒之下，也顧不上與楚國所謂的「合婚之歡」，派遣庶長奐率領秦軍攻入楚國。這下楚國慘了，不僅秦國人要算帳，覷準了機會的齊宣王乘機糾集魏國、韓國，聯合出兵攻打楚國。

楚懷王只得硬著頭皮應戰。他派昭睢抵禦秦軍，唐昧抵禦齊、魏、韓聯軍。以一敵四，楚國的下場可想而知。

西線戰場，秦國大敗昭睢，斬首兩萬。

東線戰場，齊、魏、韓三國聯軍在名將匡章的指揮下，大破楚軍於垂沙，楚國最精銳的部隊損失殆盡，總司令唐昧被擊斃，宛城、葉城以北的土地被魏、韓兩國瓜分。

更可怕的是，楚懷王的噩夢還遠遠沒有結束。

西元前三〇〇年，秦國丞相樗里疾去世，魏冉自任丞相，對外政策更加激進。魏冉上臺後的第一件事，就是派遣弟弟華陽君芈戎率領大軍再度攻楚。在上一年剛遭重創的楚國顯然還沒有從失敗的陰影中走出，面對秦軍餓狼般的進攻，楚懷王任命景缺為大將，全權負責前線指揮。景缺的下場與唐昧相同，沒有頂住秦軍的強大攻勢，戰死沙場，楚軍又有三萬名將士陣亡。

楚懷王絕望了，他竟然把希望寄託在鬼神身上，「隆祭祀、事鬼神，欲以獲福助，卻秦師」，只是鬼神沒有現身，也沒有保佑楚國。

萬般無奈之下，楚懷王只得向齊國求助，並送太子橫入齊當人質。

我們不禁要問，楚國在外交上究竟是何立場呢？在秦、齊之間不停地來回搖擺，最終結果，是兩頭不討好。

倒向齊國的結果，是秦國的瘋狂報復。

一年後（前二九九），秦軍再次捲土重來，如入無人之地，連下八城，兵鋒之盛，楚軍莫可抵擋。

怎麼辦？怎麼辦？

楚懷王焦頭爛額，無計可施。

這時，秦國派使者來了，還帶來一封秦昭王的書信。

信是這樣寫的：

「最初寡人與大王結為弟兄，在黃棘會盟，大王以太子為人質，兩國關係十分融洽。不料太子盛氣凌人，殺死寡人重臣，非但不認錯，還不辭而別。寡人確實壓抑不住怒火，這才派兵侵犯楚國邊境。如今聽說大王您竟然讓太子作為人質送往齊國，以此向齊國求和。秦國與楚國的邊境接壤，為了和平相處，這才有聯姻之事，秦楚通婚已有數百年，歷史久遠。現在秦楚兩國交惡，兵戎相見，無法號令天下諸侯。寡人希望能與大王在武關會晤，當面簽訂條約，重新結盟。這是我的心願，冒昧把這個提議告訴您，希望您認真考慮。」

武關是秦國地盤，前往武關會晤秦昭王，風險很大，要不要去呢？

大夫昭睢、屈原等人都力主不能去，秦國向來無信用可言，豈能相信？楚懷王的兒子子蘭卻說：「秦王這麼有誠意，豈能拒絕他的好意？」

最後，楚懷王下定決心，去！

這一去，羊入虎口，永無歸期。

自商鞅、張儀以來，秦國外交以詭詐善變而著稱。楚懷王吃過虧，上過當，可是他腦子不好使，抱著僥倖的心理。張儀死了，秦國人想必沒那麼厚黑吧。錯！秦昭王與魏冉之厚黑，實不讓張儀。

秦昭王說要與楚懷王會晤於武關，其實他壓根就沒去。當楚懷王風塵僕僕地趕到武關時，遠遠望見秦王的旗號。旗是秦王的旗，人卻不是秦王本人。

有一位將軍出關迎接楚懷王，楚懷王剛剛進城，城門就緊緊關閉了。

看這情形不對頭，楚懷王忐忑地問：「秦王在哪裡？」

沒有人理睬他，只把他架上一輛馬車，飛也似的奔向咸陽去了。

一路上車馬勞頓，楚懷王身心俱疲，還沒來得及睡上一覺，就被帶進章台見秦昭王。以外交禮儀說，楚王與秦王地位相等，理應一同坐在上座。但秦人根本不理會他，把他安排在下座，秦昭王則高高在上。

我堂堂一個楚王，怎麼可以被當作囚徒使喚呢？楚懷王憤怒了。那一刻，他表現出王者應有的尊嚴，拒絕與秦王對話。

秦昭王大怒，你也不看看自己在什麼地方，還容你擺臭架子嗎？他毫不客氣地下令，把楚懷王軟禁起來。

悲劇！楚懷王想後悔也來不及了。除了怪自己是個傻大個外，他還能怪誰呢？秦人的狡詐他又不是不知。當初張儀說的六百里之地，怎麼變成六里的，他難道忘了嗎？被騙一次不夠，還要一而再、再而三地上當，這能怪誰呢？秦昭王獅子大開口：要離開秦國可以，必須先割讓巫郡與黔中郡。

這不明擺著是綁架、敲詐、勒索嗎？天下最強大的秦國，竟是一個強盜般的國家，還有沒有公理可言。秦昭王笑了，寡人只知強權，不知公理為何物。

身陷囹圄的楚懷王頑強地拒絕秦昭王的無理要求，只是冷冷地說：「寡人是來與秦國簽訂盟約的。」只是戰敗國有何資格討價還價？秦昭王的回覆是，先割地，再簽約。

楚懷王不割地，秦昭王也不放人。

國不可一日無君。

楚懷王被綁架的消息傳回國內，楚國陷入恐慌之中。大臣們只得從齊國迎回楚太子橫，立為國王，史稱楚頃襄王。新楚王即位後，派人通告秦國政府，稱「國有王矣」，你們囚禁楚懷王是沒有用的，割地的陰謀是不能得逞的。

秦昭王暴跳如雷，遣庶長奐統領大軍，出武關討伐楚國。楚軍又一次慘敗，陣亡五萬人，析城等十六座城池淪陷。

既然楚國另立新君，楚懷王便成了無足輕重的廢人一個，秦國人從他身上已經榨不出油水了。難道就這樣被囚禁到死嗎？楚懷王不肯向命運屈服，在窮途末路之時，他冒出一絲難得的勇氣，決心要逃出秦國。

秦昭王十年（前二九七），被囚禁兩年的楚懷王抓住一次難得的機會，成功逃出咸陽。他是怎麼逃跑的，史書上也沒寫。秦昭王馬上發令全國，封鎖各條通往楚國的通道，嚴加盤查。楚懷王無法南逃，只得向北走，打算逃往趙國。當他餐風露宿、歷經艱辛逃到趙國邊境時，趙國政府不想得罪秦國，拒絕他入境。

饑腸轆轆的楚懷王只得改變逃亡路線，往魏國方向鼠竄。只是這次他運氣沒那麼好，半途被秦國追兵抓住，再次成為階下之囚，被押回咸陽。楚國乃是天下大國，堂堂國君如亡命之徒般孤身逃亡，已經是莫大恥辱，何況二度被囚，恥上加恥。一向好面子的楚懷王悲憤與羞愧交加，終於病倒了。

第二年（前二九六），楚懷王病死於秦國。

作為一位大國君主客死異鄉，令人憐憫的同時，不得不說這種悲慘結局，也是他咎由自取，怪不得別人。楚懷王死後，秦昭王把他的遺體送回楚國，楚國百姓十分同情懷王的遭遇，對秦國的背信棄義十分憤怒。

楚南公說了一句話：「楚雖三戶，亡秦必楚。」口號固然激勵人心，只是楚國遭到秦、齊、魏、韓數國的圍剿之後，在諸侯中地位一落千丈，還奢談什麼亡秦呢？真正能與秦國一較高低的，只有齊國。

二一、千里伐秦：孟嘗君的壯舉

齊國的輝煌始於齊威王。齊威王大破魏國於馬陵，一舉取代魏國成為東方六國的老大；齊宣王繼承其業，北破燕，南伐楚，合縱魏、韓，將齊國霸業推向巔峰。

由於秦國與齊國相距遙遠，領土並不接壤，兩國直接軍事衝突不多，更多的交鋒是在外交上。秦國最擔心的事，莫過於齊國與楚國結盟，齊國擁有強大的軍事力量，楚國擁有廣袤的土地與豐富的資源。拆散齊、楚同盟，成為秦國一以貫之的外交政策。

西元前三〇〇年，秦國大舉進攻楚國，斬首三萬，楚懷王不得不把太子橫送到齊國當人質，以換取齊國的支援。

此時齊宣王已去世，齊湣王即位。為了破壞齊、楚結盟，秦國再次施展外交手段，秦昭王不惜把自己的弟弟涇陽君送到齊國當人質。涇陽君到齊國後，沒有直接去見齊湣王，而是先拜見齊國政壇上呼風喚雨的人物、「戰國四公子」之一的孟嘗君。

在戰國中後期，由於群雄之間的競爭日趨白熱化，各國在網羅人才上不遺餘力，「養士」之風盛行天下。不僅是各國君主，包括公子、貴族，競相廣招人才，禮賢下士。在這些公子中，以齊國孟嘗君、魏國信陵君、趙國平原君、楚國春申君最為有名，並稱為「戰國四公子」。在四公子中，最早成名的便是孟嘗君。

孟嘗君有門客三千，他為人慷慨好義，喜交朋友。各國懷才不遇者、冒險家、投機份子等蜂擁而至，紛紛前來投奔。久而久之，孟嘗君名聲遠揚，鋒頭蓋過齊國君主。當臣子的，竟然比國王還神氣，君王哪裡受得了？齊湣王上臺後，處處壓制孟嘗君，孟嘗君心灰意冷，有懷才不遇的失落感。

就在這時，涇陽君來了。

涇陽君拜會孟嘗君，大大吹捧一通，並對他沒能得到齊王的重用表示遺憾，希望他前往秦國，秦國必定設高官厚爵以待之。

這一番話，令孟嘗君怦然心動。

一年後（前二九九），秦國打敗楚國，誘執楚懷王。涇陽君的使命完成了，打算返回秦國，齊湣王派孟嘗君護送他回國。

齊國公子的風采神韻給秦昭王留下深刻的印象，他打算讓孟嘗君擔任秦國丞相。有人反對說：「孟嘗君才華橫溢，又是齊國公子，如果當上秦相，他一定會先考慮齊國的利益，而後才考慮秦國的利益。這麼一來，秦國豈不是危險了嗎？」

此言一出，秦昭王不得不重新考慮。既然不能用孟嘗君，不如把他扣押起來，否則始終是秦之禍患，或者乾脆把他殺掉算了。這些年來，秦國幹了多少無節操的事，連楚懷王都敢公然綁架，何況是一個齊國公子呢？公子遇到流氓，沒道理可言。

不過，孟嘗君不像楚懷王那樣傻，他是個精明人，更重要的是，他朋友遍天下。朋友多的好處是消息靈通，秦昭王的陰謀很快傳到孟嘗君耳中。與孟嘗君同來的門客面面相覷，如今人為刀俎，我為魚肉，羊入狼穴，如何逃生呢？

關鍵時候，還是孟嘗君鎮定自若。他貴為齊國公子，對宮廷之事知曉得多，國君雖握有生殺大權，卻都有一個致命弱點：女人。能改變君主意志的人，只有女人。只要找君王最寵幸的女人幫忙，就可化險為夷。

在家靠父母，出外靠朋友。有門客自告奮勇前去遊說秦昭王寵妃，寵妃沒有拒絕，只是提了一個條件：「我想得到一件狐白裘衣。」女人愛漂亮衣服，古今皆然。

這個條件，看似尋常，不就一件衣服嘛，孟嘗君及門客們卻面如土灰。因為狐白裘衣，不是一般的衣服，是稀世珍品。

孟嘗君有一件狐白裘衣，已作為禮物送給秦昭王。此裘衣以狐腋之毛製成，皮質純白，作工精細，華麗高貴，價值千金，堪稱天下無雙。後宮女人無不露出愛慕與貪婪的眼光，裘衣只此一件，無論分給誰都是一人喜，眾人怨，徒增宮心暗鬥罷了。昭王乾脆鎖進王宮倉庫，誰也甭想要。

別的女人死心，寵妃不死心。既然孟嘗君要她幫忙，不正好可以勒索一件狐白裘衣嗎？只是她哪裡知道，孟嘗君手上可沒有庫存。

怎麼辦？孟嘗君又不是魔術師，能無中生有變出一件嗎？一個門客舉手了，「我來試試吧。」

孟嘗君一瞧，這個門客原是街頭小混混，專幹偷雞摸狗之事，經常在半夜三更翻牆到別人家「借」東西，練就一身獵狗般敏捷的身手。「我趁夜半三更時，翻牆入秦宮，從倉庫裡把狐白裘衣偷出來。」此話一說，大家都翹起大拇指，紛紛投以膜拜的眼光。

入夜後，此人翻牆進了王宮。他有一大本領，會學狗叫，王宮衛隊聽得有動靜，想去查看，他便狗叫幾聲。衛隊士兵一聽，原來是隻野狗跑進來，用不著擔心。他乘機潛入倉庫，把狐白裘衣偷出來。

裘衣到手後，孟嘗君趕緊差人送給秦王寵妃。寵妃果然在秦昭王面前為孟嘗君求情，昭王喝了幾杯酒，頭腦發熱，糊裡糊塗聽了她的話，發了張通行證，准許孟嘗君一行人離開秦國。

拿到通行證後，孟嘗君等人一刻也不敢停留，趕緊備了馬車，飛馳離開咸陽城，一個勁地向東飛奔。誰曉得秦昭王會不會反悔呢，逃跑一定得快。果不其然，秦昭王酒醒後就後悔了，放孟嘗君回去，等於放虎歸山，得抓回來才行。一隊快騎很快出發了，向東急追。

孟嘗君是心思縝密之人，為了不留痕跡，他把通行證上的名字給改了。追兵一路追，一路盤查，沒有發現孟嘗君的蹤影，難道這群人不翼而飛了嗎？眼看前面就是函谷關，過了這關口，就出了秦國地界。

很不湊巧，孟嘗君等人行至函谷關，已是後半夜，關口大門緊閉。按照規矩，得等到天亮雄雞啼叫時，守關的士兵才會打開城門。夜長夢多，萬一追兵追來怎麼辦？若不及時出關，可能前功盡棄。

大家心急如焚時，一個門客勇敢地站出來說：「我來試試吧。」他有什麼本領呢？會學雞叫！看來孟嘗君手下能人可不少，雞鳴狗盜之徒都有。這傢伙學起雞叫，他這一叫，附近的公雞跟著啼叫起來。睡眼惺忪的士兵以為天亮了，揉揉眼睛，把關門打開。孟嘗君遞上通行證，順利出了關。

他們剛走不久，追兵就到了，可是已經遲了，撲了個空，只得悻悻而回。

靠著這群雞鳴狗盜之徒，孟嘗君死裡逃生，總算沒落得楚懷王那樣淒涼的下場。但是這次經歷令孟嘗君顏面盡失，倘若不報仇雪恨，自己何以在江湖上立足呢？出使秦國本是齊湣王指派，如今孟嘗君差點丟了小命，為了補償、安慰孟嘗君，湣王任命他為齊相。手握大權的孟嘗君，馬上籌畫進攻秦國。

齊國乃是中原之領袖，與魏、韓兩國有同盟協定。孟嘗君照會魏襄王、韓襄王，三國共同發兵，討伐秦國。

西元前二九八年，齊、魏、韓三國聯手，由孟嘗君擔任統帥，進攻函谷關。

孟嘗君在攻秦的時間選擇上相當不錯。這一年楚國立楚頃襄王，秦昭王大舉用兵，連奪十六城，斬首五萬。秦國最精銳的兵力都集結在楚國戰場，函谷關一線兵力薄弱，根本不是三國聯軍的對手，一戰即潰。

自商鞅變法後，秦國在戰場上幾乎無往而不勝，這次失敗嚴重打擊秦人膨脹已久的自信心。更要命的是，楚國戰場的秦師一時間難以調回，倘若孟嘗君攻破函谷關，長驅直入，咸陽未必保得住。

如何是好呢？只能割地求和。

割地求和是很沒面子的事，秦昭王召集臣下商量，他說：「齊、魏、韓三國兵力強大，深入我國，寡人打算割讓河東三城（武遂、封陵、齊城）請和，如何？」公子池道：「大王割地求和，日後肯定要後悔的；如果不割地求和，也要後悔。」秦昭王問：「這怎麼說呢？」

公子池道：「大王如果割地講和，三國撈到利益後，會心滿意足收兵離去。到時大王會後悔：可惜呀，三國聯軍本來就要離開了，我卻偏偏送給他們三座城邑。如果不割地談和呢？若三國聯軍越過函谷關，進逼咸陽，秦都就危險了。到時大王又會後悔：哎呀，我怎麼會吝惜三座城邑而放棄與三國談和呢？」

秦昭王拍板道：「兩害相權取其輕者，我寧可因割讓三城而後悔，也不願因咸陽遭到危險而後悔。我決定了。」

問題是，孟嘗君能同意秦國割地求和嗎？

有一個名為韓慶的謀士對孟嘗君說，攻秦對齊國沒好處。為什麼呢？他分析說，齊國與秦國相距遙遠，就算攻城掠地，也不可能把秦國的土地併為己有，能撈到好處的只有魏國與韓國。若是魏、韓兩國坐大，齊國就要丟掉老大的地位。

孟嘗君攻打秦國，只是為一雪恥辱，若勞師遠征，卻沒撈到好處，不好交代。

有沒有更好的辦法呢？韓慶說，有。

當時楚懷王還沒死，被囚禁於秦國。韓慶認為，上策應該是以武力逼迫秦國釋放楚懷王，然後要求楚國割讓東部土地給齊國。這樣做，齊國才能真正得到實惠，否則什麼都是虛的。

孟嘗君深以為然，不想繼續向前挺進，而秦國也有意割地求和，雙方一拍即合。孟嘗君依韓慶之計，向秦國提出釋放楚懷王的條件，秦昭王爽快答應了。就這樣，齊、魏、韓三國聯軍從函谷關撤兵，第一次伐秦之戰結束。

如意算盤打得不錯，只是孟嘗君還是低估了秦國厚黑的傳統。秦昭王答應釋放楚懷王，只不過是權宜之計罷了。孟嘗君撤走後，遠征楚國的秦國兵團陸續返回國內，函谷關的兵力大大增強了，秦昭王悍然毀約，拒絕交出楚懷王。

不交出楚懷王，孟嘗君就不可能從楚國撈到好處，最終只是竹籃子打水——空歡喜一場罷了。

秦國立國以來，從未像現在如此毫無信用。

春秋時代恪守的道德原則，已經被爾虞我詐的政治遊戲所取代。

孟嘗君氣壞了，他被羞辱過一次，如今又被戲弄，舊仇加新恨。很快，他又著手準備第二次伐秦之戰。這一次，聯軍更加強大，除了齊、魏、韓三國之外，又有兩個諸侯國加入伐秦行列，這兩個國家，一個是趙國，一個是宋國。

西元前二九六年，孟嘗君率五國聯軍，再次殺向秦國。

這次秦國沒有兩線作戰，可以集中力量對付聯軍。只是五國打一國，孟嘗君優勢非常明顯。特別是趙國的加盟，更是錦上添花。在趙武靈王「胡服騎射」的軍事改革下，趙國異軍突起，成為秦、齊之後又一軍事強國，擁有第一流的騎兵武裝。東方諸侯聯軍一路西進，連戰連捷，攻至鹽氏（山西運城）。秦昭王壓力很大，只得再度祭出割地求和的法寶。秦國已經很久沒有如此狼狽不堪了，這也證明當年張儀以「連橫」破壞東方的「合縱」戰略，是何等深謀遠慮。

恰好此時，被囚的楚懷王鬱鬱而死。孟嘗君合縱諸侯攻秦，目的就是逼迫秦昭王釋放楚懷王，再從楚國那兒撈取好處。楚懷王一死，孟嘗君的計畫落空了。就算他一路向西，攻到咸陽，秦國的土地又如何併入不接壤的齊國呢？只會讓魏、趙、韓這些國家撿便宜罷了。

孟嘗君接受秦昭王的割地求和。雙方談判的結果，秦國歸還韓國河外之地及武遂，歸還魏國河外之地及封陵。魏國與韓國收復失地，滿心歡喜，出力最多的齊國，除了贏得好名聲之外，並無其他收穫。

土地交割完畢後，孟嘗君從秦國撤軍，第二次伐秦之役結束。

孟嘗君兩度伐秦，顯示東方合縱戰略的威力，這也是戰國史上為數不多的成功合縱運動。秦國數十年來在東方鯨吞蠶食，瘋狂擴張，不可一世，卻遭到齊國的迎頭痛擊，不得不稍斂鋒芒。宋代著名政治家王安石譏諷孟嘗君是「雞鳴狗盜之雄」，這個評價不太客觀。孟嘗君能越數千里之地攻秦，其能力與膽識都非常人所能及。後世史學家黃世三評論說：「秦之強未有能抑之者，孟嘗君有此豪舉，非他人所能及也。」這個評價是中肯的。

伐秦之戰，把齊國與秦國的對抗推向高潮。

只要齊國仍領袖東方，秦國想要向東擴張幾乎不可能。只是世事難料，災禍總是起於蕭牆之內，一起齊國未遂的政變，令秦國有了挺進中原的機會。

二三、伊闕：魏韓的傷心記憶

西元前二九四年，齊國發生了一起未遂的政變，大夫田甲劫持綁架齊湣王。這次政變並未成功，卻導致嚴重的後果。

齊湣王懷疑政變背後的主謀是孟嘗君。孟嘗君兩次合縱諸侯討伐秦國，名揚天下，功高震主，諸侯只知有孟嘗君，不知有齊湣王。身為君主，齊湣王早就對孟嘗君看不順眼，經歷綁架驚魂後，更是對他處處提防。君相二人互不信任，雙方劍拔弩張。齊國內鬥，被秦國人看在眼裡，鐵血宰相魏冉決定利用這個機會，發動對東周的進攻。

奪取兩周，一直是秦國的重點戰略方向。

十五年前，秦武王發動宜陽戰役，攻取韓國三川之地，欲直搗兩周。不料秦武王意外扛鼎而死，計畫泡湯。西元前二九三年，雄心勃勃的秦相魏冉派向壽為大將，揮師東進，打敗東周的軍隊。周王室夾在魏、韓之間，魏昭王與韓僖王聯手武力干預秦國入侵。

魏、韓兩國集結了二十四萬軍隊，魏軍由犀武指揮，韓軍由公孫喜指揮。秦軍已嗅出大戰的氣味，遂從東周撤軍，退至伊闕，與魏、韓聯軍對峙。

伊闕位於今天河南龍門，舉世聞名的龍門石窟就坐落於此。當時這裡還是荒山野嶺，宏偉壯觀的佛像群還未有影子。伊闕的天空，戰爭的烏雲密佈。

面對魏韓數量龐大的兵團，秦國人憂心忡忡。

魏冉做出一個大膽決定，向秦昭王推薦由白起擔任秦軍大將，取代原先的大將向壽。我們不能不佩服魏冉的眼光，他果斷起用白起，是秦軍取得勝利的保證。作為鐵血宰相，魏冉的能力是毋庸置疑的。我們必須看到，魏冉提拔白起是有政治風險的，因為向壽是秦昭王由小玩到大的親密朋友，用白起取代向壽，若不能出奇制勝，魏冉的政治生命可能就此結束。

白起是何許人也，為什麼魏冉對他如此器重呢？

據後來秦始皇《追贈白起武安君詔》的說法，白起祖上本是楚國人，後來遷居到了秦國。他早年的軍事生涯不可考，在伊闕之戰前，史書僅有他的一次作戰記錄。那是前一年（前二九四），他指揮秦師攻克韓國重鎮新城。此時的白起年僅二十幾歲，已獲得「左更」的軍功爵，在秦二十等爵中位列十二等，屬中上等爵位，可見他參加過很多戰鬥，而且戰功很多。

知人善任的魏冉對白起的軍事潛力深信不疑，大膽破格起用他為伊闕之戰的秦軍總司令。這一戰，白起將震驚天下。

白起臨危受命，當他抵達伊闕前線，發現形勢很嚴峻，與魏、韓相比，他的兵力很單薄。據《戰國策》所記：「韓魏相率，興兵甚眾，君所將之，不能半之。」可見秦國兵力不到魏、韓聯軍的一半，在十萬人左右。

從兵力對比上，敵強我弱。白起沒有驚慌失措，而是冷靜地分析時局，後來他回憶道：「伊闕之戰，韓孤顧魏，不欲先用其眾。魏恃韓之銳，欲推為以鋒。」也就是說，韓國拉上魏國一起作戰，卻想保存實力，要讓魏國軍隊打頭陣。魏國也心懷鬼胎，認為韓國軍隊是精銳之師，理應作為先鋒部隊，衝鋒陷陣。大戰臨頭，魏韓兩國不能精誠團結，反而互相扯皮，誰也不願意主動出擊。有了弱點，就容易搞定了。

白起的計畫是先打弱敵，後打強敵，各個擊破。他說：「二軍爭便之力不同，是以臣得設疑兵以待韓陣，專軍並銳，觸魏之不意。」白起假裝與韓軍正面對峙，暗中卻把大部隊調走，出其不意地突襲魏軍。

魏軍主將犀武判斷失誤，以為秦軍要先攻韓師，掉以輕心。白起攻其無備，以迅雷不及掩耳之勢直殺過來，陣斬犀武，大敗魏軍。首戰告捷後，白起馬不停蹄，對韓國兵團發動總攻。韓國主將公孫喜得悉魏軍慘敗的消息後，大為恐慌，倉皇撤退。秦軍全線追擊，生擒公孫喜。此時魏、韓聯軍總司令一死一俘，群龍無首，軍隊混亂不堪。秦軍越戰越勇，連拔五城。在《史記》一書中，《秦本紀》《魏世家》《韓世家》《白起列傳》諸篇都提到伊闕之戰，說法稍有差別。

《秦本紀》與《白起列傳》都記為：「秦昭王十四年，左更白起攻韓、魏於伊闕，斬首二十四萬，虜公孫喜，拔五城。」

《魏世家》記：「魏昭王三年，佐韓攻秦，秦將白起敗我軍伊闕二十四萬。」

《韓世家》記：「釐王三年，使公孫喜率周、魏攻秦。秦敗我二十四萬，虜喜伊闕。」

秦國史料都稱白起在此役中取得斬首二十四萬的戰果，魏、韓史料不是用「斬首」這個詞，而是用「敗」這個字。魏韓聯軍總計二十四萬人，倘若依秦國說法，全軍覆沒，沒有活口。這種說法顯然站不住腳，白起後來曾說：「魏軍既敗，韓軍自潰，乘勝逐北，以是之故能立功。」連他本人都用「敗」「潰」這樣的字眼，可見魏、韓聯軍是被擊潰，而不是被殲滅。由是可見，魏、韓的說法比較準確，秦國史料則有誇大戰功之嫌。

即便有誇大之嫌，白起以十萬之師擊破魏韓二十四萬之眾，無論如何都是偉大的勝利。伊闕之戰標誌著秦軍走出數年前兩度敗於孟嘗君的陰影，對中原戰局產生巨大影響，從此之後，魏、韓兩國再無與秦抗衡的實力。

伊闕之戰是白起指揮的第一場大戰役，他以寡擊眾，以少勝多，展示卓越的軍事天才。他果斷冷靜，有精確的分析判斷能力，善於把握戰爭大局。當回顧此役時，白起說：「皆計利形勢，自然之理。」所謂計利形勢，就是因勢利導，化不利為有利，化被動為主動，運用之妙，存乎一心。

秦國的擴張，向來是武力與外交雙管齊下。

在戰國的政治舞臺上，秦國就是孤家寡人一個。原因很簡單，它的外交政策是典型的無節操榜樣。拐騙楚懷王，企圖綁架謀殺孟嘗君，為達目的，無所不用其極。手段陰險詭詐，自然諸侯離心。

不過，秦國自有手段，威懾與恫嚇也足以唬住一些國家。

秦國集中力量對付魏、韓，自然不希望其他國家插手干預。齊國內部權力鬥爭白熱化，孟嘗君罷相下臺，沒精力去救援魏韓；趙國爆發內亂，一代雄主趙武靈王被弒，自顧不暇；燕國實力弱小，閉關自守；唯一可以救援魏、韓的，只有楚國。

為了唬住楚國，秦昭王寫一封信給楚頃襄王，以挑釁的語氣說：「楚背秦，秦且率諸侯伐楚，爭一日之命，願王之飭士卒，得一樂戰。」

伊闕之戰中秦軍的威力令諸侯聞風喪膽，楚國向來是秦國的手下敗將，看到秦昭王的挑戰信，楚頃襄王嚇壞了。

關鍵時刻，可以看出一個人是不是英雄。楚頃襄王的父親楚懷王被秦害死，國恨家仇，只要他有點血性，就絕不會屈服於仇敵的淫威之下。只是楚頃襄王的軟弱與父親如出一轍，他竟然向仇人低頭。在利誘與威逼下，楚國與秦國聯姻，楚頃襄王迎娶秦女為夫人。此舉表明楚國又一次臣服於秦國。楚國的綏靖政策，令秦國可以心無旁騖地攻略魏國與韓國。

魏、韓精銳在伊闕之戰中損失殆盡，已經難以抵擋秦國的進攻。戰神白起再建奇功，渡過黃河，攻取安邑以西至乾河一帶的韓國土地。一年之內，他從左更（軍功爵第十二級）升為大良造（軍功爵第十六級），連升四級。

西元前二九一年，秦國兵分兩路，大舉進攻魏國。一路由伐蜀英雄司馬錯統率，攻破軹城；另一路由後起之秀白起指揮，略取垣城。兩路人馬得手後，轉攻韓國，司馬錯攻佔鄧城，白起奪取宛城。攻城掠地，魏、韓兩國不要說還手，連招架之力也沒有。

對魏、韓兩國來說，苦難無盡頭。

西元前二九〇年，秦國鐵血宰相魏冉親自出馬，討伐魏國。魏昭王精神崩潰，如何抵擋？一打就敗，一敗就屍橫遍野，幾乎每家都要辦喪事，這樣的日子怎麼過？他索性舉旗投降了。投降代價驚人，魏國割讓河東四百里之地獻秦。

洋洋得意的魏冉胃口大得驚人，得到魏國四百里地還不足，他又率兵殺入韓國。可憐的韓釐王只得步魏昭王後塵，割讓武遂等二百里地獻秦。孟嘗君伐秦時魏、韓收復的土地，全部都還給秦國了，甚至更多。

「今日割五城，明日割十城，然後得一夕安寢。起視四境，而秦兵又至矣。然則諸侯之地有限，暴秦之欲無厭，奉之彌繁，侵之愈急。故不戰而強弱勝負已判矣。」這是宋代文豪蘇洵對魏、韓割地事秦的評價。

以土地能換和平嗎？

肉包子打狗，能填飽狗的肚子嗎？西元前二八九年，秦國又來了！還是白起，還是司馬錯。秦軍如秋風掃落葉，橫掃魏國。羸弱的魏國毫無反擊能力，連失六十一城！

伊闕之戰推倒第一塊骨牌後，引發多米諾效應，短短幾年時間裡，魏韓兩國一潰千里，喪地無數。這兩個從晉國分裂出來的國家，已從猛虎變成小綿羊，哀號著任由秦國宰割。

秦王的野心與秦國的疆域一同膨脹。

他不滿足於「王」的尊號，因為王太多了，不值錢。秦國雄視天下，笑傲江湖，應該給自己換一個更尊貴的稱號。

新的尊號叫什麼呢？一幫刀筆吏咬文嚼字，詳斟細酌，最後挑出一個字——「帝」。

古代的字典《字彙》對此的釋義是：「帝，上帝，天之神也。」先秦文獻中，有「天帝」「上帝」這樣的字眼，意指主宰天地萬物的最高天神。上古的歷史傳說，有「五帝」的說法，指的是黃帝、炎帝等五位德高望重的君王。

稱帝才能凸顯秦王在諸侯中高人一等的地位。秦昭王想稱帝，卻心有顧慮，因為秦國還有一個強大的對手，便是齊國。齊國絕不會容忍秦國的傲慢與自大，勢必會號召諸侯群起而攻之。最好的辦法，是把齊國拉下水，秦王稱「西帝」，齊王稱「東帝」，豈不是皆大歡喜？

西元前二八八年，秦昭王在宜陽正式稱「西帝」，同時他派人前往齊國，給齊湣王送上一頂「東帝」的大帽子。

齊湣王心動了。

謀士蘇代問道：「兩帝並立，諸侯們會尊秦呢，還是尊齊？」秦國比齊國更有侵略性，齊湣王誠實地答道：「肯定是尊秦。」

蘇代又問：「放棄帝號，諸侯們願意跟齊國交好呢，還是秦國？」齊湣王答道：「當然是齊國，各國都討厭秦國。」

蘇代說：「秦稱西帝，齊稱東帝，表面上看是平等的。但諸侯們害怕秦國，尊秦而不尊齊；若放棄稱帝，各國願意與齊國親近，與秦國疏遠。您越表示謙卑，諸侯們越尊重您，這就是以卑為尊。」

齊湣王採納蘇代意見，公開表示放棄稱帝。齊王拒絕稱帝，秦昭王自封的「西帝」成了眾矢之的。稱帝無異於向天下宣佈，秦國有一統天下的野心，豈不讓各諸侯惶恐不安？狗急會跳牆，人被逼急了會拼命，一個國家不是秦國的對手，要是幾個國家一起拼命，秦國吃得消嗎？

秦昭王稱帝剛兩個月，就察覺苗頭不對，東方六國迴響強烈，反秦浪潮高漲，秦國在外交上已陷入完全被動局面。東方六雄，一個都還沒被消滅，看來秦昭王操之過急了。算他識相，灰溜溜地宣佈撤銷帝號，恢復王號，這齣稱帝的鬧劇才結束。

儘管取消帝號，秦國的狼子野心已是昭然若揭。東方諸侯再度密謀合縱，共同對抗秦國。

二三、日落東方：齊國的沒落

秦國勢力瘋狂東擴的同時，北方的趙國異軍突起，躋身三強之列，成為秦國之勁敵。自從晉國分裂為魏、趙、韓三國後，趙國實力平平，在與魏國的長期戰爭中居於下風，首都邯鄲曾淪陷達三年之久。知恥而後勇，趙國如何發憤圖強、後來居上呢？這要歸功於偉大的君主趙武靈王。

趙武靈王知恥而後勇，他力排眾議，推行「胡服騎射」軍事改革，大力發展騎兵武裝，為趙國強盛打下堅實的基礎。趙武靈王統治時期，趙國走向大擴張時代，他避開戰亂不斷的中原，把矛頭對準北方的蠻夷國家。經過十幾年的戰爭，趙國滅掉中山國，中山是除戰國七雄之外實力最強的國家，也是一個狄人國家。吞併中山後趙國實力大增，已躍居最強諸侯行列。

雄才大略的趙武靈王並不滿足於此，他的理想是北略匈奴，南略秦國。他曾經假扮為使者，孤身一人前往秦國刺探軍情，甚至跑到秦都咸陽見秦昭王，以一國之尊，深入狼穴，渾身是膽。

可惜的是，趙武靈王與秦國一決雌雄的理想還未付諸實現，便死於一場國內政變。在沙丘之亂中，趙國貴族李兌囚禁趙武靈王，一代雄主竟餓死於高牆之內，令人唏嘘長歎。趙武靈王死後，李兌成為趙國頭號權臣，被封為奉陽君。

一個國家強大了，自然想在國際舞臺上有所表現。

偏偏在這個時候，秦國不給趙國面子。秦昭王自立為「西帝」，把「東帝」頭銜送給齊國，至於趙國嘛，秦國還真不當一回事。在諸侯們的反對聲中，秦昭王僅僅過了兩個月，就尷尬地宣佈放棄稱帝。東方諸侯對秦國的狼子野心保持高度戒備，一場針對秦國的合縱運動又悄然興起。

這次合縱運動的策劃者，正是趙國奉陽君李兌。

在李兌主持下，趙、齊、魏、燕、韓五國組成合縱同盟。西元前二八六年，東方五國組成聯軍，進攻秦國。縱觀東方合縱史，我們可以得出一個結論，成功的合縱必須要有一個深孚眾望的政治家主導。整個戰國史，只有兩個人能成功領導合縱抗秦，一個是孟嘗君，一個是信陵君，兩人都是「戰國四公子」之一，有能力、有威望，能約束、指揮合縱聯國。李兌雖是趙國權臣，對其他諸侯國卻沒有多大的影響力，這次合縱運動注定要失敗。

伐秦之戰，雷聲大雨點小。各國雖想打擊秦國，卻相互猜忌，各自保存實力，只是虛張聲勢罷了，並不全力作戰。西征最後無功而返，這是預料中的事。

李兌打著伐秦的旗號，實際上另有所圖。

合縱聯軍伐秦草草而終，李兌卻不解散五國部隊，而是駐屯於成皋，按兵不動。他心裡在打什麼算盤？李兌有不可告人的目的，他要憑這張合縱王牌，與秦國做一筆交易。他暗中派人與秦政府聯絡，要求與秦聯手，突襲魏國！

一方面與魏國合縱抗秦，一方面卻與秦國串通欲瓜分魏國，李兌的厚黑與無節操，比起秦昭王毫不遜色。

只是天下沒有不透風的牆，李兌想瞞天過海，紙卻沒包住火，這件事給捅出來，真相大白於天下。冤大頭魏昭王氣瘋了！他斷然與趙國決裂，投靠齊國。

倘若趙國與秦國結盟，對齊國是巨大的威脅。齊湣王不願看到這種結果，他必須出手阻止李兌的陰謀。

著名縱橫家蘇代作為齊湣王特使，前往遊說李兌。蘇代說：「您不遵守五國合縱盟約，單獨與秦國媾和，五國合縱同盟必然瓦解。我想提醒您，秦國與齊國並非不可能聯合，倘若秦、齊聯合，夾在兩個大國之間的趙國處境最不利。另外，要是合縱同盟分裂，諸國臣服於秦國，秦國便可控制天下。一旦秦國控制天下，會用什麼手段統治，您心知肚明。我希望您考慮清楚。」

這是對李兌施壓。若是趙國與秦國聯合瓜分魏國，那麼齊國也可以與秦國聯合瓜分趙國。合縱是對抗暴秦的法寶，若合縱失敗，統統要成為秦人的奴隸。在蘇代嚴厲的批評下，李兌懸崖勒馬，中止與秦國交易，東方合縱同盟勉強維持下來。

齊湣王是活雷鋒嗎？當然不是。

他有自己的目的。

齊國雖與秦國並稱為東西雙雄，秦昭王也給齊湣王送上「東帝」頭銜以示尊敬。不過誰都知道，齊國已被秦國甩開幾條馬路遠了。打破均勢的轉捩點，是秦國吞併巴蜀成功，齊國吞併燕國失敗。不必說秦國，就連趙國也後來居上，吞併中山後，趙國大有趕超齊國之勢，所以權臣李兌才會那麼囂張狂妄。

要確保齊國在東方的優勢，齊湣王只有一個選擇：對外擴張！往哪擴張呢？宋國！

戰國的諸侯版圖，可概括為七加二：七就是七個大國，即戰國七雄；二就是兩個中等國家，一個是中山，被趙國吞併了，另一個就是宋國。為了與秦、趙抗衡，齊國必須擴張，與之相鄰的宋國自然成為齊湣王案上的大肥肉。

齊湣王極力維護五國合縱同盟，是擔心秦國干涉其滅宋計畫。

倘若說天下有哪個國家可以阻止齊國的擴張，這個國家必定是秦國。當年齊國吞併燕國，正是在秦國的武力干涉下，不得不把到嘴的肥肉又吐出來。

為了與秦國妥協，齊湣王一連派了三名說客入秦。此三人分別是冷向、蘇代與宋郭。

冷向對秦昭王說：「齊國消滅宋國，魏國就危險了，大王可唾手得到魏國的安邑城。只要秦齊結盟，燕、趙必恐懼，定要割地討好秦國。齊國伐宋，對秦國只有好處，沒有壞處。」

蘇代說：「齊國本來就很強大，若吞併宋國，楚國與魏國一定會害怕，為了自保，只能投靠秦國。秦國可以不費一兵一卒令魏國割讓安邑，這就是齊國送給您的禮物。」

從這裡可以看出齊湣王絕非善輩。他一面維持東方五國合縱同盟，作為壓制秦國的籌碼；另一方面卻打算犧牲同盟國的利益，以換取秦國對伐宋的支持。他的厚黑與無節操，不在李兌之下。冷向與蘇代說辭雖有差異，中心思想是一樣的：齊國伐宋，對齊、秦兩國是雙贏的選擇。秦昭王冷冷地問：「齊國政策反反覆覆，一會兒搞合縱，一會兒搞連橫，這怎麼解釋呢？」

合縱就是齊與東方四國聯合伐秦，連橫就是與秦國聯合，出賣東方諸國的利益。齊湣王一邊打著合縱的旗號，一邊又暗自與秦國勾結。齊國的政策，究竟是反秦還是親秦，著實讓人看不懂。

蘇代答道：「每個國家都有不對人言的秘密，齊國不能不做兩手準備。齊王知道，若不與秦國連橫，就算滅了宋國，也不可能安定。中原遊說之士，竭力離間秦、齊關係。西入秦者，沒有一人說齊國好話；東入齊者，沒有一人說秦國好話。他們不願看到秦齊結盟，若是三晉與楚聯合，必定會進攻秦國與齊國；若秦國與齊國聯合，同樣會圖謀三晉與楚國。大王應該按照這個思路來考慮問題。」言下之意，齊國的意圖是與秦國聯合，共同瓜分三晉、楚國。

秦昭王表態道：「宋王像夏桀一樣殘暴，像這樣的國家，欺辱它不算逆天行事，消滅它不算結仇。我希望齊國不要跟宋國講和，要不斷地進攻，直到把它滅掉。」這個回覆，令齊湣王大喜過望。

然而，搞陰謀不是齊湣王的專利。齊湣王能背後搞小動作，秦昭王就不能搞嗎？齊湣王為了奪取宋國，不惜出賣盟友，這也給了秦國可乘之機。將欲取之，必先予之，這才是高明的戰略。只要齊國吞併宋國，各路諸侯肯定坐不住，到時看齊湣王如何收拾殘局。

西元前二八六年，齊國發動雷霆攻勢，大軍突入宋國，短短幾個月時間，老牌諸侯國宋國便從地球上消失了，土地人口併入齊國。

滅宋之戰，令齊國聲威大振。周邊小國，如魯、衛、鄒等，無一例外，全部向齊國稱臣。齊湣王意猶未足，他挾勝利之威，出兵佔領楚國淮北之地。緊接著，齊國又把打擊目標鎖定在淮河下游的淮夷，武力征服，再奪取七百里之地。

此時齊國的領土幾乎擴張一倍，疆域面積已經不遜於秦國。齊湣王野心勃勃，甚至想出兵吞併二周，自立為天子。

然而，齊湣王沒有想到，滅宋之戰，是齊國由鼎盛走向衰落的開始。

齊湣王滅宋國、取淮北、驅淮夷，開疆拓土，傲視天下，諸侯莫不震動。其中最為恐慌的國家，當屬燕國。燕國曾亡於齊國之手，後來在秦、魏等國的武裝干涉下，齊國不得不撤兵，燕國得以復國。燕昭王是戰國史上最偉大的一位君王，他臥薪嘗膽，勵精圖治，矢志復仇雪恥。為了幹掉齊國，他以名將樂毅主持軍政，同時暗遣著名縱橫家蘇代入齊，安插在齊湣王身旁，隨時掌握齊國的政治動向。

從軍事實力上說，燕國遠非齊國的對手，如何能打敗齊國呢？

樂毅對燕昭王說：「齊國土地遼闊、人口眾多，僅憑燕國之力是不行的，必須聯合趙國、秦國、楚國、魏國，共同伐齊。」

無論是東方諸侯國還是秦國，都不想看到齊國的強大。在此之前，秦國吞併巴蜀、趙國吞併中山，都沒有引起其他國家的強烈反應，為什麼偏偏齊國吞併宋國，會引起諸國的敵視呢？當時中國的重心在中原，巴蜀、中山都是偏遠地區的蠻夷國家，中原諸侯自然懶得理會。宋國則不同，宋國是殷商後裔，立國時間與周朝一樣久遠，地處中原，如今齊滅宋國，在中原地區一枝獨秀，其他中原諸侯豈能不聞風色變？

為了對付暴發戶齊國，東方諸侯甚至不惜與秦國合作。在樂毅等人的努力下，燕、秦、趙、魏、韓五國達成協議，共同對付齊國。

五打一，齊國在劫難逃。

西元前二八五年，樂毅的燕國兵團率先發起進攻，在間諜蘇代的協助下，燕師兩戰兩勝，斬首五萬，齊軍遭到迎頭痛擊。秦昭王派大將斯離、蒙齊率領一支遠征軍，與趙、魏、韓三晉部隊會師後，殺入齊國，攻城掠地，奪取齊國河東九城。

作為軍事強國，齊國是有人才的。齊軍統帥觸子是一名優秀將領，他採取堅壁清野的戰術，沿著濟水構築防線，恃險而守。只要把戰爭拖入持久戰，內部矛盾重重的五國聯軍必然瓦解，到時必然作鳥獸散，齊軍可乘機各個擊破。只是齊湣王好大喜功，剛愎自用，嚴令觸子出擊。硬碰硬的結果，是人多的打垮人少的，齊師再度敗績。

五國聯合伐齊，沒有很明確的戰略目的。濟水之戰後，各國將帥認為齊國軍事力量已被大大削弱，剩下來的事交給外交官去處理，便紛紛打道回府。秦、韓等國的軍隊撤走了，燕軍統帥樂毅卻做出一個驚人的決定：繼續深入，直搗齊國首都臨淄。

在之後五年時間裡，燕國憑一己之力，橫掃齊國。樂毅連下七十餘城，曾經盛極一時的齊國幾乎滅亡，只剩下兩座孤零零的城池。好高騖遠的齊湣王求救於楚國，先前保持中立的楚國並不仗義，以救援的名義出兵，卻把齊湣王的頭給砍了。

齊國並沒有亡國。

兩個原因。其一，雄才大略的燕昭王去世，燕惠王猜忌心強，解除樂毅兵權，樂毅投奔趙國；其二，齊國名將田單有神勇表現，先是以火牛陣大破燕師，解即墨之圍，而後開始奇蹟般的反撲，光復齊國全境。

然而，在廢墟中重生的齊國，已威風不再，從一流強國滑落到二流國家，永遠失去與秦國爭雄天下的機會了。

齊國垮了，唯一可與秦國抗衡的，只有崛起中的趙國。

二四、澠池：沒有硝煙的戰場

自趙武靈王實行「胡服騎射」改革，趙國國力蒸蒸日上，吞併中山及北部諸胡後，已成為北方一大強國。

在五國伐齊之戰中，趙國一顆將星冉冉升起，此人就是歷史上著名的戰將廉頗。西元前二八三年，廉頗率領趙國軍隊大敗齊軍，攻取昔陽（一說晉陽），此役有力地配合了樂毅對齊國諸城的掃蕩，也使廉頗英勇善戰的美名廣為人知。戰役結束後，趙惠文王將廉頗提拔為上卿。

在廉頗伐齊的這一年，趙惠文王得到了一個寶貝，便是著名的和氏璧。和氏璧是一塊美玉，據說是春秋時期楚人卞和所發現，故稱為「和氏璧」，被認為是一件無價之寶。和氏璧如何從楚國輾轉到了趙國，其中的緣由我們也弄不清楚。趙惠文王得此璧後，愛不釋手，可是秦國人偏偏要來找麻煩。

秦昭王聽說趙國有這麼一塊寶貝，便派使者入趙，開出一個令人心動的條件：以十五座城交換和氏璧。我們常說「價值連城」，和氏璧的價值不是一座城，而是十五座城。對一個國家來說，十五座城顯然比一塊美玉要有價值，以璧換城，這是不吃虧的。問題是秦國的信用等級很低，收了和氏璧後，恐怕要翻臉不認人。秦人劣跡斑斑，天下人都知道，跟秦國打交道，一定得謹慎，否則一不小心就要落入其陷阱。

倘若拒絕秦國呢？

拒絕秦國就意味著有戰爭的風險。

怎麼辦呢？趙惠文王打算通過外交手段來解決問題，派一個機警且才智過人的使節前去與秦昭王周旋。這時，宦官令繆賢向趙惠文王推薦自己的門客藺相如。

令繆賢對趙惠文王說：「我私下認為藺相如有勇有智有謀，讓他出使秦國，一定會不負所望的。」

趙惠文王召見藺相如，問道：「秦王要用十五座城交換和氏璧，您看要不要給他呢？」藺相如答道：「秦強趙弱，秦國的要求合理，不能不給。」

趙惠文王又問：「要是秦王拿走了和氏璧，卻不割讓十五座城，怎麼辦？」

藺相如答說：「秦國以十五城交換寶璧，如果我們不答應，就是理虧。反之，秦國得到寶璧，卻不割讓十五城，就是他們理虧。權衡利弊，寧可讓秦國承擔理虧的責任。」趙惠文王點點頭，又問：「依先生之見，何人可出使秦國？」

藺相如說：「大王要是沒有合適的人選，我願意親自前往。如果秦國交出城池，和氏璧就留在秦國。倘若秦人毀約，我定會完璧歸趙。」趙惠文王便派遣藺相如為趙國使節，捧著和氏璧前往秦國。

入了秦都咸陽，秦昭王在章台接見藺相如，藺相如獻上和氏璧。這塊寶璧果然是無價之寶，無論是玉的品質或作工，都堪稱天下無雙。秦昭王邊欣賞邊讚歎，又遞給妃嬪與左右侍從觀賞，大家都嘖嘖稱讚。

秦昭王只玩弄寶璧，隻字不提割城的事。藺相如看出他並沒有以城換璧的誠意，便走上前說：「和氏璧上有一點瑕疵，請允許我指給大王看。」秦昭王沒起疑心，把和氏璧交還給藺相如。

不料藺相如拿回璧後，後退了幾步，把寶璧高高舉起，背靠著一根大柱子，怒髮衝冠，衝著秦昭王說：「大王想得到這塊美玉，要用十五城來做交換。趙國君臣都認為，秦國只是仗著自己強大，想巧取豪奪罷了，根本不想用城池來交換，千萬不能把和氏璧交給秦國。我卻認為，普通老百姓尚且不肯相互欺騙，何況是秦這樣的大國呢？為了一塊玉璧與秦結怨，這是不合適的。趙王聽了我的話，齋戒五日，派我前來獻上玉璧，這是出於對秦國的尊重。今天大王沒在朝堂以隆重的儀式接見我，而是在章台這種普通的宮殿，禮節上十分不到位。更有甚者，大王拿到和氏璧後，遞給妃嬪、左右觀賞，毫無恭敬之心，當我這個趙國使臣不存在，這是對我的侮辱戲弄。我看大王沒有誠意用城池交換和氏璧，便把玉璧收回來。大王若要逼我的話，我就跟和氏璧同歸於盡。」說完後，藺相如雙手舉起和氏璧，斜對著柱子，要把寶璧往柱子上砸下去。

秦昭王急了，趕緊喊「住手——」，然後走下殿堂，向藺相如賠禮道歉。他裝模作樣地喚來掌管圖籍的官員，取來地圖，圈了十五座城池。藺相如很細心，看出秦昭王只不過敷衍了事，這證實了他的判斷：秦國根本無意用十五城來交換和氏璧，只是想強取豪奪罷了。

藺相如沒有交出和氏璧，而是說：「和氏璧乃是天下至寶。趙王欲獻出此寶貝時，齋戒五日。大王也應該齋戒五日，並在朝堂之上，以隆重大禮接收寶璧。這樣我才能放心獻上和氏璧。」秦昭王沒辦法，只得答應了。

藺相如不相信秦國的誠意，他不等了，派親信喬裝打扮，懷揣著和氏璧，走小路回趙國去了。

五天後，秦昭王煞有其事在朝堂上大張旗鼓，迎接藺相如。藺相如來了，卻沒有抱著光彩奪目的和氏璧。他朗聲說道：「自從秦穆公以來，秦國共有二十多位君主，沒有一個曾信守盟約。我擔心被大王矇騙，派人走小路，把和氏璧送回趙國了。」此言一出，眾皆駭然。

秦昭王臉色難看得要死，目露凶光。

藺相如毫無懼色地說：「秦強趙弱，大王若先割讓十五城給趙國，趙國敢不交出和氏璧嗎？至於我，欺騙了大王，罪當處死。大王儘管用最殘酷的烹刑殺我，我沒有怨言。只是希望大王及諸位大臣好好考慮這件事。」果然是不怕死的硬漢子。

秦昭王與諸大臣面面相覷。有人主張殺掉藺相如，秦王還算有點理智，藺相如只是個小角色，殺之何用！他只得無奈地說：「算了。今天就算殺了藺相如，也得不到和氏璧，反而破壞秦趙兩國關係。還是以使節之禮招待他吧，放他回趙國去，趙王不會因為一塊美璧而故意欺騙秦國吧？」秦國最終沒有把十五城割給趙國，趙國當然也沒把和氏璧給秦國。

藺相如以自己的大智大勇，不辱使命，完璧歸趙，保住趙王的臉面。趙惠文王提拔他為上大夫，躋身重臣之列。

沒能得到和氏璧，秦昭王心裡很不爽快。

在之後數年，秦昭王多次發兵攻打趙國，以洩心頭之恨。譬如西元前二八二年，白起伐趙，攻取兩城；西元前二八一年，秦國再攻趙，取離石城；西元前二八〇年，白起復攻趙，斬首兩萬人，取光狼城。

躍居第二號強國後，趙國仍然不是秦國的對手。

不過，對秦國來說，最重要的敵人，並不是北方的趙國，而是南方的楚國。

在伊闕之戰後，楚頃襄王迫於秦國的壓力，被迫臣服。然而，秦、楚絕不可能長久相安無事，楚懷王被綁架並死於秦國，這是兩國關係無法解開的結。就在秦國頻頻打擊趙國時，楚國蠢蠢欲動。

有人對楚頃襄王說：「先王被秦國欺騙，客死他鄉，沒有比這個仇恨更大了。一個普通百姓有仇，尚且敢報復萬乘之君，當年白公熊勝、伍子胥就是這樣做。楚國土地面積方圓五千里，擁有甲兵百萬，足以在疆場上縱橫馳騁、耀武揚威。可是大王居然受困於此，實在為大王感到不值得。」

這一番話，道出多數楚國人的心聲，也刺到了楚頃襄王內心的痛處，激起他復仇的欲望。楚與秦仇深似海，父仇不報也就算了，還臣服於秦國，是可忍孰不可忍？楚頃襄王派人出使各諸侯國，打算與東方各國重新合縱，聯合起來討伐秦國。

山雨欲來風滿樓，秦國與楚國的一場大戰已無可避免。

秦國必須先下手為強，在楚頃襄王合縱諸侯的計畫未得逞之前，打垮楚國。要打擊南面的楚國，就必須同北面的趙國和解，否則兩線作戰，對秦國十分不利。秦王派人出使趙國，希望兩國化干戈為玉帛。他邀請趙惠文王前往澠池會晤，締結和平條約。

這會不會是一場鴻門宴呢？

趙惠文王若貿然前去，會不會落得楚懷王的下場呢？

他召來廉頗與藺相如，聽取兩人的意見。廉頗與藺相如說：「大王不去的話，是示弱於秦國。」兩人都認為，既然秦王要謀和，趙王應該前往澠池。趙惠文王便動身前往，智勇雙全的藺相如隨行，廉頗則陳兵於國境線，嚴陣以待。臨行前，廉頗對趙惠文王說：「大王前去澠池，估計往返時間不會超過三十天。倘若三十天過後還未返回，請允許暫且立太子為王，以斷絕秦人的陰謀。」這是最壞的打算，若秦昭王在會議過程中綁架趙王，趙國就另立新君，與秦國血戰到底。

澠池之會，沒有刀光劍影，只有口水戰。

作為東道主，秦昭王設宴款待趙惠文王、藺相如等人。酒興正濃時，秦昭王提議說：「聽說趙王十分喜好音樂，不如奏瑟一曲助興吧。」瑟是古代的一種大型樂器，長約三米，規格有多種，從十六弦到五十弦不等，常見的是二十五弦。趙惠文王不知是計，當即奏瑟一曲。

豈料曲音剛落，秦國御史故意拔高聲調，讓左右記下來：「某年某月某日，秦王與趙王喝酒，命令趙王奏瑟一曲。」這是故意羞辱趙國。

出席酒宴的趙國隨行人員聽了非常生氣，卻毫無辦法。這時藺相如站起身，手持一個盆缶，走到秦昭王跟前說：「趙王聽說秦王精通秦國音樂，請准許我獻上盆缶，大王也露一手，相互娛樂一下。」缶就是裝酒的瓦罐，秦人經常擊缶而歌。

秦昭王沉著臉，不理睬藺相如。

藺相如不甘休，又走近幾步，跪在秦王面前，高捧著缶，要求秦王擊缶。秦王火了，怒髮衝冠，目露凶光，藺相如毫不退讓，大聲喝道：「我與大王僅五步之遙，大王不答應，藺相如的鮮血就要濺到大王身上了。」言下之意，你要不擊缶，我跟你玩命。

宴會廳快成戰場了。

門外的衛兵衝了進來，操著戈戟，圍住藺相如。藺相如虎目怒睜，似乎有火焰從眼睛噴射而出，所有衛兵怔住了，不由得後退幾步，雙手發抖。在藺相如排山倒海的氣勢威逼下，秦昭王服軟了，拿起竹筷，勉為其難地在缶上敲打一下，算是擊缶了。

清脆的擊缶聲，餘音繞樑。

藺相如喚來趙國御史，以同樣響亮的聲音吩咐他記錄：「某年某月某日，秦王為趙王擊缶。」高傲的秦國人何時受過這等羞辱呢？一位秦國大夫跳出來喊道：「請趙國用十五座城來為秦王賀壽。」

藺相如輕蔑地瞟了他一眼，回應說：「請秦國用咸陽城給趙王獻禮。」全場鴉雀無聲。一向鐵嘴銅牙的秦國辯士們已是啞口無言。

澠池之會，秦、趙兩國角力於沒有硝煙的戰場，賴藺相如光芒四射的表現，趙國捍衛了國家尊嚴，秦國則偷雞不成反蝕一把米，成為天下人的笑柄。儘管有些不愉快的經歷，為了共同利益，兩國仍然達成和平協定。

現在，秦國可以騰出手來，全力討伐楚國了。

二五、橫掃楚國：戰神白起的表演

楚頃襄王要復仇雪恥，想法很美好，現實很骨感。

在春秋時代，楚國曾是最富進取精神的國家，如今蛻變成最保守的國家。國家的運途如逆水行舟，不進則退。楚國內政混亂，外交一塌糊塗，軍隊號稱百萬之眾，實則不堪一擊。憑什麼報仇呢？

大夫莊辛是少數頭腦清醒冷靜的人之一，他對楚頃襄王的軍事冒險計畫持反對意見，批評說：「大王寵幸州侯、夏侯、鄢陵君、壽陵君，這四個人都是花花公子。大王與他們一夥，淫逸侈靡，罔顧國政，不要說攻打秦國，恐怕連首都郢城都保不住。」楚頃襄王大怒道：「你難不成把我看作是不祥之兆嗎？」

莊辛答說：「臣下不敢，我只是看到事情的必然結果。大王若仍寵幸這四個人，楚國必定滅亡。」忠言逆耳，楚頃襄王壓根聽不進去，我行我素，磨刀霍霍。

楚國還沒動手，秦國先下手為強。

秦昭王與趙惠文王達成澠池協定，避免兩線作戰，已無後顧之憂。

西元前二七九年，戰神白起揮師數萬，攻入楚國。

白起對楚國的政治形勢有一個準確的判斷，他說：「是時楚王恃其國大，不恤其政，而群臣相妒以功，諂諛用事，良臣斥疏，百姓心離，城池不修，既無良臣，又無守備。」楚國內政混亂，奸臣當道，民心不附；更糟的是，嚷嚷復仇卻武備不修，破舊不堪的城池也沒加固修繕。難不成光靠激情就可以打贏一場戰爭嗎？

從兵力對比看，白起不足十萬人，兵力比伊闕之戰還要少；楚國號稱有一百萬軍隊，雖然不可能全部上陣，動員二三十萬還是行的。從楚懷王到楚頃襄王，楚國並未展現軍事大國的風采，反倒屢屢遭到鯨吞蠶食的命運。這次，冷酷的白起來了，等待楚國的，將是怎麼樣的命運？秦國兵團迅速南下，進攻楚國的鄢城（湖北宜城東南）。

鄢城是楚國別都，有重兵把守，雖不能稱為固若金湯，想攻下也非易事。名將之所以成為名將，總是不按常理出牌，以最小的代價收穫最大的戰果，這是所有名將追求的藝術。從某種意義上說，名將是藝術家，只是這種藝術血腥而殘忍。要攻破一座堅城，有常規手段，也有非常規手段。常規手段是爬雲梯攻城，使用衝車、撞車撞破城門，這種攻城手段，殺敵一千，自損八百。白起沒那麼笨，他有一樣絕殺武器：水。

水是柔的。

老子說：「天下莫柔弱於水，而攻堅強者莫之能勝。」

白起深諳老子所言之理，他把河流當作一支奇兵，決漢水以灌鄢城。秦國水利工程技術獨冠天下，引水灌城不過是小菜一碟。多年未修繕的城牆轟然倒塌，洪水呼嘯而入，沖決屋宇、吞噬生靈，鄢城一片汪洋，死者數十萬人。

鄢城之戰，震動天下。

楚國第二大城陷落後，士氣凋零，白起一鼓作氣，再下鄧城、西陵。以區區數萬人入敵國，攻城掠地，如入無人之境，白起之功可謂大矣。他從來不是一個知足的人，他要用楚國人的鮮血鋪就自己燦爛的前程。向前，向前，直搗楚都郢城！

秦軍渡河後，拆毀橋樑，焚毀船隻。以寡擊眾，必須在勇氣上壓倒對手，不留半點後路，白起相信自己可以完成驚天偉業。兩百多年前，楚都郢城也曾淪落，那是吳王闔閭的時代，是兵聖孫武的時代，是一代名將伍子胥的時代。吳國三位偉大英雄的不朽傳奇，激勵白起搗破郢都的決心。他孤軍深入楚國腹地、沒有補給，兵行險著，若非有過人的膽識，誰敢完成這樣的軍事冒險呢？

兵聖孫武說：「善用兵者，役不再籍，糧不三載；取之於國，因糧於敵，故軍食可足也。」意思就是說，善於用兵的人，兵員不需要再次徵調，糧食不需要再三轉運。各種軍用物資從國內取得後，糧草補給就在敵國解決。

孫武在兩百多年前能做到的事，白起怎麼不能做到呢？自從《孫子兵法》問世，沒有一個人能像白起那樣，把孫子的軍事藝術思想實踐得淋漓盡致。秦軍的補給，完全不仰賴國內運輸，而是掠奪楚地糧食。白起自己這樣說「掠於郊野以足軍食」，以這種近乎野蠻的手段，一路長驅直入，殺到郢城之下。

楚國很久沒有打過像樣的仗了。

在秦、齊的圍獵之下，秦楚丹陽之戰中，楚軍被砍下八萬顆腦袋；齊楚垂沙之戰中，楚軍全軍覆沒。即便敗得那麼慘，郢都也從未遭遇威脅，仍一派歌舞昇平的假象。一向遠離戰爭的郢都百姓，兩百年來第一次感受到死亡的臨近，整座城市一片混亂，陷入恐慌之中。

對於楚軍的士氣，白起評論說：「楚人自戰其地，咸顧其家，各有散心，莫有鬥志。」楚國人多勢眾，只要能堅守一個月，白起就要陷入進退兩難的尷尬境地。只是白起已敏銳判斷，連敗幾仗後，楚軍已沒有鬥志了。

秦軍的士氣又如何呢？

白起說：「秦中士卒以軍中為家，將帥為父母，不約而戰，不謀而信，一心同功，死不旋踵。」作為軍國主義國家，軍隊就是士兵的家，將帥就是士兵的父母，一上戰場，就有不畏艱險，堅決向前的大無畏精神。這種精神，正是楚國人所沒有的。

兩軍相遇勇者勝。恐懼、害怕本是人之常情，但越恐懼、越害怕，所擔心的事情就越會發生，越怕打敗仗，就越會打敗仗，越怕秦人殺入城，城就越保不住，這就是心理學的法則。

一方是嗜血的餓狼，一方是軟弱的綿羊，還沒開打，勝負已決。郢都甚至連像樣的保衛戰也沒有，一戰即潰，楚頃襄王狼狽而逃。白起沒有費什麼氣力，便一鼓作氣佔領郢都。

首都輕而易舉被端掉了，楚國人有末日來臨的恐慌。孔子說「知恥近乎勇」，倘若楚頃襄王有知恥之心，這些年就應該大力改革軍政，但他沒有。這位君王顯然只是阿斗型的人物，他上臺後非但沒有矢志報父仇，反而在秦國威脅下臣服，實非英雄人物。如今抱著僥倖心理挑戰強秦，只能輸得精光。莊辛說的話——「淫逸侈靡，罔顧國政」，不要說攻打秦國，恐怕連首都郢城都保不住。不幸預言成真。

楚軍一潰千里，白起數萬人馬竟然得以蹂躪楚國的心臟地帶，毀楚先王之廟，西燒夷陵（湖北宜昌東南），向東攻至竟陵（湖北潛江西北），而後向南挺進，攻到洞庭湖一帶。秦軍橫衝直撞，所向無敵。

楚頃襄王逃哪去了呢？他一路狂奔逃往陳地（河南淮陽），遷都於此，遠遠避開秦軍的兵鋒。國家殘破，君臣苟且偷安，楚國偉大的愛國詩人屈原再也承受不住悲憤之情，他對國君竭忠盡力，豈料遭到被流放的下場。心繫國家君王，卻被朝廷拋棄，想為國家效力，卻報國無門，真是人生的悲哀。郢都淪陷後，他的心死寂了，無法承受國家沉淪之痛。愛之深，痛之切，痛到深處，唯有一死。屈原自沉於汨羅江，痛苦的靈魂終於解脫了。

這一戰，「楚人震恐，東徙而不敢西向」，楚頃襄王徹底喪失信心，楚國的力量進一步被削弱。鄢、郢之役是白起在伊闕之戰後的又一軍事傑作，他以寡擊眾，大膽深入，把大片的土地收入秦國囊中。秦國設南郡，楚舊都郢城併入秦國。

白起如一陣旋風席捲東方，韓、魏、趙、楚各國無不敗在他手下，他是秦國有史以來最偉大的一位將軍。伐楚之後，秦昭王封白起為「武安君」。

苦難的日子還沒結束。

兩年後，即西元前二七七年，秦軍捲土重來。還是令人膽戰心驚的白起，他揮師進攻巫郡；與此同時，蜀郡太守張若進攻黔中郡。楚國人已是驚弓之鳥，草木皆兵，抱頭鼠竄，兩個郡又輕而易舉地落入秦人之手。

要是以這種速度蠶食，恐怕用不了幾年，楚國就要成為第一個出局的國家。楚國上下瀰漫著悲觀的氣氛，沒有誰知道苦難還要持續多久，所有人對國家前途一片迷惘。痛定思痛，楚頃襄王靜下心來反思戰敗的原因。

有一個人早就預言楚國的失敗，他就是莊辛。楚頃襄王不聽其諫，莊辛遂離開楚國，遠走趙國避難。在殘酷的現實面前，楚頃襄王不能不承認，莊辛是深謀遠慮、老成持重的政治家。要挽救楚國於危難之中，除了莊辛之外，再無第二人了。

楚頃襄王放下架子，派人前往趙國，召莊辛返回祖國，共商國策。這是君王委婉的認錯，能認錯的君王，還是有希望的。莊辛身在趙國、心在楚國，他歸心似箭，馬上啟程，踏上返回故鄉之路。到了楚臨時都城，面帶慚色的楚頃襄王出城相迎，誠懇地說：「寡人沒有聽先生的話，以至於淪落到這個地步，現在要怎麼辦呢？」

莊辛歎一口氣道：「大王若能採納我的建議，事情尚有轉機；若是不聽，情況還會更糟。」國家大廈將傾，就需要這樣勇於任事、敢當大任之人。

楚國還有機會嗎？連楚頃襄王都懷疑了。

莊辛以肯定的語氣說：「亡羊補牢，未為遲也。以前商湯、周武王僅憑藉百里之地而崛起，夏桀、商紂擁有天下卻走向滅亡。楚國的面積雖然大大縮水，仍方圓數千里，比起商湯、周武王的百里之地，還算是多的。我還要說說大王的事，大王身邊有州侯、夏侯、鄢陵君、壽陵君四人，飯桌上吃的是封邑的糧食，車上載的是國庫裡的金帛。大王跟他們駕車在雲夢澤一帶馳騁玩樂，不把天下國家的事放在心上。可大王並不知道，秦國宰相魏冉正受命於秦王，打算吞併黽塞之內的土地，把您逐往黽塞之北。」

楚頃襄王面如土灰，渾身發抖。攻破鄢、郢，奪取巫、黔後，秦國意猶未足，還要得寸進尺，他有一種大難臨頭的感覺。

四個吃喝玩樂的寵臣是靠不住了，能力挽狂瀾的人，只有莊辛。很快，莊辛被封為陽陵君，全權負責國家軍政。

莊辛很快展示自己非凡的才幹與超絕的膽識，他雷厲風行，整飭軍隊，重振士氣。楚國軍事力量雖遭重創，駐守東部的軍隊建制仍完整，莊辛把十幾萬精兵調往西線，為收復國土做準備。

鄢、郢、巫郡都是被白起攻破，駐紮有秦國精銳部隊，難以爭鋒。只有黔中郡的駐軍是來自蜀郡的秦軍，戰鬥力相對較弱，且位於長江之南，秦國救援難度較大。莊辛覷準敵人這個弱點，集結十幾萬大軍，對江南黔中郡發動猛攻。在楚軍優勢兵力的打擊下，秦軍抵擋不住，只得撤向江北。莊辛一鼓作氣，解放黔中郡十五座城池。這是楚國與秦國交戰史上，難得的一次勝利。

這一戰，令楚國轉危為安。

秦國鐵血宰相魏冉放棄繼續攻打楚國的計畫，有兩個原因：其一，莊辛回歸後，楚國軍政有了起色，武力收復黔中郡，秦國不得不重新評估楚軍的戰鬥力；其二，魏昭王剛剛去世，政權交替之時，也是一個國家的動盪期，容易鑽空子。

魏冉很快調整戰略，把進攻的矛頭直指魏國。

二六、割地事秦，猶抱薪救火

齊國衰落後，秦國與趙國成為諸侯中實力最強者。

這是一個大魚吃小魚的時代，只有擴張才能保障國家的安全。

西元前二七七年，魏昭王去世，他的兒子魏圉即位，史稱魏安釐王。在春秋時代，各諸侯還奉行「不伐有喪之國」的傳統禮法精神，這種精神在戰國已是蕩然無存。與魏國相鄰的趙國覷準機會，西元前二七六年，大將廉頗揮師南下，一舉攻克魏國幾邑。早已衰弱的魏國本來就不是獰猛梟鷙趙國的對手，屋漏偏逢連夜雨，秦國人又捲了進來。

還是白起！

這位戰無不勝的名將儼然是秦國的一面旗幟，無論他到哪裡，都令人聞風膽喪。倘若要筆者羅列中國歷史上最偉大的將領，白起無疑是排名第一。他的大名遠勝千軍萬馬，只要報上名號，敵人足以嚇得腿軟。白起不費吹灰之力，連下魏國兩城。

只要被秦國人盯上，就是倒楣。

鐵血宰相魏冉不想讓白起一人搶盡鋒頭，他要親自出馬。

西元前二七五年，魏冉親征魏國，勢如破竹，竟然一鼓作氣殺到魏都大梁城。魏國震動，魏安釐王緊急向韓國求援。

韓國與魏國是難兄難弟，都是秦國蹂躪蠶食的對象，兩國的關係，如唇齒相依，唇亡則齒寒。韓釐王不能坐視不管，儘管他知道秦國的厲害，仍派出老將暴鳶馳援魏國。魏冉圍城打援，率主力部隊在開封與韓軍決戰，韓軍大敗，暴鳶敗走，損兵折將四萬多人，幾遭滅頂之災。

援軍慘敗的消息傳到大梁城，魏安釐王呆若木雞，六神無主。與魏昭王相比，魏安釐王有雄心壯志，只是大敵當前，雄心也要付諸流水。他不得不採用父親慣用的手段：割地求和。

一割又是八座城池。

就算魏國的城邑再多，也承受不住一次次的割地獻城。

「諸侯之地有限，暴秦之欲無厭，奉之彌繁，侵之愈急。」事實就是如此。魏國割了八座城池，如肉包子打狗，只是讓餓狗飽餐一頓罷了。問題是，餓狗吃完後還要吃，你有多少肉包呢？魏冉的胃口比餓狗還大。不久後，他又捲土重來。魏安釐王一肚子苦水，瘟神難送，奈何奈何！沒辦法，只能拼了！

大將芒卯率軍在宅陽（河南鄭州北）阻擊秦軍，魏國精銳悉數上陣。魏冉冷笑了，米粒之珠，能放光華嗎？縱兵出擊，魏軍大敗，芒卯落荒而逃。

秦軍再次包圍大梁城。故事很沉悶，沒有驚喜可言。魏安釐王又向韓國求援，仗義的韓釐王又一次發揚「國際主義精神」，出兵相救，援兵又一次大敗而還。只要大梁城被攻陷，魏國就完蛋了。難道還要割地求降嗎？大臣們眾口一致，反對割地求和，紛紛慷慨陳詞說：

「當年魏惠王以十萬大軍伐趙，拔取邯鄲城，趙國堅決不肯割地求和，最終得以復國；齊宣王時，齊師伐燕，破燕都，燕國不肯割地求和，後來也復國了。趙、燕之所以能保住國家，沒有被他國吞併，正是因為他們能禁受住艱難的考驗，不輕易割讓土地。秦國貪得無厭，天下諸侯沒有一個願意與它親近。魏國從晉國分裂出來的土地，被秦人鯨吞蠶食得差不多了。魏國剛剛割讓八座城池，交割尚未完成，秦軍又出動了，大王試想想，秦人的胃口哪有滿足的時候呢？」事到如今，只能豁出去了。

無論如何，魏安釐王也得保住大梁。他下一道命令，全國一百多個縣動員起來，招募士兵前往保衛首都。大梁城的兵力激增到三十萬，擺開與秦軍一決死戰的架勢。

架勢是拉開了，魏安釐王仍寄希望於和平解決，派中大夫須賈會晤魏冉。魏冉接見須賈，態度頗為傲慢。

須賈說：「《周書》說『天無常命』，意思是說幸運不可能一而再地出現。您打敗暴鳶的韓軍，割魏國八城，並非兵力精銳，也非計謀高深，只是運氣好罷了。如今您又挾兵前來，打敗芒卯，拔取宅陽，圍攻大梁，難道認為自己永遠是上天的寵兒嗎？聰明的人是不會這樣認為的。魏國已經召集百餘縣的部隊駐戍大梁城，兵力不下三十萬。以三十萬的軍隊，守衛城牆高達十仞的都城，就算商湯、周武王復生，也不能輕易攻下。」這是告訴魏冉，魏國定會血戰到底，不會投降。

魏冉面色微變，須賈又說：「您不顧慮楚、趙的威脅，想越過十仞高的城牆，攻打三十萬魏軍，還自信滿滿、志在必得。自從天下分裂以來，從沒有人能做得到。您進攻大梁卻無法得手，曠日持久軍隊必疲憊不堪。若楚、趙乘虛而入，您一定前功盡棄，到時您的領地陶邑也將不保。請您仔細考慮，別冒險進攻大梁。」聽到這裡，魏冉臉色大變。

秦國的實力固然比魏國要強，要攻破大梁城卻非易事。大梁城在當時是最堅固的城池，堪稱軍事防禦的傑作，城牆厚實，高十仞，換算成現在的單位，大約有十八點五米，比現在保存最完整的西安古城牆還要高三分之一。秦始皇統一六國時，秦、魏軍事力量更為懸殊，對大梁城仍久攻不破，最後採取水淹戰術，大梁城仍頑強堅持三個月之久。

如果不能速戰速決，會發生什麼情況呢？

覬覦魏國的不只是秦國，在魏冉攻魏的同時，趙國大將廉頗再建功勳，連續攻下防陵、安陽兩座魏城。倘若廉頗兵團突然發難，截斷秦軍後路，魏冉兵團豈非要被包餃子了？除了趙國之外，被打得頭破血流的楚國也有可能乘虛而入，到時魏冉麻煩就大了。

身為秦國丞相，魏冉有自己的小算盤。他有一塊封地，稱為陶邑。陶邑原本是宋國的土地，宋國被齊國吞併後，五國出兵伐齊，齊國幾遭滅國之禍，陶邑成為秦軍的戰利品，後來封給魏冉。陶邑與秦國並不接壤，孤懸於東方，是一塊飛地。魏冉不滿足當秦國丞相，他幻想以陶邑為基地，自立門戶。若是趙、楚聯手消滅這支秦軍，下一步必然直取陶邑，魏冉自立為王的夢想就破滅了。

須賈的一番話起作用了，魏冉最終放棄進攻大梁城，魏國由是躲過一劫。

放棄攻打大梁，不等於秦國放棄蠶食戰術。

一年後（前二七四），魏冉第三度殺入魏國，攻下四座城池，斬首四萬人。

面對秦國瘋狂的進攻，魏國如待宰羔羊，全無抵抗能力。難道就這樣坐以待斃嗎？只有一個辦法：尋找新的靠山。放眼天下，能與秦國抗衡的，只剩下一個國家：趙國。問題是，趙國也把魏國當作大肥肉，時不時撲上來咬上幾口。想投靠趙國，就得先交見面禮。不斷喪失土地的魏國，當然不可能再獻上幾座城邑當作見面禮，怎麼辦呢？魏安釐王不愧深得厚黑學之精髓：我就拿韓國當作見面禮。

韓與魏本是戰略盟友，魏冉三度攻魏，韓釐王兩次出兵相救，堪稱義氣。如今魏國為了自保，打算犧牲盟友，魏安釐王給趙惠文王開出的條件是：魏國協助趙國攻取韓國。既能得到一個小嘍囉，又能搶別人的地盤，趙惠文王何樂不為呢？趙、魏聯手，進攻韓國華陽城。

魏國的背叛，令韓釐王大為震驚。韓釐王為盟友兩肋插刀，豈知竟是這種結局。韓國在七雄中實力本來就弱，面對趙、魏虎狼之師，如何能抵擋？為了保全國家，韓釐王只得向秦國低頭，他連續派出幾批使節入秦，請求魏冉出兵相救。

要不要救韓國呢？魏冉遲疑不決。

原因很簡單：秦國與趙國在澠池之會達成協議，雙方罷戰休兵。如果魏冉出兵救援華陽，等於撕毀澠池協議，向趙國正式宣戰。這意味著秦國對外戰略要推倒重來，魏冉不能不慎重考慮。

秦國遲遲不出兵，華陽城危在旦夕，韓釐王急了。他又派一名謀士入秦，此人名叫陳筮，是著名的縱橫家。

陳筮入秦，拜見魏冉。

魏冉說：「韓國現在形勢很危急吧，才派你來秦國。」陳筮說：「不危急。」

魏冉十分不高興，怒道：「你這樣可以當韓王的特使嗎？韓國使臣絡繹前來，都說情形危急，你卻說不急，這是為什麼？」陳筮說：「韓國請秦國相救，秦國遲遲不出兵。倘若十分危急，韓國早就投靠其他國家了，還能磨磨蹭蹭嗎？正因為不急，才派我前來。」這就是遊說的藝術。

戰國時代高明的縱橫家十分精通心理學，遊說各國權貴時，擺事實講道理都沒有用，唯一有用的，便是強調有利可圖。陳筮言下之意，韓國臣服對秦是有利的，秦若拒絕，韓國只能另覓東家，損失的只是秦國。

利字當頭，魏冉很難拒絕。他對陳筮說：「您不必去見秦王了，我立即發兵救援韓國。」秦國軍隊的效率天下第一，大規模的援救行動，只花八天的時間就全部準備完畢。武安君白起擔任總司令，客卿胡陽為副手，率領最精銳的部隊火線馳援韓國。

攻打華陽城的魏軍總司令芒卯並非一流名將，他是魏冉的手下敗將。白起的軍事才華，遠在魏冉之上，芒卯要面臨滅頂之災了。這些年，魏國連連喪失土地，已從大國變成小國，魏安釐王想從韓國那裡撈回點本錢。只是魏軍的戰鬥力太差，華陽城遲遲未能攻克。芒卯沒料到韓國居然向秦國求援，這一疏忽，導致嚴重的後果。

當白起的大軍殺抵華陽城下，芒卯大駭，匆匆應戰。魏國士兵向來對秦軍心懷恐懼，何況對方總司令是戰無不勝的白起。很快，戰鬥呈一邊倒的格局，秦軍越殺越勇，魏軍大敗，芒卯奪路而逃。與此同時，駐守華陽的韓國守軍乘機殺出，裡外夾擊，魏軍完全崩潰。

這一戰，魏國兵團遭到空前慘敗，橫屍遍野，陣亡十五萬人。

戰神白起又一次創造令人瞠目結舌的輝煌戰績。

潰敗的魏軍逃回國內，白起乘勝追擊，連下卷、蔡陽、長社三城，勢如破竹。魏國投靠趙國後，自告奮勇打頭陣，趙國軍隊則在後面壓陣。魏軍一敗，趙軍已成孤師。趙國兵團總司令並非英勇善戰的廉頗，而是名不見經傳的賈偃。他根本不是白起的對手，雙方在黃河畔展開大戰，趙軍大敗，兩萬人在逃跑時溺死於黃河之中。秦軍一鼓作氣，佔領觀津。

與白起生活在同一時代的將領，確實悲哀。

兩戰兩勝後，白起已解華陽之圍，韓國轉危為安。救援任務已完成，秦軍也該返回了吧？不！將在外，君命有所不受。戰場形勢總不斷變化，如果魏軍全師而退，白起也不會打魏國的主意。只是華陽一戰，魏軍被斬首十五萬，這遠非魏安釐王所能承受。絕不能讓魏國有喘息之機，應該繼續挺進，直搗大梁。

大梁又一次被包圍。

短短幾年時間，大梁三次被圍，魏國的防禦能力幾乎不堪一擊，任由秦軍進進出出。當然，這次韓釐王沒有出兵相救，而是幸災樂禍地看魏安釐王的洋相。魏國那點家底，魏安釐王能不心知肚明嗎？只有兩條路可以選擇：其一，求救於外援；其二，割地請和。趙國與燕國都出兵救援大梁，只是魏安釐王一點信心也沒有，他所面對的敵人是白起，是有史以來最偉大的一位將軍，趙、燕軍隊豈能突破秦軍防線呢？這時，魏國大將段干子提議：把南陽割給秦國，換取和平。

大將都沒有信心，何況小兵。無奈之下，魏安釐王只得同意割地。

客居魏國的縱橫術大師蘇代警告說：「夫以地事秦，猶抱薪救火，薪不盡，火不滅。」這句話後來被蘇洵的《六國論》引用，成為一句名言。

魏安釐王沉默良久後，默然道：「您說的有道理，只是這件事已經開始做了，不能更改。」戰敗者沒有選擇。秦昭王與魏冉同意魏國提出的割地請降，白起遂從大梁撤圍，班師回國。

華陽之戰是一場影響深遠的戰役。首先，魏韓兩國反目成仇，大大削弱東方諸侯合縱的可能性；其次，魏國在是役中損失十五萬人，基本喪失與秦國對抗的能力；最後，秦國的出兵，宣告秦、趙和平相處蜜月期結束，兩國轉向全面對抗。

二七、閼與之戰：兩軍相逢勇者勝

以「胡服騎射」改革而崛起的趙國，能阻止秦國瘋狂的擴張勢頭嗎？

從澠池之會到華陽之戰，趙、秦兩國維持六年的和平。這是一個亂世，和平總是短暫的，戰爭才是主旋律。

秦、趙兩國有許多相似之處，兩國王室有共同的祖先，同屬嬴姓，都是大駱的後裔。兩個國家都與蠻夷相鄰，深受蠻夷尚武精神的影響。秦征服西戎，趙征服北狄；秦吞巴蜀，趙併中山，皆奉行對外擴張的軍國主義政策。兩個虎狼國家，不可能相安無事，不是秦消滅趙，就是趙消滅秦。這一點，秦昭王與趙惠文王都心裡有數。

在澠池之會前，秦國多次攻打趙國，奪取若干城邑。兩國罷戰休兵後，趙惠文王提出一個土地交換計畫。趙國用焦邑、黎邑、牛狐交換被秦國佔領的藺邑、離石、祁邑，三城換三城，兩不吃虧，秦國同意了。這下輪到趙國耍無賴，收回離石等三城後，遲遲不把另三城移交秦國。趙惠文王的想法，想必是此三城本就是趙國的，沒得換。

華陽之戰爆發後，秦、趙交惡，趙國更不打算交出三城。

秦國豈肯吃啞巴虧？

很快，秦昭王派公子繒出使趙國，以強硬的語氣要求趙國履行換地協議，將焦、黎、牛狐三城交給秦國。趙惠文王裝作無辜的樣子說：「寡人沒有才能，連國家都不能顧及，哪裡顧得上收復藺、離石、祁三城呢？這是一些不聽話的臣子私下幹的事，我毫不知情。」堂堂一國之君，竟忽悠不知情，其厚黑也不讓秦昭王了。

趙惠文王打起太極，把責任推得一乾二淨。公子繒沒脾氣了，只能乾瞪眼，氣呼呼地回國覆命。秦昭王又不是吃素的，你趙國休想耍賴，你不給，我搶也要搶回來。

西元前二七〇年，秦國大舉攻趙。

胡陽被任命為秦遠征軍總司令。他是秦國的一名客卿，所謂客卿就是外國籍的卿大夫，他本是衛國人，在華陽之戰中，作為白起的副手指揮秦軍大破魏、趙之師，戰功卓著。戰後他被授予中更軍爵，在秦二十等爵中列第十三級，被視為軍界後起之明星。為了直接攻打趙國腹地，胡陽設計出一條最短路線，此路線是借道韓國上黨地區，直插趙國腹心。

趙惠文王對秦軍入侵有心理準備，卻未能料到胡陽竟假道韓國，直殺向趙國要害之地。猝不及防，胡陽繞過秦、趙邊境線，把趙國在邊境修築的堡壘甩在一旁，進兵神速，包圍閼與城。

消息傳到邯鄲城，趙惠文王大驚失色。閼與城建於地勢險峻之處，一旦失守，胡陽將控制險關要隘，趙軍想反撲就難上加難了。趙王召集文武大臣，商討救援閼與城。

趙王問大將廉頗：「有什麼辦法救閼與城嗎？」

廉頗面有難色道：「閼與城距邯鄲遙遠，道路險阻，不好救援哪。」

在趙國將軍中，廉頗戰功最為卓著，攻城野戰是他的拿手好戲，他話音剛落，全體默然。要是連廉頗都說沒法救援，恐怕沒有人能做到。

趙王又問另一名大將樂乘，樂乘給出同樣的答案：「難以救援。」所有人都長嗟短歎，捶胸頓足。真的無法救援嗎？趙王不信邪，他想起一個人，此人姓趙名奢。趙奢是什麼人呢，為什麼國家有難時，趙惠文王會想到他呢？

史書沒有記下趙奢早年生活軌跡，他曾經在燕國混，任上谷守備軍官。回到趙國後，擔任田部吏，負責徵收田賦。儘管官職不大，他盡忠職守、不畏強豪，展現其雷厲風行的一面。當時趙國最有權勢的人，除了趙王外，就是趙王的弟弟平原君，他是著名「戰國四公子」之一，養客三千，權傾朝野。有一回，趙奢到平原君家收稅，幾個管家仗著主人的權勢，賴帳不交，還惡語威脅。趙奢毫不客氣把幾個管家抓了砍頭，完全不給平原君面子。

怒氣沖沖的平原君逮捕趙奢，趙奢毫無懼色道：「您是趙國公子，地位尊貴，今天倘若我不徵收您的田稅，就是縱容您違法亂紀。公子帶頭違法亂紀，國法尊嚴何在呢？國法要是沒人遵守了，國家勢必衰弱，各諸侯國就會前來瓜分趙國了。」平原君深以為然，把他推薦給趙惠文王，負責管理全國賦稅。在趙奢的努力下，趙國國庫充實，百姓富裕，國力有明顯的上升。

趙奢文武雙全，西元前二八〇年，他率兵進攻齊國，奪取麥丘，在戰爭中體現出卓越的戰略眼光與敢擔大任的勇氣。如今閼與危急，趙惠文王自然想到這位沉勇有大略的戰將。

廉頗、樂乘都反對救援閼與城，趙奢不以為然，他以堅定的語氣說：「雖然閼與城路途遙遠，道路險阻，然而，就像兩隻老鼠在洞裡爭鬥，狹路相逢勇者勝。」他的話，鏗鏘有力，擲地有聲，趙惠文王如同抓住救命稻草，任命他為總司令，率部馳援被圍困的閼與城。

對手是打遍天下無敵手的秦國兵團，這勢必是場硬仗。高明的將領，必有高明的謀略。要打敗秦軍，就要充分利用其弱點。秦軍有什麼弱點呢？每戰必勝，令秦軍驕傲自滿，不把任何一個對手放在眼裡，胡陽剛在華陽之戰中挫敗趙師，對趙國軍隊實有輕視之心。既然如此，不如將計就計，示弱於敵。

大軍剛出邯鄲城三十里，趙奢便下令安營紮寨，止步不前。此舉令所有人大惑不解，總司令在趙王面前慷慨陳詞，難道只是個吹牛英雄嗎？軍情十萬火急，不晝夜疾行，反倒按兵不動，是何道理。有些將領進諫，趙奢發佈一道獨裁的命令：有敢進諫者，斬！

邯鄲距閼與城二百七十里路，秦軍總司令胡陽得悉趙國出動大軍增援，迅速做出圍城打援的部署，留下部分兵力監視閼與，自己親率主力挺進到距離邯鄲七十里的武安。武安是邯鄲西部門戶，胡陽令秦軍搖旗吶喊，敲鑼打鼓，擺開進攻的架勢，企圖吸引趙奢前來一決死戰。

然而，趙奢彷彿當敵人不存在。秦軍進逼武安，他不為所動，非但不馳援，反倒在營地四周增築堡壘，當縮頭烏龜。趙奢唱的是哪門子戲？胡陽一頭霧水，對手的底細他一無所知，遂派人前往趙營刺探究竟。趙奢揣著明白裝糊塗，不揭穿間諜的身分，反倒供吃供喝，讓他行走於軍中。統帥心裡想的是什麼，連趙國將士都懵然不知，間諜又豈能看得清？他看到士兵們挖戰壕築堡壘，揮汗如雨，甚至對統帥心懷不滿，這一切似乎都表明，趙奢不過一庸將罷了。間諜心中竊喜，數日後，他向趙奢辭行，趙奢以好酒好菜餞行，興盡而散。四十里外的武安危在旦夕，趙奢還有興致大吃大喝，在經驗豐富的間諜看來，這位將軍根本不把國家大事放心上。返回後，間諜向胡陽稟報，趙奢乃怯懦無勇之輩，不足為慮。

眼睛所見者，並不都是實；耳朵所聽者，並不都是真。

秦諜自以為摸清底細，然而他所見所聞者，不過是趙奢想讓他見、想讓他聞的部分。兵者，詭道也。決戰不只在戰場，觥籌交錯之間，亦可決定戰爭的勝負。

戰爭，有時要賭。

趙奢賭胡陽遠道而來，只是威懾性質的佯攻。以胡陽之兵力，想攻克固若金湯的邯鄲絕無可能；不攻趙都，秦軍勢必不會攻邯鄲門戶武安。倘若趙奢倉促應戰，只會被胡陽牽著鼻子走，盡失戰略主動權。這種事，趙奢絕不會幹，只有牢牢把握主動權，才能逆轉戰局。

不出趙奢所料，胡陽聽了間諜回報後，不禁冷笑了：趙奢行軍不過三十里便止步不前、修營築壘，閼與城不復是趙國土地了。

秦軍從武安城外撤退，全力進攻閼與城。

螳螂捕蟬，黃雀在後。

胡陽前腳剛走，趙奢立即下令拔營西進，全體戰士捲起甲衣武器，跨上戰馬，火速馳援閼與。此時距趙奢出邯鄲城已過去二十八天，靜若處子，動如脫兔，趙國將士早已卯足勁，只用兩天一夜的時間，便急行軍穿越難行的山地，出現在距閼與城五十里處，安營紮寨。

從邯鄲到閼與，道路艱險難行，倘若胡陽事先預備幾支奇兵守住險要之地，趙軍便難以突破。只是趙奢偽裝得太巧妙了，他瞞天過海，示弱於敵，騙過老辣的對手，出奇不意地出現在戰場上。

天降神兵，胡陽大吃一驚，急調精銳部隊阻擊趙奢。趙國以武立國，不乏深謀遠慮的人才。軍士許曆向總司令趙奢建議：秦兵來勢洶洶，應集中兵力，加強陣地防禦。他還提議，戰鬥成敗的關鍵，在於誰先搶佔北山這一制高點，先佔據者勝，後到者敗。趙奢對許曆的建議非常欣賞，派一萬人馬搶在秦兵之前，奪取北山，贏得地形上的優勢。

這次救援戰，趙國動用多少兵力呢？

在《戰國策》一書中，記錄有趙奢與齊國名將田單探討閼與之戰的談話，其中有透露此役趙軍兵力的數目，大約是在十萬至二十萬之間。至於秦軍的兵力，沒有史料記載，估計比趙軍要少。因為田單對趙奢說這樣的話：「我不是看不上您的兵法謀略，但我不佩服您。為什麼呢？將軍您打仗投入太多的兵力了。」由是可以判斷秦軍兵力是不如趙軍的。

然而，集中優勢兵力以殲滅敵人，這是戰爭的原則。戰爭從來不是公平的競賽，不像拳擊比賽時，對陣的拳手必須是同一重量級。秦軍戰鬥力之強，冠絕天下，只有充分利用自己的優勢，才有勝利的可能。

趙軍在兵力上已佔有優勢，在時機的把握上出其不意，打亂敵人的部署，又先勝一著。更重要的是，秦軍是侵略者，趙國將士在保家衛國使命的驅使下，士氣旺盛，人人爭先恐後，奮勇殺敵，秦軍如何抵擋呢？

正如趙奢所說，兩軍相遇勇者勝。英勇的趙國將士挫敗秦人的入侵，胡陽在閼與城外大敗，率殘兵敗將狼狽逃回國去。這位秦軍的後起之秀，軍旅生涯就此結束。趙奢不辱使命，在其他將領都不敢救援閼與時，他勇挑重擔，以自己的機智勇氣贏得了一場偉大的勝利。

在商鞅變法之後，秦軍在對外戰爭中，幾乎百戰百勝，只有少數幾次失利，其中兩次被孟嘗君的遠征軍打敗。孟嘗君能力挫強秦，一方面是當時齊國國力強大；另一方面得益於合縱戰略，集數個國家之力圍攻秦國。與孟嘗君相比，趙奢的勝利更為不易。趙國乃是以一己之力對抗秦國，秦國借道韓國攻趙，已是搶盡先機，倘若沒有趙奢，閼與乃至趙國西部半壁江山，恐怕都保不住。

趙奢如何一步步化被動為主動呢？

其一，他利用秦軍傲慢的心態，故意示弱於敵，營造膽怯畏戰的假象；其二，採取反間計，成功地欺騙秦軍總司令胡陽；其三，一旦下定作戰決心，兵貴神速，出其不意，攻其不備，打亂敵軍的軍事部署；其四，充分利用天時地利，發揚勇敢精神，最終在一場狹路相逢的戰鬥中打敗對手。

是役成就趙奢一代名將的美譽。戰後，趙惠文王封他為「馬服君」，與廉頗、藺相如平起平坐，成為趙國重臣。出謀劃策的軍士許曆被破格提拔為國尉，以表彰他對閼與之役的貢獻。

閼與之戰見證了趙國的崛起，在齊國凋落後，趙國已成為秦國的頭號勁敵。

二八、土雞變成金鳳凰

秦已成為天下第一強國，這是毋庸置疑的事實。

作為秦國的君主，秦昭王應該躊躇滿志了吧？

其實不然，他越來越有一種大權旁落的失落。有時候，他甚至懷疑自己是被人操縱著的木偶，他高高坐在王座之上，如坐針氈，因為背後站著幾個人，幾雙看不見的手在操縱著秦國的政權。

原因很簡單，他這個王位的得來，完全是仰仗一個人，這個人就是他的舅舅魏冉。秦武王意外舉鼎而死，覬覦王座者大有人在，秦國陷入三年之久的「季君之亂」，正是在魏冉的鐵腕下，血腥鎮壓政敵，才把秦昭王扶上王座。魏冉把持大權長達四十年之久，一方面是他有卓越的政治才能；另一方面也是宣太后無條件的支持。除了魏冉外，宣太后的另一個弟弟羋戎在秦國也呼風喚雨，權傾朝野。

君臣權力倒懸，秦昭王的怨氣日甚一日。就在這個時候，一個人從魏國來到秦國，此人的到來，對秦昭王實在是莫大的福音。

此人便是范雎。

范雎是魏國人，從小深受縱橫家思想的影響，學習辯論術，遊說諸侯。他與張儀一樣，胸懷大志，卻因家境貧寒而受輕視，只得投奔魏國大夫須賈門下，當一名門客。有一次，他跟隨須賈出使齊國，由於能言善辯，受到齊襄王的重視，賞賜他十斤黃金。妒賢忌能的須賈懷疑范睢向齊國出賣情報，魏國宰相魏齊大怒，把范睢抓起來往死裡打。

可憐的范睢被打得不省人事，肋骨被打斷了，牙齒被打掉了，用草席一裹扔到茅廁裡。魏齊的幾個門客上廁所時，還往他身上撒尿。過了好一陣子，范睢甦醒了，他全身彷彿散架了，沒法動彈，倘若不能及時得到治療，定會死在這裡。宰相府的廁所有個看門人，范睢決定賭上一把，用微弱的語氣對看門人說，若是放他一條生路，定會以重金酬謝。看管廁所的人在相府中地位最卑，聽後怦然心動，便前去稟報魏齊：范睢已經死了，不如把他的屍體抬出相府。魏齊喝得有點醉意，便一口答應了。

就這樣，范睢死裡逃生，躲到好友鄭安平家中養傷，改用「張祿」這個假名。本想憑藉自己外交才能混個前程，豈料差點死於非命，真是倒楣到了極點。換作一般人，早就心灰意冷，金盆洗手，退出江湖了，但范睢絕不輕易向命運投降。

他要報仇雪恨，要讓須賈、魏齊這些陷害他的人付出代價。

天地茫茫，他要去向何方呢？

正巧此時，他聽說秦國大夫王稽出使魏國，這可是逃離魏國的天賜良機。

在好友鄭安平的幫助下，范睢秘密會晤秦使王稽。王稽對范睢的才華佩服得五體投地，便讓他喬裝打扮，混入秦國使團中，得以逃出魏國，前往秦國。

此時的秦國人才濟濟，范睢雖然才華橫溢，想要出人頭地卻也困難。王稽向秦昭王推薦范睢，稱讚他是一個難得的人才，秦昭王懶得理會，這年頭江湖騙子太多了，一個比一個能吹牛，卻沒幾個有真本事的。秦昭王根本沒有召見范雎的想法，范雎在咸陽待了一年多，連秦王的背影都沒瞧見。

難道自己就這樣被埋沒嗎？不！只要是金子，總會發光的。

范雎沒有沉淪，在這一年多的時間裡，他冷眼旁觀秦國政局，其敏銳的目光很快就發現強大的秦國實際上危機重重。秦昭王表面上是最高統治者，實際上形同傀儡，國家大權操縱於宣太后的兩個弟弟——穰侯魏冉、華陽君羋戎手中，除此之外，秦昭王的兩個弟弟涇陽君與高陵君由於受母親宣太后的寵愛，地位尊崇。這四個人所擁有的財富，甚至超過秦昭王，其中又以魏冉的權勢最重，財物最豐。

魏冉是著名的鐵血宰相，他有一塊封邑稱為陶邑，孤懸東方，夾在齊、魏、韓三國之間，面積相當於一個中等諸侯國，且土地肥沃。野心勃勃的魏冉有自己的小算盤，他幻想有朝一日，把陶邑變成自己的國家，過過君王癮。為此，他出動大軍，越過韓、魏兩國，遠征齊國，奪取兩座城池，併入陶邑。

細心的范雎看出其中的貓膩。自商鞅、張儀以來，秦國對外戰略向來是遠交近攻，魏冉卻反其道而行，捨近求遠，攻打與秦國根本不接壤的齊國，此中原因，正在於他假公濟私。魏冉的所作所為，完全不符合秦國的國家利益，只是他權傾朝野，其他人也只能敢怒而不敢言，即便是秦昭王本人，也毫無辦法。

看清了這點，就看清秦昭王與魏冉之間，有不可調和的矛盾。范雎看透秦國的權力格局，也看到了希望。若魏冉把持權柄，他就沒有出人頭地的機會，如今他正好可充分利用秦國高層內部矛盾，坐收漁翁之利。

問題是，他根本沒機會面見秦王，如何是好？求人不如求己。

范雎要賭上一把。他寫了一封自薦信，大意是說：懇請大王撥出一丁點時間，聽我當面說幾句話，要是不中聽，自己寧可受刀斧之刑。人生就是一場賭局，要賭輸贏，也要賭生死。

話都說到這份上了，秦昭王一看，那好吧，聽聽又何妨，便傳范雎入宮。

入了宮後，太監在前面帶路，直奔離宮，范雎在後面跟著。到了離宮時，秦王還沒到，帶路的太監在宮外等著，豈知范雎居然邁著大步直奔後宮去了。太監大驚，急忙喝住他，恰巧此時秦昭王也到了宮外，太監便吆喝道：「秦王駕到。」范雎故作驚訝狀說：「秦國哪有秦王，只有太后與穰侯魏冉罷了。」這句話，秦昭王聽出弦外之音。

入了離宮，秦昭王摒退左右，對范雎說：「寡人愚鈍不聰明，懇請先生明示。」范雎只是「嗯嗯」兩聲，便不吭聲了。

秦昭王如丈二金剛摸不著頭腦，只好又說一遍：「有請先生賜教。」范雎仍然「嗯嗯」兩聲，又不吭聲了。秦昭王一頭霧水，第三次向范雎請教，范雎還是不答話。

秦昭王有點不高興了，說：「先生難道不肯賜教嗎？」

范雎這才緩緩說道：「我是外國臣子，與大王關係疏遠，我想說的事情，牽扯到您的親人。我雖然有愚忠之心，卻不知曉大王的真實想法。大王上則畏懼太后的威嚴，下則被奸臣矇騙，身居深宮之內，不離保姆之手，一輩子受迷惑，沒法辨別奸邪。若任其發展，從大處說可能傾覆宗廟社稷，從小處說可能自身難保。」秦昭王動容道：「寡人遇見先生，乃上天的恩賜，欲以保存先王的宗廟。不論什麼事情，上至太后，下到大臣，先生儘管暢所欲言，不要懷疑寡人的誠意。」

范雎跪拜說：「秦國四周有要塞、關隘、河流、山脈，地形險峻，易守難攻，有軍隊百萬人，戰車千輛，這是霸業的基礎。然而大王的臣下們不能盡職盡力，穰侯魏冉不熱衷於為國家作貢獻，只是考慮自己的利益。」

說到這裡，范雎突然發現宮殿帷幕之外有動靜，擔心隔幕有耳，不敢再深入說秦國內政之事，只是委婉批評魏冉對外戰略的失誤：「穰侯魏冉越過魏國、韓國攻打齊國，魏、韓近，而齊國遠，捨近求遠，這不是好的戰略。正確的做法是遠交近攻，攻打近鄰，得到的每一寸土地都是大王的。如今秦國卻把近鄰魏國、韓國晾在一旁，去攻打遙遠的齊國，豈非太荒謬了？」

儘管范雎說得含蓄，矛頭卻對準把持大權的魏冉，他的話如一支利箭，刺入秦昭王的心痛處。當了木偶四十年後，秦昭王早對跋扈囂張的魏冉忍無可忍，但他是溫室裡長大的花朵，朝廷的每一個人表面上尊敬他，實則只聽命魏冉。想推倒魏冉，就得有像范雎這樣的人。

這次會晤改變范雎的人生，也改變秦昭王的人生。

很快，范雎被正式任命為客卿，在秦國政壇上崛起。為了隱瞞自己的過去，他仍使用「張祿」這個化名，以免被魏冉挖出他在魏國受辱的往事。

在范雎的協助下，秦昭王一步步削奪魏冉的權力。以往秦國對外戰爭，魏冉說了算，譬如華陽之戰時，韓國使者向魏冉求援，魏冉無須經過秦王的同意便出兵。後來魏冉為了擴大自己封邑，悍然長途奔襲遙遠的齊國。范雎堅持「遠交近攻」的戰略，魏冉的小算盤打不響，秦昭王乘機削其兵權，以范雎之計取魏國懷地、刑丘。范雎任客卿三年，魏冉的權力大受限制，無法像以前那樣為所欲為。

西元前二六六年，范睢認為除掉魏冉的時機已成熟，遂密稟秦昭王：「我在魏國時，只聽說秦國有太后、穰侯、華陽君、高陵君、涇陽君，沒聽說有秦王。如今太后隨心所欲，不必顧及大王的意見；穰侯派人出使諸侯，可以不稟報大王；華陽君、涇陽君獨斷專行，沒有任何忌諱；高陵君任用、罷免官員，不必事先請示。穰侯派使節出使各國，打著大王的名號以號令天下，同各諸侯國剖符締約，挾武力四處征伐，沒有誰敢不聽從。如今秦國上下，從各級官員到大王身邊的侍從，無不是穰侯的人。大王在朝廷孤立無援，我擔心秦國以後不再是大王所有了。」秦昭王聽罷不寒而慄。

難道三家分晉、田氏代齊的故事，又要在秦國上演嗎？不！四十年的怨氣一下子爆發了，秦昭王狠狠地拍案而起說：「好，得採取行動了。」

魏冉等人能為所欲為，是因為背後有太后撐腰。要扳倒魏冉，關鍵是要奪太后之權。宣太后是秦昭王的母親，在權力面前，親情總顯得脆弱。

要如何廢掉太后呢？

說起宣太后，卻是先秦時代一個奇女子，思想開放得很，自夫君秦惠王去世後，她先後有許多情夫，淫亂內宮。她自以為是秦國的真正統治者，肆無忌憚，甚至在嚴肅的外交場合也毫不忌言，大談床事，於是乎秦宮醜聞，早已在外頭傳得沸沸揚揚。秦昭王與范睢合謀，以此為理由，逼迫她退出權力舞臺，取消太后尊號。

太后一倒，朝臣們紛紛見風使舵，與魏冉劃清界線。魏冉、高陵君、華陽君、涇陽君等權臣紛紛失勢，被秦昭王逐出關外，從此徹底退出政壇。魏冉離開秦國，回到封地陶邑，他把自己多年積累的財物統統裝上車送往東方，運輸的車輛竟然有一千輛之多，真可算富可敵國。

在秦國呼風喚雨四十年的魏冉下臺了，秦昭王奪回屬於自己的權力，他知恩圖報，任命范睢為相，封為應侯。

范睢的戰略主張是遠交近攻，矛頭直指魏、韓兩國。魏王對秦國充滿侵略性的戰略十分擔心，派須賈出使秦國，拜會秦國新丞相。當時范睢仍使用「張祿」這個名字，須賈做夢也不會想到，自己要見的人，竟是往日的門客范睢。

當初若不是須賈誣告，范睢不會蒙冤，也不會差點被打死。這個仇，范睢是要報的。不過須賈曾是自己的老東家，也算有恩於己，范睢想先會他一會。

范睢穿了件破衣服，前往驛館求見須賈。須賈本以為范睢已經被魏齊打死了，不想居然在秦國遇到，不禁脫口說道：「范叔原來還健在呀。」便招呼他留下來吃飯。看到范睢一身襤褸，須賈動容道：「范叔竟窮到這樣的地步。」他讓人取來一件上等袍子送給范睢。

一聲范叔，一件袍子，救了須賈的命。

這一刻，范睢內心湧出一股暖流。

他假稱自己主人與秦國新宰相很熟，可代為引見，須賈大喜。范睢叫來一輛馬車，親自駕車，把須賈送到相國府。入了府內，范睢讓須賈在車上等著，說自己先進去通報。起初須賈並沒在意，豈知范睢一去不回，他心裡十分納悶，便問相府看門人：「范叔進去這麼久，怎麼沒出來呢？」看門人不解地說：「這裡沒有一個叫范叔的人。」須賈說：「就是與我一起來的那個人。」

看門人上下打量他，似乎遇到一個外星人似的：「那個人就是宰相張先生啊！」須賈一聽，魂飛魄散。他做夢都不曾想到，當年被自己陷害的范睢，就是當今權傾天下的秦國權相。冤家，真是冤家路窄！報應，真是報應！他上身袒露，以膝跪行，求見秦相范雎。

此時范雎已換上官服，一臉威嚴冷漠，坐在高堂之上，對須賈喝斥道：「你知自己犯什麼罪嗎？」

須賈面如土色，結結巴巴地說：「我，我的罪過太多了……」

「你犯了三條罪。」范雎想起往事，語氣有點激動，「第一，你認為我私通齊國，在魏齊面前誣陷我；第二，魏齊對我用私刑，打得暈死過去，用席子捲起扔在廁所裡，你並沒有出面勸阻；第三，客人們喝醉酒往我身上撒尿，你卻視而不見。我曾是你的門客，你何以忍心到這種地步？」須賈無言以對，只是拼命磕頭謝罪。

范雎說：「今天我不殺你。你之所以能不死，只是因為你見我衣衫襤褸，以袍子相送，總算還有一份情意在。」

死裡逃生的須賈總算驚魂初定。然而，范雎可以不殺須賈，卻不能不殺魏齊。他讓須賈轉話給魏王：送上魏齊人頭，否則將血洗大梁城。

回到魏國後，魂不守舍的須賈馬上入相府見魏齊，魏齊大恐，棄了相印，投奔趙國去了。范雎的復仇行動得到秦昭王鼎力支持，秦王連續對趙國施壓，要求交出魏齊。魏齊在趙國混不下去，又回到魏國，這位曾在魏國政壇呼風喚雨的人物，竟然落得個無處安身的下場，在絕望之中自殺身亡。趙孝成王向魏國索取魏齊首級，送至咸陽。當年在魏齊眼中，范雎只是阿貓阿狗式的小人物，就算誤殺又何妨？上天不負有心人，范雎以自己堅忍不拔的精神，改寫人生故事，再造復仇傳奇，為先秦歷史增添了一則血性故事。

二九、至強之矛與至強之盾

范睢相秦後，大力推行「遠交近攻」戰略，矛頭直指歷史上的老對手：三晉。三晉之中，以韓國最弱，自然成為秦國鯨吞的首個獵物。

老謀深算的范睢制定一個完美戰略，核心是集中兵力攻略韓國太行山地帶，切斷北方上黨地區與韓國政府的聯繫，到時可不戰而吞併戰略要地上黨。這個戰略的執行落到戰神白起身上，有他出馬，秦軍無往而不勝。

西元前二六四年，白起伐韓，連陷九城，斬首五萬。西元前二六三年，白起再征韓國，略取南陽，切斷太行山通道。西元前二六二年，白起三征韓國，攻取野王（今河南沁陽），斷絕上黨與韓國首都的聯繫。至此，韓國政府完全失去對上黨的控制。

在白起的步步緊逼下，韓國政府被迫割讓上黨十七城給秦以換取暫時的和平。范睢的戰略大獲成功，他不禁露出得意的微笑。豈料就在此時，意外發生了，到嘴的肥肉飛走了。

出了什麼事呢？

韓國政府要割地投降，上黨軍民不幹！

上黨郡守馮亭是個愛國者，他不願淪為秦國人的奴隸，率軍民奮起反抗，拒絕把上黨拱手讓給秦國。光憑上黨十七城那麼丁點地盤，如何與強大的秦國對抗呢？他思來想去，與其投降秦國，不如投降趙國，畢竟韓、趙以前是一家人。

對趙孝成王來說，這簡直是飛來橫財，不要白不要。

與韓國相比，趙國的底氣要足得多。放眼天下，能夠與秦國相抗衡的國家，也只有趙國了。在先前的閼與之戰中，趙奢令秦國蒙羞，秦國軍界後起之秀胡陽從此一蹶不振，退出歷史舞臺。

然而，趙國一些老成持重的大臣對接收上黨十七城卻心有疑慮。天上不會無緣無故掉下餡餅，這十七城是韓國割給秦國的，趙國接收無異於與強大的秦國作對，絕非明智之舉。

平陽君趙豹反對說：「平白無故得來的好處，怕是會惹來災禍！韓國把上黨獻給趙國，是想嫁禍給我們。秦國賣力而趙國坐享其成，天底下有這樣的好事嗎？強國不能從弱國那裡得到的土地，弱國卻想從強國那裡獲得，這豈不是平白無故的好處嗎？秦國的戰略，是通過水路運糧，以武力蠶食韓國，分裂其土地。我們不可與秦國爭鋒，還是不要接受上黨為好。」

趙孝成王不以為然地說：「我們就算出動百萬大軍進攻他國，經年累月，也未必能得到一座城池。如今馮亭獻十七城，這可是撿得了大便宜。」

誰都知道，把上黨這塊肥肉從餓狼秦國口中叼走，勢必會成為點燃戰爭的導火索。趙孝成王不能不評估戰爭可能的結局，倘若秦國以戰神白起為將，趙國誰可抵擋呢？

平原君趙勝分析說：「武安君白起為人勇敢，果於決斷，判斷洞察力很強，意志堅定。要與白起對抗，只能以持久戰取勝，難以同他爭鋒相對。有一個人可以對付他，此人就是大將廉頗。廉頗勇猛梟鷙，愛護士兵，遇事不避艱難，能忍辱負重。要論野戰，能力不如武安君，但論持久戰，足以抵擋。」趙孝成王大喜，遂派趙勝前往將上黨十七城收入囊中。

秦國不戰而取十七城的美夢頓時破滅，秦昭王勃然大怒，馬上派大軍進攻上黨。

長平之戰拉開序幕。

這一年，是西元前二六二年。

趙國大將廉頗將主力駐紮於長平，長平是上黨十七座城邑中的一座，位於今山西高平西北。廉頗乃趙國之名將，老成持重，他深知秦軍凶悍善戰，絕不可與之爭戰於野，遂做好持久抗戰的準備。他下令以長平為中樞，修築漫長的壁壘防禦線，採取「先為不可勝，以待敵之可勝」的戰略，只守不攻。據《戰國策》的記載，起初秦軍主帥是白起，後來換成王齕。為什麼戰無不勝的白起被換掉呢？白起是戰國時代最偉大的將領，他長於指揮大兵團作戰，特別長於運動戰，這在伊闕之戰及鄢郢之戰有淋漓盡致的體現。然而，在廉頗的鐵桶陣加烏龜戰術面前，白起的運動戰天才根本沒有用武之地，范雎遂將他調回，去攻打韓國了。

從軍隊的戰鬥力看，秦軍佔有優勢。秦人凶猛好鬥且作戰經驗豐富，趙軍雖同樣具備尚武精神，終究略遜一籌。然而，趙國有自己的優勢：主場作戰，上黨軍民有決死之心，後勤補給較秦軍更為便利。廉頗意圖十分明確，以時間換空間，持久作戰，拖垮秦軍，以最小的代價贏得戰爭的勝利。

王齕很快就意識到戰爭遙遙無期。

在廉頗精心主持下，長平防線固若金湯。秦軍可以在局部攻擊戰中取得小勝，卻始終無法與趙軍決戰。雙方在戰場上投入數十萬軍隊，卻看不到壯觀的戰爭畫面，只有沉悶的戰鬥，逐個據點的爭奪。

廉頗堅壁清野，據險控要，絕不輕易出擊，對秦軍的叫罵不理不睬。這種似拙實巧的戰法，令王齕無懈可擊，只能一步步陷入戰爭的泥潭不能自拔。

天下的眼光，都集中到了長平這個彈丸之地。

這場戰爭，不僅僅關乎秦、趙兩國的未來，也關乎東方諸侯的未來。在沉悶的戰場上，秦軍束手無策；然而，在外交戰場上，秦國卻是大贏家。

范雎之目光較他人更為長遠。戰爭的奧秘之處，在於充滿不可預知的變數，任何一個環節疏忽都可能導致滿盤皆輸。秦國雖是天下至強，以傾國之兵的賭注押在長平，也算是曠世豪賭，賭的是其他諸侯國不敢輕舉妄動。

為了震懾東方諸國，白起再舞刀戈，揮師進攻韓國，韓國豈能抵擋？很快緱氏、藺兩城淪陷，舉旗投降。這一戰，可謂是殺雞嚇猴。

秦昭王此舉用意深遠，乃是向東方諸侯顯示國家之實力，秦完全有能力同時發動兩場戰爭，不怕死的儘管來吧。果不其然，原本想支援趙國的東方諸侯們無不駭然。

韓國已是泥菩薩過河，自身難保，自然談不上救援趙國。齊、魏、楚三國則蠢蠢欲動，它們都知道，倘若趙國滅亡了，自己絕對無力阻止秦國兼併天下。范雎明確告訴秦昭王：若是齊、楚兩國援趙，秦國必須退兵！

在援趙一事上，齊國的態度搖擺不定。齊國已不復當年之勇，且與秦國不相鄰，危機感不如魏、楚那麼強。眼看秦軍一面圍困長平，一面橫掃韓國，齊王不由得打起退堂鼓。他非但不敢出兵相救，甚至當趙國使者前來借糧時，竟然一口拒絕了。

同樣猶豫不決的還有楚國，楚考烈王在秦國的威脅下，最終不敢貿然出兵。魏國與趙國是唇齒相依的關係，在援趙抗秦一事上，較齊、楚兩國更為積極。為了牽制魏國，秦昭王利誘魏安釐王，欲割讓垣雍城，以換取魏國的中立。然而，秦王的詭計卻被平都君識破，他力諫魏王聯合趙國，共同抗擊秦國。

在這個節骨眼上，趙孝成王卻犯了一個大錯。

趙孝成王對軍事十分外行，他盼望廉頗能率趙國男兒取得輝煌的勝利，老將軍卻祭出烏龜戰術，不硬拼，不決戰。趙王心裡焦急，這樣拖下去，要打到驢年馬月呀？他打算再集結一支軍隊開赴長平，與秦軍一決死戰。

大臣樓昌乘機提議說，不如派個使臣，前往秦國議和。

被戰爭攪得頭昏腦漲的趙王想想也是，先試試議和，如果議和不成，再戰不遲。

大夫虞卿趕緊勸阻，分析說：現在秦軍兵臨城下，我們跑去要求議和，只有被動挨宰的份。要議和，手上一定要有籌碼才行。什麼籌碼呢？先派使臣前往魏國與楚國，擺開合縱的架勢，這樣秦國定然心虛，趙國就可以掌握談判的主動權。

這麼好的建議，卻被趙孝成王束之高閣了。

「弱國無外交」，儘管趙國也算是強國，與秦國相比還是弱了些，手中沒有籌碼卻寄希望於談和，不知不覺便陷入被動之中。

趙國使臣鄭朱出使秦國，商議休兵事宜。范睢抓住這個機會，大肆宣揚秦軍在戰場上的「勝利」，營造趙國「失敗」的假象。魏、楚兩國風聞消息後，更是膽戰心驚，魏安釐王原本想出兵相援，現在也打起退堂鼓。

這是趙孝成王在長平之戰中犯的第一件錯事。這次和談未獲成功乃是意料中的事，還示弱於敵。虞卿這樣說：「魏國與楚國看到趙國主動求和，定會認為趙國沒有信心抵抗秦國，它們更不可能出兵相救了。秦國看到諸侯都不肯救援趙國，趙國勢孤力單，也不可能同意和談。所以談判絕無成功的希望。」一真是一語中的。沒有東方諸侯的相助，趙國只能憑一己之力與秦國周旋了。

這場漫長的戰爭依然望不到盡頭。

秦、趙兩國都投入越來越多的兵力，長平這個彈丸之地，雙方各集結了數十萬精兵對峙。老成持重的廉頗不改烏龜戰術，仍然慢條斯理地與王齕打太極。

這樣拖下去，對秦國顯然不是好消息。

轉眼間，兩年過去了，時間已到了西元前二六〇年。

與趙國相比，秦國的後勤運輸線更長，糧食、武器轉運消耗大量的人力物力。秦昭王等得不耐煩了，不斷向前線總司令王齕施壓。王齕手握一支秦國有史以來最龐大的軍隊，再不賣力進攻，他這個總司令的頭銜怕也要保不住了。

自長平戰役開打以來，規模最大的一次夏季攻勢開始了。

農曆四月始，秦軍對長平防線發動史無前例的猛攻，取得了一定的戰績，襲殺一名趙軍副將，士氣大振。六月，王齕再度出擊，連下兩座趙國堡壘，俘虜四名軍尉。廉頗精心營造的防線已被撕開一道口子。廉頗沒有慌了手腳，他馬上又建成一道新防線。然而僅僅一個月後，該防線又被秦軍突破，趙軍兩名軍尉被俘。

長平防禦體系包括西壘壁防線與東壘壁防線，王齕的夏季攻勢，基本上摧毀了趙軍的西壘壁防線。

秦軍是否就此逆轉戰局呢？答案是否定的。

首先，王齕雖取得夏季攻勢的勝利，這個勝利恐怕付出了慘重的代價。依白起的說法，在整個長平之戰中，「秦卒死者過半」，考慮到後期圍殲趙軍時秦軍傷亡並不算嚴重，可以推斷此番夏季攻勢損兵折將不在少數。

其次，廉頗雖然丟失西壘壁防線，東壘壁防線仍然固若金湯。此時雙方的對峙情形，在《水經注》一書中有段出自《上黨記》的引文：「長平城在（上黨）郡之南，秦壘在城西，二軍共食流水，澗相去五里。……城之左右，沿山亙隰，南北五十許里，東西二十餘里，悉秦趙故壘，遺壁舊存焉。」可見廉頗的防禦線是依託山河之險，易守難攻。

王齕希望趙軍反擊，只要廉頗出擊，就可畢其功於一役。然而，廉頗這隻老狐狸著實好性子，他仍然堅守不出。表面上看，秦軍優勢在手，其實不然。有一個人憂心忡忡，此人便是秦相范雎。

為了奪取上黨，秦軍幾乎傾巢而出，戰爭業已持續三年之久，秦國已有強弩之末之勢。要是廉頗始終不主動出擊，排出鐵桶陣，戰爭恐怕還得拖上三年，到時秦國要不戰而敗了。

只要廉頗坐鎮長平，秦國終究要功虧一簣。

怎麼辦？

范雎思前想後，一個方案在這位謀略大師腦子裡形成了。既然在戰場上無法打敗廉頗，不如開闢第二戰場，這便是情報戰、諜戰。

三十、從大決戰到大屠殺

秦國最終能一統中國，靠的不僅僅是強大的武力，亦憑恃其高超的「諜報部門」。秦的「諜報」機構基本上由丞相負責，主要是收集國外情報，搞策反，搞反間。在先秦諜戰史上，范睢堪稱大師級的人物，他的代表作就是以反間計誘使趙孝成王撤了廉頗的職。

廉頗已成為秦國最難對付的對手，他的鐵桶陣令驍勇善戰的秦軍發揮不出強大的戰鬥力。要贏得長平會戰的勝利，只能把廉頗拉下馬。作為趙國第一大將，唯一能把他撤職的人，只有趙孝成王。如何誘使趙孝成王中計呢？這顯然不是容易辦到的事，幾乎是不可能的任務。

從不向命運低頭的范睢相信事在人為，把不可能的任務變成可能。

首先，他通過種種手段打探趙國高層內幕，得到一條十分重要的情報：趙孝成王對廉頗的無所作為越來越不滿。作為一名統治者，趙孝成王只能稱為合格，不能算優秀，他對軍事十分外行，長平之戰拖了三年之久，趙國幾乎被拖垮了，可是廉頗將軍呢，還不打算發動反攻，這算哪門子道理？趙王不時抱怨廉頗，這種抱怨聲，被范睢聽到了。

於是范睢展開第二步行動，他派間諜攜千金入趙，遊說高層，製造流言。他放出風聲說，廉頗根本就是個庸才，不值得一提，秦國人只害怕趙奢的兒子趙括。

前面說過，趙奢在閼與之役中大破秦軍，取得偉大的勝利。只是趙奢已經去世，留有一個兒子喚作趙括。對趙括這個人，范睢也把底細摸清了，就是個愛說大話、喜歡誇誇其談的傢伙。雖說是出身將門，趙括卻沒有帶過兵打過仗，他有點小聰明，對兵法倒背如流，口才特別好。以前他經常與老爹談論兵事，老爹經常被他駁得無話可說。

俗話說，知子莫若父。趙奢私底下對妻子說：「行軍打仗，是置於死地而後生。趙括把戰爭看得太簡單了，似乎就是動動嘴皮子的事，對此我十分擔心。趙國要是不任用他為將軍也就算了，要是用他為將，軍隊必定要毀在他手裡。」說白了，趙括就是個只會紙上談兵的傢伙。

范睢看明白了，他暗中策劃，誘使趙孝成王換將。

秦國間諜在邯鄲大做宣傳，趙括的知名度突然竄起。他有兩方面優勢：其一，他是名將之子。不都說龍生龍，鳳生鳳嘛，老爹有能耐，兒子想必也有出息。其二，他能吹，時不時引用孫吳兵法名句唬人，外行一下子就被鎮住了。

趙孝成王就是這樣的外行，他召趙括進宮商議大事。趙括以自己三寸不爛之舌大談進攻戰術，把廉頗的烏龜戰術貶得一文不值。這些話太投趙王心意了，他聽得眉開眼笑，不停點頭稱是。他對這位年輕人刮目相看，大有相見恨晚之意。

有趙括這樣的少年英才，還要廉頗那個老東西幹嗎呢？

很快，一道旨令下達，褫奪廉頗總司令之職，改由趙括擔任。

命令下達那天，有一個人急了。

此人正是趙國名臣，廉頗的生死之交藺相如。他以婉轉的語氣對趙孝成王說：「以我對趙括的了解，他只會讀父親留下來的兵書，還達不到隨機應變的水準。」趙孝成工不以為然。

又有一人站出來反對，是趙括的老母。

老夫人把趙奢生前說的話告知趙王，不可任用趙括為大將。她還對比父子倆的不同：趙奢禮賢下士，為國忘家，清正廉潔；趙括愛擺威風，貪圖財物，到處買田地，投資房產。說白了，趙括的修養比起老爹差遠了，沒有大將之才。

趙孝成王一聽，老夫人說的都是些小節，只要能打敗秦國，貪圖點財物算什麼大事呢？不當一回事。趙老夫人歎了一口氣說：「倘若定要用趙括，如果他不能勝任，大王莫要降罪於臣妾。」趙王滿口答應。日後趙括全軍覆沒，趙家沒有被追責，正是因為有老夫人的這句話。

趙括抵達長平前線，便耍起威風，立刻把廉頗那一套烏龜戰術統統扔掉。在他看來，廉頗這個老古董的軍事思想太陳舊了，趕不上「國際先進水準」，無怪乎當了三年縮頭烏龜，就沒見過打勝仗。他推翻舊的戰略，制定新的戰略，重點在於進攻，而且是大規模的反攻。

這個新戰略遭到廉頗舊將的極力反對，只有經歷過殘酷戰爭的人，才能明白廉頗將軍的高明之處與良苦用心。趙括發出輕蔑的冷笑，他絕不容許有人挑戰其權威，很快，反對者全部被免職。有八位軍官以死相諫，然而他們白死了，趙括正幻想著大敗秦軍的激動場面呢，幻想著自己將成為趙國有史以來最偉大的英雄。

他迫不及待要發動攻勢了。可是，他連對方的主帥是誰還不知道呢！

話說范睢成功施展反間計，廉頗被拉下馬，換了只會紙上談兵的趙括。很明顯，趙軍馬上會反守為攻了，沉悶的陣地戰將被波瀾壯闊的運動戰所取代。要在運動戰中消滅敵人，有誰能比得上白起呢？

與趙國公然換將不同，秦國是秘密進行的。白起走馬上任，奔赴長平，取代王齕出任秦軍總司令。這件事，被秦國列為「絕密」，只有極少數幾個人知道，有洩露秘密者，殺無赦。前線秦軍都蒙在鼓裡，更何況是趙括。

仗還未打，趙括已先輸一著了。

趙括對兵法爛熟於胸，倘若他能一點一滴積累戰鬥經驗，或許有機會成為名將。書本畢竟是死的，人是活的，戰爭是一門藝術，千變而萬化，光靠書本知識怎麼行呢？白起自出道以來，百戰百勝，自有人類以來，未有一人戰績超過他。愣頭愣腦的趙括在他人生第一次指揮大兵團作戰時便遇到白起這樣的對手，只能說是他的不幸了。

大反攻很快開始了。

這是趙國歷史上最強大的一支軍隊，共計有四十五萬人之多。此時秦國的兵力是多少呢？史書上沒有明說，從雙方對峙三年的情形分析，秦軍兵力不會比趙國少，估計也有四五十萬人。

信心滿滿的趙括還蒙在鼓裡，他以為秦軍總司令仍是王齕，故而進攻部署，乃是針對王齕的戰法。王齕在夏季攻勢中，採取積極而凶悍的主動進攻，趙括料想此番出擊，敵人必定也會全力以赴，以一戰定勝負。但他做夢也沒想到，他的對手竟然不是王齕，而是戰爭藝術家白起。趙括的第一次反擊便是大手筆，四十餘萬人傾巢而出，雄赳赳氣昂昂，兵強馬壯。誰能想得到，第一次出擊，他就走上一條不歸路了。不，不是他的不歸路，而是所有人的不歸路。這些趙國男兒們可曾會知道，他們悲慘的命運，在踏出營壘的那一刻便注定了。

只有白起才能構想出殲滅戰的絕妙計畫，一口氣吞掉四十幾萬大軍，秦國人的胃口受得了嗎？

別人想都不敢想，但白起敢，因為他深邃的眼光超越眾人之上。趙國來了「紙上談兵」的主帥，這種機會白起怎麼可能浪費呢？

殲滅戰的原則之一，就是誘敵深入，讓敵人掉入口袋中。怎麼誘敵呢？佯裝不敵！初次交鋒，秦軍被打得丟盔棄甲，狼狽鼠竄。趙括更得意了：就說廉頗那老傢伙不行，我一出馬，秦軍焉是敵手！趙軍上下洋溢著過度的樂觀主義，一路向前挺進。

秦軍沒有出營迎戰，而是固守壁壘。在趙括看來，秦國人被嚇破膽了，只要猛攻幾天，敵人將心膽俱裂。

然而，秦軍營壘仿若鐵壁銅牆。要知道這些營壘在長達三年的陣地戰中反覆加固，哪是那麼容易攻破的？趙括的攻勢在堅不可摧的秦壘前止步了。倘若趙括足夠聰明，此時鳴金收兵返回大本營，本也可躲過一劫，可是他偏偏過於自信了，安營紮寨，打算啃下這根硬骨頭。

螳螂捕蟬，黃雀在後。善於捕捉戰機的白起拖住趙括的主力後，立即出動奇兵偷襲後路。一支兩萬五千人的部隊悄悄迂迴後方以抄截趙軍糧道，另一支五千人的騎兵則切斷趙括與長平壁壘之間的聯繫。趙括還蒙在鼓裡，白起卻開始收緊口袋了。

完成對趙括的包圍後，白起這才讓趙國人見識秦軍凶悍無比的戰鬥力。他派出輕騎兵出擊，大敗趙軍。趙括不甘心失敗，仍不想無功而返，這又白白錯失可能突圍的良機。他令全體將士就地修築防禦工事，以待休整後再戰。然而，此時的秦國已是全國動員，秦昭王要畢其功於一役。

四十幾萬趙軍不是小數字，想要一口吞下談何容易！為了圍殲趙軍，秦昭王親自出馬，前往距離長平最近的河內郡。他抵達後的第一件事就是大肆獎賞，郡內所有百姓，加爵一級。幹嘛呢？重賞之下，必有勇夫，凡是十五歲以上的男子，全部派往長平戰場，參加圍殲戰。

秦國的國力、秦王的意志、白起的智慧、秦兵的剽悍，在長平一役中得到淋漓盡致的體現。

趙括已成甕中之鱉，在劫難逃了。

圍殲戰從七月到九月，持續了四十六天。趙軍的糧道被切斷，軍中的糧食一天比一天少，饑荒成為更可怕的敵人。饑餓難忍的士兵甚至開始吃人肉，甚至為了填飽肚子殺死自己的同伴。一種恐怖的氣氛籠罩在趙軍大營的上空，誰也不知道能否活著看到天明。

此時的趙括目光變得呆滯，他想不明白，以自己獨步天下的軍事知識，怎麼會輸得這麼慘呢？此時不要說打敗秦軍了，能突圍就是勝利。

糧食終於吃光了。

趙括必須孤注一擲突圍。他把軍隊分成四隊，衝擊秦軍的包圍圈，試圖突圍。連續四五次的衝殺，都未能突破秦軍鋼鐵般的防線。趙括絕望了，最後一次衝殺時，一支利箭從空中飛來，他應聲倒地，死了。

總司令一死，趙軍群龍無首，突圍也沒希望了，只能放下武器投降。

四十六天的戰鬥，趙軍戰死、餓死五萬人，投降四十萬人，全軍覆沒。

然而，悲劇還沒結束。

在秦國戰爭史上，從未收降如此多的戰俘。這四十萬人如何處置呢？首先是吃飯的問題。為了長平之戰，秦軍苦戰三年，後勤消耗巨大，哪裡還有糧食來供給四十萬人吃呢？其次，這四十萬人都是戰士，且趙人的尚武不亞於秦人，萬一造反也是一件頭疼的事。

怎麼辦？白起想了許久，最後從嘴裡擠出一句話：「趙國士兵反覆無常，如果不殺掉，恐怕以後會出亂子。」這是歷史上最為悲慘的一幕。

中國向來是一個崇尚文明的國度，在春秋時代，戰爭雖殘酷卻也帶著某種文明色彩，對敵人有著人性的尊重。戰國時代雖比春秋略為野蠻，也從未發生過大規模屠殺戰俘之事，這種非人道的做法是為中原文明所唾棄的。但白起，這個歷史上最偉大的名將之一，竟置人道與文明不顧，悍然下達屠殺令。

四十萬手無寸鐵的俘虜，成為一群無助的羔羊，被分批坑殺了。在所有俘虜中，只有二百四十人得以倖存，這些人都是未成年人，白起放他們一馬。在此後兩千年的時間裡，人們不斷地在這個古戰場上挖掘出當年被坑殺的趙軍士兵遺骸，還有散落在其間的兵戈錢幣等等。這些無名的屍骨，無聲地控訴著白起所犯下的滔天罪惡。

長平之戰，乃是戰國史上規模最大、意義最深遠的一次大會戰。這次會戰秦、趙雙方投入上百萬的兵力，即便在人口爆炸的今天看來，也堪稱驚人。這不僅是關係到秦、趙兩國前途的會戰，也是關係到東方諸侯命運的會戰。大決戰前後持續三年之久，雙方都押上所有家底，最終的勝者是秦國。

在東方六雄中，唯一有實力與秦國抗衡的，只有趙國。趙國的失敗，東方六國的滅亡已是隱約可見。當然，秦國也付出了慘重的傷亡，在整個戰爭過程中，「死者過半」，「國內空」，也正因為如此，秦國要一統天下，尚需時日。

經此一役，趙國由一流強國淪為二流國家，永遠失去與秦國爭雄鬥霸的機會了。

三一、邯鄲：啃不下的硬骨頭

長平之戰，趙國慘敗，四十幾萬精銳部隊灰飛煙滅，國家已是岌岌可危。

白起挾勝利之威，席捲趙國，勢如破竹。他兵分兩路，一路以王齕為將，攻略武安、皮牢；另一路以司馬梗為將，攻略太原。趙國的天空暗淡，烏雲蔽日，誰心裡都明白，絕對無法擋住白起雷霆一擊。難道曾雄視北方的趙國，竟會成為七雄中的第一個出局者嗎？在此生死存亡關頭，奇蹟發生了。秦昭王下令白起撤兵，班師回國。

這道命令著實蹊蹺，明明形勢大好，為何匆匆收兵呢？其中別有故事。在長平之戰中，白起光芒四射，自有人類以來，從未有人取得過如此偉大的軍事成就，他的地位與權勢自然水漲船高，直逼權臣范雎。

倘若白起直取邯鄲，滅了趙國，那麼他的功勞更是無人可及，到時范雎恐怕只能乖乖地把相位讓出來了。范雎不是寬宏大量之人，他不甘心失去權勢，便忽悠秦昭王說，長平一戰，秦軍傷亡很大，不能再戰了，不如退兵。

此時的秦昭王對范雎言聽計從，遂與趙國罷兵休戰。趙孝成王偷雞不成反蝕把米，不僅未能撈到上黨十七城，反倒割六城請和。

對於這種結局，白起心有不甘，明明有機會滅了趙國，卻因范雎背後拆臺而未得逞，不由得心懷怨恨。從此，白起與范睢便結下樑子，關係惡化了。

一年後，秦軍已得到充分休整，補充新的兵源。秦昭王又想攻打趙國，此時范睢也沒有理由阻撓。出乎所有人意料的是，這次輪到白起反對伐趙。白起病了，秦昭王前來探視。

「不可伐趙。」白起毫不含糊地說。

秦昭王不解地問：「去年與趙國決戰時，國庫空虛，百姓饑餓，將軍不考慮百姓的負擔能力，一味要求增調軍糧以消滅趙國。如今寡人實行休養生息的政策，積蓄糧食，提高軍隊的待遇，將士的薪俸比以前多了一倍。現在您卻說不能伐趙，為什麼？」

白起分析說，去年長平一戰，趙軍遭沉重一擊，舉國惶恐，只消一擊便可將其消滅。如今趙國上下同心戮力，君臣同憂共懼，勤於政事，邯鄲守衛力量較去年增加十倍，而且積極與東方諸侯交好。趙國國內殷實，外交成功，不可伐趙。

昭王一聽不高興，趙國精銳都死光光了，有什麼可擔心的呢？他不以為然地說：「寡人已經決定了，軍隊也要出發了。」由於白起臥病，秦昭王遂任命王陵為大將，揮師進攻趙國。

在一般人看來，趙國死了那麼多人，哪有力量抵抗秦師呢？

我們不要忘了，趙國也是一個偉大的國家。趙人之頑強不亞於秦人，趙武靈王留下的尚武精神是其國魂，他們知恥而後勇，利用兩國休兵的一年時間，大力組建新軍，重建國防力量。

果然不出白起所料，王陵的軍隊在邯鄲城下遭遇到趙國人頑強的抵抗，進攻屢屢受挫。王陵立功心切，企圖以瘋狂的攻勢摧毀邯鄲防線，但事與願違，損兵折將，傷亡慘重，僅校尉級的軍官便有五人戰死沙場。

秦昭王急得像熱鍋上的螞蟻，看來王陵水準不行，還是得讓白起上陣，便差人把委任狀送到白起府中。白起本是性格高傲之人，你秦王不聽我的勸告，自作主張，現在打不贏要讓我擦屁股，沒門！他假稱大病未癒，不肯受命。

白起不肯去，秦昭王沒辦法，派丞相范睢前往傳話。若是派別人去，白起或許還會回心轉意，偏偏是派與他有嫌隙的范睢，這事便沒有迴旋的餘地了。

范睢到了白起家中，先是吹捧他一通，歷數白起在伊闕、鄢郢、長平諸役中的偉大表現，最後說：「您以前以寡擊眾，有如神助，何況現在伐趙是以強擊弱，以眾擊寡。」此次伐趙之戰，秦國動用多少兵力呢？以《戰國策》的說法，兵力數倍於趙國。數倍是幾倍，沒說清楚，且以三倍來做個估算。我們假設趙國有十五萬軍隊，那麼秦國的兵力多達四十五萬。應該說，秦國是佔有絕對的優勢，出乎范睢意料的是，白起仍不肯奉命前往。

白起對范睢說，秦國已經失去滅趙的最佳時機，此時趙國內部團結，「耕稼以益蓄積，養孤長幼以益其眾，繕治兵甲以益其強，增城浚池以益其固，主折節以下其臣，臣推體以下死士」。他還指出，趙國以弱擊強，必定會以堅壁清野的戰術對付秦軍，倘若陷入持久戰，東方諸侯國必定會出兵援救趙國，秦國定然無功而返。

應該說，白起確有獨到的戰略眼光。不過，他之所以不願奉命前去，還有一個原因，便是對范睢不滿。倘若不是范睢從中破壞，他早在一年前就滅了趙國。一年前攻邯鄲，如風捲殘雲，勢必手到擒來；一年後的今天，形勢已全然不同，王陵的部隊在前線久戰無功，范睢要讓他出來擦屁股，門都沒有！

范雎對白起一直有很強的防備心，怕他搶走自己的相位。如今白起既不願前往，正好以此為口實，在秦昭王那兒添油加醋一番。秦昭王聽了十分不悅，冷冷地說：「沒有白起，難道我就滅不了趙國嗎？」看到秦昭王那張陰沉的臉，范雎心裡偷著樂，他知道白起這傢伙要倒楣了。

秦昭王不肯認輸，秦國能征善戰的大將多了去了，不差白起一人。他任命王齕為主帥，取代王陵。王齕是長平之戰的副帥，對攻堅戰深有研究，有豐富的作戰經驗。不僅如此，秦昭王不惜血本，又增派大批部隊入趙作戰。

邯鄲城風雨飄搖，趙國能否躲過一劫呢？

趙孝成王算不上雄才大略的君王，正因為他剛愎自用，才導致長平之戰的慘敗。不過此人也有一優點：知錯能改。這一次他不敢貿然出擊，而是老老實實地採用堅壁清野的戰術，只守不攻，打一場消耗戰。

由於兵力不足，趙國只能把精銳集中在首都邯鄲城，避免分散兵力。邯鄲是戰國時代一座名城，有堅固的防禦工事。當年魏、趙戰爭，魏惠王用了兩年多的時間才攻陷邯鄲，後來趙國又重修工事，比以前更加堅固。

王齕包圍邯鄲九個月，仍無法越雷池一步，他與前任一樣，無計可施。守城的趙軍打法靈活多變，趁秦軍不備，就出城偷襲，或以輕騎兵騷擾其後方，破壞其補給線。王齕頭破血流，大傷腦筋。

聽聞王齕的窘狀，遠在咸陽的白起發出一聲冷笑：「當初不聽我的建議，現在如何呢？」這句話，傳到秦昭王耳中，他勃然大怒，氣沖沖地跑到白起家中。白起假裝生病臥床不起，秦王惡狠狠地放話說：「你即便有病，也要為寡人出戰。若立了功，寡人重賞你；若是不去，寡人跟你沒完。」

哪裡想到這個白起不是吃素的，竟然敢頂撞秦王，他說：「臣明知去了即便沒功勞，也不會受懲罰；若是不去，無罪也可能獲誅。但是請大王聽我的建議，放棄攻打趙國。臣寧可伏誅受死，也不願成為蒙受恥辱的敗軍之將。」

明知打不贏還去，我白起的一世英名不是毀了嗎？我的不敗金身不是破了嗎？所謂榮譽高於生命，白起寧可抗命不從。

秦王聽罷怒火攻心，他一言不發，拂袖而去，眼中充滿怨恨與一絲殺氣。秦昭王是秦國歷史上在位時間最長的君王之一，他在位前四十年，大權旁落，直到范雎到來後才翻盤。白起是魏冉一手提拔起來的名將，魏冉以前不把秦昭王放在眼裡，昭王一直懷恨在心。如今白起竟然敢抗命，莫非想當第二個魏冉嗎？幾天後，最後「通牒」下達，要麼擔總司令，要麼滾蛋。

驕傲的白起仍拒絕奉命。秦昭王二話沒說，把白起連降十八級，貶為普通一兵，發配陰密。不過秦昭王還是心存幻想，以白起生病為由，暫緩發配，仍閒居咸陽。

既然白起不肯出戰，范雎想乘機將自己的親信安插到軍隊中。他推薦自己的恩人王稽出任河南郡守，好友鄭安平為將軍，參加邯鄲之戰。

邯鄲被圍困一年多，風雨飄搖。

趙國軍民能否守住這座堡壘呢？他們最強大的力量來自同仇敵愾的戰鬥精神，長平大屠殺的慘劇歷歷在目，不抵抗投降也是死路一條，只能拼了。不過，光憑精神可不夠，只要秦國人鍥而不捨地圍困，邯鄲終難逃淪陷的命運。要挽救趙國的命運，還得尋求「國際援助」。能伸出援手的國家，只有魏、楚兩國。這兩個國家還有一定實力，而且在歷史上老被秦國欺負。出使楚國的任務，落在「戰國四公子」之一的平原君趙勝身上。平原君有一個不起眼的門客喚作毛遂，他自告奮勇追隨前往。到了楚國後，楚考烈王對援趙一事遲遲不決，顧左右而言他。關鍵時刻，毛遂挺身而出，衝入王宮，手握劍柄，擺開與楚考烈王拼命的架勢。楚王被嚇壞了，毛遂歷數楚國蒙受過的恥辱，一直說到白起以區區數萬之眾搗破郢都。楚王聽罷臉上一陣紅一陣白，羞愧難當，遂答應與趙國歃血為盟。

搞定楚國後，平原君在魏國卻碰了大釘子。

趙、魏兩國的關係，較趙、楚兩國更為親密，平原君的夫人是魏國公子信陵君的姐姐，親上加親，按理說，魏國應該更賣力才對。魏安釐王固然知道唇亡則齒冷的道理，他也派大將晉鄙率十萬大軍駐紮邊境，密切關注邯鄲戰局。就在這時，秦昭王派人出使魏國，揚言倘若援助趙國，秦國滅了趙後，必定要滅掉魏國。魏王大恐，遂令晉鄙不得越境援趙。

平原君只得把希望寄託在魏公子信陵君身上。信陵君是魏王的弟弟，有門客三千，以慷慨義氣而聞名天下。只是這件事，信陵君真的作不了主。

多次勸說魏王未果後，信陵君做了一個大膽的決定：竊符救趙！他想方設法盜走魏王的虎符，直奔魏國邊境兵營，謊稱得到魏王之命，接管晉鄙的軍隊。晉鄙有所懷疑，不肯交出兵權，信陵君安排力士痛下殺手，結果了晉鄙的性命，完全控制軍隊。

此時的邯鄲城已岌岌可危。

經長年累月的圍困，糧食緊缺，饑荒蔓延，易子相食的人間慘劇上演。為了阻擊秦軍，平原君趙勝散盡家財，招募三千敢死隊，發動奮力一擊，為援軍到來爭取到寶貴的時間。

信陵君率八萬精兵，日夜兼程奔赴邯鄲。與此同時，趙國的盟友楚國也發兵相助，由春申君率領的楚兵團也抵達戰場。魏、楚聯手大舉反擊，大破秦師。秦軍將領鄭安平是范睢的親信，他本非軍人出身，打仗自然外行，只是想渾水摸魚，撈點軍功，豈料戰場形勢突然逆轉，原本優勢在手的秦軍被打得落花流水。他動作遲緩，沒能及時逃跑，被信陵君的魏軍包圍，走投無路，只得放下武器，率部眾兩萬多人投降。

在魏、楚聯軍的支援下，趙軍大舉反擊，把入侵者驅逐出境。這場曠日持久的邯鄲保衛戰，終於以趙國的勝利而告結束。

邯鄲之戰，使趙國在長平慘敗後，得以有苟延殘喘的機會，也大大遲滯了秦國一統中國的時間。同時，這場戰爭對秦國政治也產生重要的影響，秦國軍界、政界兩大巨頭，即白起與范睢都受到戰爭的牽連。

在此之前，白起已被秦昭王貶為普通一卒，只是由於還有利用價值，尚留在咸陽城內。由於白起始終不願奉命，秦軍在邯鄲城下遭到空前失敗，秦昭王更是把怨氣發洩在他身上，遂執行發配令，把白起逐出咸陽。

與白起有嫌隙的范睢乘機落井下石，誣陷說，白起被貶，心有怨言。秦王大怒，他本來對白起抗命便十分惱怒，聽說這傢伙竟還敢發牢騷，遂心生殺意。

此時白起剛剛出了咸陽十里，到了一個名為杜郵的地方。秦王的使者很快抵達，帶來一把劍。

看到這把劍，白起明白了，賜劍就是賜死，秦王是要逼他自裁。自他從軍以來，已有四十個年頭，他南征北戰，破楚伐韓、攻魏屠趙，可謂橫掃天下，從未失手。伊闕之戰、鄢郢之戰、華陽之戰、長平之戰，哪一場大戰算不上經典呢？他為秦國立下的軍功，沒有人可以超過。即便如此，他還是難免一死。原因很簡單，他再無利用價值了。

「我有何罪！」接過劍的那一刻，白起有一種激憤之心。我們無法得悉他內心深處的想法，為什麼他不願意去趙國打仗呢？我猜在長平大屠殺後，他陷入深深的自責中，不想讓自己的雙手再沾上戰爭的鮮血了。這或者可以從他生平最後的一句話中看出，他在激憤過後，突然想起些什麼，平靜地說：「長平一戰，趙國士兵投降數十萬人，我騙了他們，把他們全坑殺了。就憑這個，我就該死了。」這位戰國時代最偉大的將軍，在臨死的那刻，有了一絲對無辜者的愧疚之意。

失去白起的秦國失去了一柄最鋒利的戰爭利劍，對東方六國來說，無疑是值得拍手稱快的福音。

白起成為政治鬥爭的犧牲品，范雎雖擠掉白起，最終也沒能保住相位。

在邯鄲之戰中，范雎推薦的鄭安平竟然舉部投降，令這個秦國宰相地位岌岌可危。按秦國法律，推薦某人時負有連帶責任，若是所薦非人，推薦人也要遭到同樣的懲罰。也就是說，鄭安平犯了「叛國罪」，范雎也得被扣上這個罪名。只是秦昭王網開一面，保住范雎，還讓他繼續當宰相。

也算范雎倒楣，過了兩年，他舉薦的王稽又出事了，被彈劾「私通外國」，他又一次捲入漩渦之中。秦昭王又一次撐起保護傘，不許追究范雎。說來秦王也算有情有義，當年范雎幫他奪權，他知恩圖報。

只是經過這兩樁事件後，范雎明顯地意識到秦王對他的信任度已下降。在說客蔡澤的勸說下，范雎選擇了急流勇退，遞交辭呈，退出政治舞臺。

范雎免相後四年，在位時間長達五十六年的秦昭王去世，昭王時代結束。這是秦國擴張史上最重要的半個世紀，秦昭王在位期間，東方諸侯中實力最強的三國，即齊國、楚國、趙國均遭重創，失去與秦國爭霸的機會。

統一中國的大幕，已徐徐開啟了。

三二、點石成金：「投資大師」的傑作

江山代有才人出，各領風騷數十年。

屬於秦昭王、范睢、白起的時代已成為歷史，誰能站在時代的潮頭，指點江山、揮斥方遒呢？一統中國的偉業，會在誰手裡發揚光大呢？秦王嬴政與鐵血宰相呂不韋開始登上歷史舞臺。故事，要從秦昭王立太子一事說起。

秦昭王是一位長壽君王，在位時間長達半個多世紀。他曾立公子悼為秦國太子，只是公子悼沒能等到繼承大統，便早於父親去世。兩年後，安國君被立為秦國太子，當時他已經四十多歲了。太子有二十幾個兒子，多得連他自己也數不過來，只是正室華陽夫人卻沒有生育。

那時秦國與趙國尚未爆發大規模戰爭，兩國仍有外交往來。春秋戰國時代的外交，為了取信他國，經常會遣送公子去充當人質。秦國挑了安國君的一個兒子入質趙國，他名喚子楚，又喚異人。雖名為「異人」，實則與常人無異，他在安國君的諸多兒子中排行居中，母親夏姬不得寵，這決定了他在諸公子中的地位是很低的。正因為他的存在毫不起眼，才被派去當人質。

誰也不會想到，若干年後，這個被人忽視的公子竟然登上秦國君主的寶座。醜小鴨怎麼變成金鳳凰呢？原來他在趙國得到一個高人的指點與幫助，這個高人就是大商人呂不韋。

呂不韋是衛國人，長年在魏、韓、趙等國經商，經營有方，積累了一筆龐大的財富。不過他的志向並不是當一名大富翁，在那個時代，若沒有權力，錢再多也不能任性。錢與權結合，才能所向披靡，戰無不勝。那個年頭，想在政治上有所發展的人，第一選擇都是秦國，不僅因為秦是最強大的國家，也因為秦有開放的人才政策。

很多縱橫家擠破腦袋西行入秦，遊說君王，希望博取功名。只是去的人多了，這條路就越走越窄。要出人頭地，得不走尋常路，另闢蹊徑。呂不韋以商人的眼光挖掘政治投機機會，公子子楚的到來，讓他眼前一亮。

誰也沒把子楚當作寶，倘若是寶，就不會是淪為人質的命運了。連子楚自己也時常長吁短歎，雖說生於公室之家，沒地位不說，當人質可是有人頭落地的風險。來到異國他鄉，手頭不寬裕，生活入不敷出，捉襟見肘，形同被放逐的囚徒。

呂不韋卻不這樣看。

他看到了機會。

子楚的老爹安國君已被冊立為太子，只要秦昭王一死，他就是秦國君主了。安國君正室華陽夫人沒有兒子，他百年之後，誰來繼承王位呢？理論上說，二十幾個兒子都有機會，子楚也不例外，身上有王家的血統。只是這件事聽上去很好笑，子楚在諸公子中沒地位，怎麼可能成為安國君的繼承人呢？在別人看來，這無異於天方夜譚，但呂不韋有自己的看法。

他做了一個通盤研究，子楚能否成為接班人，最關鍵的一個人是華陽夫人。只要華陽夫人能認他當自己的親兒子，豈非水到渠成嗎？如此看來，子楚不僅是個寶，還是奇貨可居。

這事，有機會，而且機會挺大的。

精明過人的呂不韋當然不肯錯過良機。

呂不韋開始他人生最大的一筆投資。

他親自登門拜訪子楚，開門見山便說：「我可光大您的門庭。」子楚聽罷哂然一笑，吹牛吹到這兒了，我好歹是秦國公子，你還當自己是救世主哇？呂不韋看出其意，微微一笑道：「您發達了，我才能跟著發達。」

言下之意，我助你上位，你給我榮華富貴。子楚一怔，馬上明白過來，便摒退左右，引他上座。呂不韋說道：「秦王已經老了，安國君成了太子。我聽說安國君最為寵愛華陽夫人，華陽夫人膝下無子，選立繼承人的大權卻握在她的手中。您有兄弟二十多人，排行居中，容易被忽視，況且長年在外當人質，更沒優勢。要是秦王死了，安國君即位，您有資格與其他兄弟爭奪大權嗎？」

子楚本來就挺自卑的，心裡不想輸給別人卻又沒主見，只是歎道：「您說得對，怎麼辦呢？」

呂不韋道：「公子在這裡既無錢財又乏人脈，不能給父母、賓客獻上厚禮，什麼事也做不成。我呂不韋雖然說不上很富有，但願提供千金，為您打點上下，遊說安國君及華陽夫人立您為接班人。」

當接班人，那豈不是未來的太子、國君？子楚內心狂喜，拜道：「要是能辦到，我願意把秦國的土地與先生共同分享。」兩人一拍即合，共同的利益把兩人捆綁在一輛馬車上。

投資預算是一千金。這筆預算分兩部分：其中五百金給子楚當日常開銷，讓他能多結交一些顯貴達人，認識些朋友賓客，擴大知名度與影響力；另外的五百金則是要打通各種關節，賄賂華陽夫人。

呂不韋不認識華陽夫人，怎麼賄賂她呢？

事關重大，呂不韋親自出馬。他先購置大量奇珍異寶，西行入秦。華陽夫人是太子妃，不是隨隨便便可以見的，呂不韋一個大男人，跑到太子府見夫人那怎麼行呢？要送上賄物，得有個仲介才行。華陽夫人的姐姐就是最好的仲介，這個女人收了呂不韋的財物後，便替他跑腿。很快，呂不韋帶來的奇珍異寶經夫人姐姐之手，以子楚的名義送到華陽夫人那裡，同時還傳遞了兩條消息：第一，子楚在趙國混得很好，如魚得水，結交諸侯，朋友如雲，是不可多得的人才；第二，子楚把華陽夫人當親娘對待，日夜思念，常常淚流滿襟。

華陽夫人雖然沒有生育，但母愛猶在，子楚的一片孝心感動了她。安國君的二十幾個兒子，沒有一個人像子楚那樣，即便遠在趙國仍不忘孝心。這時姐姐在一旁說：「女人有姿色時，男人喜歡，一旦容顏逝去，愛就不牢靠了。夫人深受太子寵愛，就是沒有兒子，應該早作打算，從安國君的兒子中挑個賢能有孝之人，收為養子。這件事應趁早做，不然等到色衰愛弛，就來不及了。」

這一番話，令華陽夫人怦然心動。誰是賢能且有孝的人呢？那自然是子楚了。洞悉人性的呂不韋早料想到，子楚需要華陽夫人，華陽夫人也需要子楚，這非但關乎親情，也關乎利益。說白了，子楚就是要認華陽夫人為親娘，華陽夫人也的確需要這麼一個兒子。讓子楚當繼承人，她才能鞏固自己的地位。

於是，華陽夫人積極為子楚謀利益。她時不時向安國君吹枕邊風，稱讚子楚的孝心與才能，時間長了，安國君對這個兒子的印象也全變了，越看越覺得順眼。有一回，華陽夫人說到子楚時，突然哭了起來，一直很寵愛她的安國君一頭霧水。華陽夫人便說：「臣妾有幸服伺太子，不幸沒有得子，太子若能立子楚為接班人，臣妾以後也好有個依靠。」說罷淚眼汪汪。

哭乃是女人最強大的武器，安國君被她一哭，焉有不同意之理。反正二十幾個兒子都是庶子，立哪個不是一樣，只要夫人高興就行。就這樣，他刻了個玉符當作信物，交給華陽夫人，算是正式承認子楚繼承者的地位。

華陽夫人迫不及待地派人將消息告知趙國的子楚，並送去很多禮物，聘請呂不韋擔任他的老師。

在呂不韋精心運作下，奇蹟降臨，從不被人看好的子楚華麗轉身，居然成了太子安國君的繼承人，這意味著他有機會成為秦國君主。一切真是不可思議，在呂不韋的包裝下，子楚成為秦國政壇最大的一匹黑馬。水漲船高，呂不韋也一腳從商場踏入政壇。

由於人質期限未滿，子楚仍然待在趙國邯鄲，不過生活已是大大改善，有吃有穿還不夠，還得要女人。

有一天，子楚到呂不韋家中喝酒，喝到酒酣時，歌女趙姬上臺獻舞，舞姿曼妙，仿若天仙。子楚一雙醉醺醺的眼睛不禁看呆了，他搖搖晃晃站起身來，藉著酒力，向呂不韋提出一個相當無禮的要求：把這個歌女送給他。

這個要求，令呂不韋露出不悅神情。

趙姬不是一般的歌女，她與呂不韋有一腿，實為他的情婦。呂不韋雖是豁達之人，也沒豁達到送情婦給別人的地步，因此他心裡不高興。只是男人對權力的渴求往往超過對女人的渴求，呂不韋投下那麼多血本，權力的大門已隱約可見，這個時候何必為一個女人與子楚鬧翻臉呢？好吧，好人當到底，他牙一咬，答應了，把趙姬作為禮物送給子楚。

子楚大喜，回家後對趙姬百般寵愛。不久後，趙姬的肚子便一天天大起來，她懷孕了！一年後，孩子呱呱墜地，他便是後來成為一代大帝的秦始皇嬴政。

這裡我們說一下兩個問題。

第一，秦始皇是不是叫嬴政呢？現在大家都這麼叫，叫慣了就改不過來了。其實，在春秋戰國時代是沒人這樣叫的。秦國王室是嬴姓沒錯，但姓與名是從不合在一起用的。本書從秦國開國寫起，有哪個人的名字裡用了「嬴」字呢？一個也沒有！名不與姓合用，只與氏合用。現在姓氏不分了，以前姓與氏是不同的，秦始皇出生於趙國，便以「趙」為氏，他的稱呼應該是趙政而不是嬴政。不過本文若寫「趙政」，恐怕讀者不易接受，故仍保留「嬴政」的叫法。

第二，嬴政是誰的兒子？據《史記》的說法，趙姬在認識子楚前便有孕在身，她肚子裡的孩子，乃是呂不韋的，也就是說，嬴政實是呂不韋之子，故而有些史學家也叫他「呂政」。大家想想，若趙姬懷孕在先，孩子出生時間必定提早，如此豈不會被子楚識破嗎？《史記》給出一個令人驚訝的答案：趙姬懷胎十二個月才生產，比一般人遲了兩個月。這件事有兩種可能性：其一，司馬遷的記載，可能來自民間傳言，畢竟秦始皇名聲不好，百姓有心黑他的家史；其二，秦始皇真的是呂不韋的兒子，十二月懷胎雖極少見，卻也是有的，就如秦始皇也是歷史上極少見的一代大帝。

閒話休說，言歸正傳。

嬴政出生後，給子楚一家帶來歡樂。然而，戰國形勢的變化，令子楚深陷政治漩渦之中。在嬴政出生的這一年（前二五九），秦國挾長平之戰的餘威，大舉進攻邯鄲。作為人質的子楚身陷危險之中，隨時可能被趙國處死。戰爭進入第三個年頭（前二五七），邯鄲城危在旦夕，子楚已無存在價值，趙王決定拿他開刀。關鍵時刻，呂不韋使出渾身解數，花重金買通邯鄲守城官吏，子楚得以逃到秦軍大營。趙姬、嬴政母子倆則被秘密轉移，逃避趙國政府的追捕。

年少的嬴政在東躲西藏的生活中度過了六年童年時光，也正是因為這個原因，他對趙國一直沒有好感，後來他登基後，趙國成為第一批被滅掉的諸侯國。

西元前二五一年，秦昭王病逝，安國君順利即位，是為秦孝文王。在華陽夫人的努力下，子楚也得以被立為秦國太子。此時的趙國國力大衰，鄰國燕國乘機發兵攻打，趙王有意與秦國緩和關係，避免陷入雙線作戰的尷尬境地，便把趙姬、嬴政母子二人送回秦國。

一年後，秦孝文王也死了，子楚即位，史稱秦莊襄王。

當初子楚入質趙國時，沒有誰看得上他，只有呂不韋慧眼識奇貨，點石成金，以種種手段把他送上政壇最頂層。水漲船高，此時的呂不韋不再是商人的身分，而是有「定策」之功的大功臣。秦莊襄王自然感恩戴德，上臺後便提拔呂不韋為秦國宰相，封文信侯，食邑十萬戶。

從商人到秦國宰相，呂不韋的投資終於獲得巨大的回報。

倘若沒有呂不韋，子楚充其量不過就是個秦國公子，而他的兒子嬴政也絕對成不了留名千古的秦始皇。從某種意義上，呂不韋改寫了戰國的歷史，改寫了中國的歷史。

三三、呂不韋的時代

秦莊襄王子楚雖然時來運轉，當了秦國君主，只是沒享福的命，僅僅三年後便一命嗚呼了。嬴政即位，此時他還不能叫秦始皇，而稱為秦王嬴政，這時他只有十三歲，還只是個小孩子，大權自然落到呂不韋手裡。

呂不韋以一個外國人的身分，能大權獨攬，除了靠自己的本事外，還有賴一個女人的支持，這個女人便是他的老情人趙姬。此時趙姬還年輕，估摸也就三十來歲，她本是歌女出身，風月場出來的人，年輕便寡居，哪裡忍受得了這個寂寞呢？從王后成了太后，她便是秦國最有權勢的女人，就算出點軌，又有誰能管呢？於是她與老情人呂不韋又好上了，兩人戀情重燃，巫山雲雨，如膠似漆。

此時的呂不韋，一人之下，萬人之上，連秦王嬴政都恭恭敬敬地尊稱他為「仲父」，權勢之大，即便是商鞅、張儀、魏冉、范雎等權相亦有所不逮。

我們且來看看秦王嬴政即位前後的天下格局。

隨著東方諸侯軍事力量的削弱，秦國的擴張激情高漲。首當其衝的便是軍事力量薄弱的周天子。此時的周王室分裂為西周與東周，西元前二五六年，秦軍以泰山壓頂之勢進逼西周，人口僅三萬的西周舉旗投降。同年，周赧王去世，他是周朝八百年歷史的最後一位國王。西周覆滅後，象徵權力的九鼎落入秦國之手，這預示著秦國問鼎天下的時間已不遠了。七年後（前二四九），秦相呂不韋率軍攻入東周，東周滅亡。

再來看看其他諸侯國的情況。自信陵君解邯鄲之圍後，趙國得以苟延殘喘。西元前二五六年，秦國發動征韓之戰，斬首四萬；緊接著，秦軍再攻趙國，斬首九萬。這也是長平之戰後，趙國又一次慘敗。

秦國頻頻對韓、趙用兵，魏安釐王坐臥不安，與其坐以待斃，不如先下手為強。西元前二五四年，魏國果斷出兵，矛頭直指秦國孤懸於東方的陶邑，攻陷這塊原本屬於魏冉的封地。這無異於在老虎頭上拔毛，此後，秦國連連發動對魏國的戰爭，魏安釐王被打得手足無措。

西元前二四七年，秦國大將蒙驁揮師進攻魏國，連克高都、汲城，魏國大恐。信陵君的好友毛公、薛公諫道：「公子在趙國受到禮遇，在諸侯中盛名遠揚，可要是沒有魏國，公子哪有今天的成就呢？如今秦國進攻魏國，魏國危急了，公子您卻絲毫都不在意。要是秦國攻破了大梁，祖先的宗廟被夷平，到時您還有什麼顏面活在世上呢？」信陵君大為震動，遂動身返回魏國。

信陵君是戰國歷史上為數不多能打敗秦軍的英雄。他回到魏國後，被魏王任命為上將軍，全權指揮抗秦戰爭。信陵君充分利用自己的聲望，合縱諸侯，趙、韓、燕、楚等國均出兵相助。這支五國聯軍在河外之戰中大敗秦軍，並乘勝追擊，一直反攻到函谷關。

可以說，信陵君是繼趙奢、廉頗之後，又一名偉大的將領。

秦國的軍事力量雖然雄冠天下，然而東方六國總兵力仍不下兩百萬人，倘若聯合起來，秦國未必有勝算。可以說，秦國最擔心的事，莫過於東方合縱運動。縱觀東方合縱運動史，向來是雷聲大、雨點小，諸國難以齊心協力。其中的原因很多，其中有一點便是缺少領袖人物。信陵君的合縱運動能大獲成功，在於他得到各諸侯國的認可，他是那個時代具有「國際主義精神」的人物，竊符救趙的傳奇更為各國所景仰。

此時秦王嬴政剛剛即位，呂不韋從普通的商人一下子竄居成為大權臣，自然有人不服，他必須要證明自己的實力。

秦國的情報部門向來以高效著稱，呂不韋本就精於謀略，更是把諜戰推向極致。要摧毀東方合縱同盟，重點在於整垮合縱領袖人物信陵君。

要怎麼辦呢？

呂不韋分析了信陵君與魏安釐王之間的矛盾。兩人本是兄弟，魏王是兄，信陵君是弟。由於信陵君招賢納士，門客三千，慷慨好義，國際聲望反在魏王之上。魏王即位後，處處提防信陵君，兩人關係在救援邯鄲一事上惡化了，信陵君盜走虎符，擅殺大將晉鄙，私自率八萬人馬救趙，這一切都是犯上作亂之事。只是魏國危難，魏安釐王才想召回信陵君以抗擊秦國。兄弟兩人雖暫時和解，但相互之間還是不太信任對方，這就給了呂不韋一個突破口。

雖說魏公子信陵君名滿天下，卻有一群人恨不得殺之而後快，這些人便是晉鄙的門客。在他們看來，晉鄙只是忠於職守，並無過錯，卻被信陵君擊殺，因而時刻想為主公復仇。商人出身的呂不韋有非凡的眼光，他派人攜萬金入魏，秘密聯絡晉鄙門人，讓他們在魏安釐王面前攻擊信陵君。這些門客四處散佈消息，稱諸侯只知有信陵君，不知有魏王。久而久之，魏安釐王對信陵君又多了一些戒備，這時他們乘機進讒說：「聽說公子想要南面稱王，諸侯們也都畏懼公子，打算共同擁立他。」言下之意，信陵君有反骨，想謀反。反間計大獲成功，眾人的挑撥離間，使得魏安釐王對信陵君更是不信任，遂解除其上將軍之職，收了兵權。

信陵君憂讒畏譏，激憤難平，便稱病不進，不理國事，終日在家裡與眾賓客飲酒作樂，以酒消愁，縱情聲色之中，以這種近乎自殘的方式慢性自殺。西元前二四三年，由於長期縱酒過度，信陵君與世長辭。

呂不韋略施小計，便剷除信陵君這個秦國頭號強敵，可謂是功勞赫赫。

在信陵君去世的同時，魏安釐王也病逝，其子魏景湣王上臺。呂不韋乘魏國政權更迭之際，派蒙驁大舉發兵攻打。魏軍大敗，丟失了酸棗、燕、虛、桃人等二十餘城。至此，秦國的領土已經深入魏境，直抵齊國邊境，猶如一把巨大的楔子插入東方，把東方諸國分隔為南北兩部。

東方諸侯又一次陷入恐慌之中。

西元前二四一年，東方諸侯又一次合縱抗秦，楚考烈王為縱約長，戰國四公子之一的春申君為聯軍指揮。楚、魏、趙、韓、燕、衛六國聯軍發起主動進攻，曾一度取得壽陵之戰的勝利，然而當他們殺抵函谷關時，秦軍出關迎戰，聯軍很快便敗下陣來。沒有信陵君這位領袖人物，合縱諸國不能同心戮力。

這也是戰國歷史上的最後一次合縱運動。在之後的歲月裡，東方諸侯曾試圖發起新的合縱運動以抵制秦國，最後都以失敗而告終。從此，東方諸國各自為戰，最後被秦國一一擊破。

有兩件事嚴重削弱東方諸侯的力量。

第一件是燕、趙戰爭。經歷長平之戰、邯鄲之圍後的趙國一落千丈，燕國想乘機撈一把，遂發動侵趙戰爭。趙孝成王重新任用廉頗，老將軍以八萬之劣勢兵力，一舉重創四十萬燕軍。此後，燕、趙兩國爆發多次戰爭，前後歷時達十五年之久。在秦國虎視眈眈的背景下，燕趙兩國互鬥，自毀長城。

第二件事是楚國內亂。楚國在整個戰國時代，表現不盡如人意，楚考烈王即位後，任用春申君為相，國政略有起色。特別是在西元前二五五年時，楚國大舉出兵，攻佔魯國，國力大增。西元前二三八年，楚考烈王去世，政治投機份子乘機發動政變，刺殺春申君，遂使楚國中興的事業戛然而止。

東方諸侯本來就實力不濟，又陷入相互征伐以及內亂之中，與秦國的差距越來越遠了。

此時的秦國，正是呂不韋呼風喚雨的時代。

呂不韋延續秦國擴張的傳統，頻頻對外用兵，除了佔領魏國大片土地外，還征服衛國。他是秦國歷史上著名的謀略大師，秦國諜報人員廣泛在東方活動，拆毀東方合縱聯盟。除了武功外，呂不韋還有一點值得稱道，他召集賓客門人編撰了一本《呂氏春秋》，成為先秦時代一部重要的學術著作。

年輕的秦王嬴政與當年的秦昭王一樣，只不過是坐在王位上的木偶罷了，國家大事全由呂不韋決斷。呂不韋仍與趙太后保持曖昧的關係，趙太后是個性欲極強的女人，沒有什麼政治抱負，只知不斷地賞賜自己的情人。在太后的關照下，呂不韋幾乎富可敵國，就說他居住的宅院吧，僅僅家童便多達萬人。

對一般人來說，混到這地步，也該知足了。但呂不韋是有雄心的人，天天讓一個女人羈絆著，日子長了，他也有些煩，只是又不能在太后面前表現出來。怎麼辦呢？呂不韋心想，與其說太后愛他，不如說太后是需要男人。既然如此，何不給她找一個猛男呢？有了猛男，她就不會天天纏著他不放了。

想到這裡，呂不韋開始留心尋找。

卻說咸陽城內，有個地痞無賴，此人喚作嫪毒。這傢伙沒有別的本事，只是長著一根碩大無比的陽具。有一回，他喝醉酒心血來潮，居然在眾人前表演一回絕技，用自己的陽具插在桐木車輪上，居然把車輪給抬起來了。呂不韋聽說此事後，便故意在太后面前提起，太后果然表現出濃厚的興趣。

幾天後，呂不韋把嫪毒從市井帶入相府，當了一名舍人。嫪毒本就是個無所事事的人，聽說要入宮服侍太后，心裡歡喜得不得了。呂不韋秘密把他送入宮中，在後宮與太后淫亂。這個嫪毒功夫果然了得，太后一下子就著迷了。此後，這個街頭混混兒成為宮中的寵兒，日夜出入後宮，與太后宣淫不已。

可是您想想，後宮本是宮廷禁地，除了太監之外就沒有別的男人，嫪毒在這裡進進出出，難免會走露風聲，到時怕要死得很難看。

看來要想一個萬全之計。

呂不韋想了一個辦法，他讓人去告嫪毒，判處他宮刑。太后一聽，這還了得？呂不韋只得對太后說，這只是掩人耳目，不動真格的。只須花點錢財，就搞定宮刑主刀人了，這件事，不能讓別人知道。嫪毒還是受了點罪，要當假太監也不容易，鬍子一長出來就露了餡兒，所以必須把鬍子全拔光掉。這個混混兒的鬍子全被扯下來，疼得他殺豬般的號叫。只是富貴險中求，受點罪便可成為太后的寵臣，比起混街頭要強上千萬倍，嫪毐也只能忍受這酷刑了。

拔光鬍子後，嫪毐換上一套宦官的衣服，搖身一變，成為宮中「太監」了，當然，這個太監只是假太監。有了正式的身分後，嫪毐再也不用偷偷摸摸進宮，而是大搖大擺地走入太后的寢室，同床共枕。

呂不韋終於喘了一口氣，他把太后這個包袱扔掉了，可以騰出手來搞他喜歡的政治。對於後宮之事，他裝聾作啞，不聞不問。後宮之外，都是呂不韋的地盤，他翻手為雲，覆手為雨，似乎他才是秦國的君主。

儘管呂不韋春風得意，然而沒過幾年，他本能地意識到威脅的臨近。

第一個威脅便是嫪毐。呂不韋把他送到宮裡時，只把他視為一個普通的小混混兒罷了，然而，小混混兒一旦有了一把權力的保護傘，野心同樣會無限地膨脹。在趙太后的庇護之下，嫪毐的膽子越來越大，權力欲越來越強，甚至足以同呂不韋抗衡了。

第二個威脅便是秦王嬴政。隨著日子一天天過去，嬴政一天天長大，這個年輕人看上去並不是那麼乖巧聽話，儘管他表面上仍然畢恭畢敬地尊稱呂不韋為「仲父」，但是尊敬的背後，卻隱隱露出不滿的神情。

聰明過人的呂不韋，也會有馬失前蹄的時候。

自從他在子楚身上投下巨資作為賭注，一路手氣極順，直躍上權力的巔峰。只是高處不勝寒。為了取悅太后，他瞞天過海，把嫪毐作為假太監淫亂後宮，這無疑是埋下一顆定時炸彈，一旦這顆炸彈爆炸，呂不韋也會被炸得粉身碎骨。他玩弄權勢，玩得過火了！

三四、殺無赦：嬴政的鐵拳

剛剛登上秦王寶座時，嬴政才十三歲。

對絕大多數人來說，十三歲還是不懂事的年齡，但是嬴政已經遠比其他同齡人成熟了。出身於王室之家，既是幸運，也是不幸。嬴政出生於趙國邯鄲，當他剛學會走路，還牙牙學語時，災難降臨了。由於秦攻邯鄲，趙國政府決定對人質子楚痛下殺手。在呂不韋的幫助下，子楚逃出邯鄲，嬴政則跟隨母親度過六年東躲西藏的童年生活。他的童年不快樂，落難的日子讓他變得早熟。為了生存，他不得不從小就學會提防任何人，保持一種高度的警戒心。秦王嬴政身上那種冷酷的性格，追根溯源，可以說深受童年時代顛沛流離生活的影響。

在秦王嬴政的早年，呂不韋扮演了一個重要的角色。呂不韋是不是嬴政的親生父親，千百年來爭議不休，不可否認的是，沒有呂不韋的關懷照顧，嬴政恐怕早就死得不明不白了。正因為這個原因，嬴政即位後，對呂不韋仍然保持著一種敬畏，既尊敬，又害怕。

當時嬴政還只能算是小孩子，大權操諸呂不韋之手。呂不韋並不把嬴政當回事，在他看來，真正掌握大權的人是太后，因而他處心積慮討好太后，甚至把嫪毒送入宮中供太后淫亂。

這一切，秦王嬴政都被蒙在鼓裡。

然而，呂不韋自以為聰明，卻沒想到麻煩事一件件出來了。

太后終日與嫪毒穢亂後宮，開心固然開心，沒過多久，這個三十多歲的女人發現自己的肚子大起來了。她慌了，堂堂秦國太后，居然懷上一個野種，野種的老爸是以前的街頭混混，現在的宮廷「太監」！這事要傳出去，豈不讓天下人笑掉大牙！更要命的是，這件事要是被兒子秦王嬴政發現了，她這個當娘的還有什麼面子呢？

大家想想，秦王嬴政三天兩頭要去給太后請安，太后要是挺著大肚子，那就不打自招了。怎麼辦呢？不能待在咸陽城，必須要遷往他處。太后便謊稱占卜不利，得換個清靜的住所。很快，她遷往秦國舊都雍城，住進舊王宮，裡外都安排自己的人。誰也不曾想到，這座舊的宮殿裡，隱藏著多少不為人知的秘密。

太后產下一個兒子，嫪毒的兒子。

的確，這座神秘宮殿裡的那些事兒，被鎖在高牆大院之內。當然不是沒有人知道，但誰也不敢說。蒙混過關後，太后與嫪毒更加肆無忌憚，很快她又懷上第二個孩子。兩個新生兒，就是嫪毒權力的護身符，這個街頭小混混剛入宮時，還不敢為所欲為。權力是毒品，剛嘗時很新鮮，嘗過後就欲罷不能了。

嫪毒搭上權力的火箭，一飛沖天。他的權勢幾乎與呂不韋可以相媲美，擁有龐大的宅第，童僕數千。大家雖然不知他是個假太監，卻都知道這傢伙能耐大，紛紛投其門下，食客數千，爭相巴結。太后對情人的愛與日俱增，西元前二三九年，嫪毒被封為長信侯，賜山陽、河西、太原為他的封地。

對於這些，秦王嬴政難道就沒有看法嗎？當然不是了。他雖然當了幾年的秦王，權力卻操諸呂不韋之手，呂不韋為討好太后，也只能盡量滿足其要求。同時，嬴政也壓根沒想到母親與嫪毒有苟且之事。

在嫪毒封侯的同年，秦國發生了一件大事：成蟜叛逃到趙國。成蟜，又名盛橋，是秦莊襄王的兒子，秦王嬴政同父異母的弟弟，封長安君。堂堂秦國公子何以叛逃到趙國呢？這件事十分蹊蹺，內情撲朔迷離。在現存的史料中，對成蟜叛變的原因沒有任何解釋，只知道成蟜是帶兵出征趙國時臨陣倒戈。後世小說家馮夢龍在《東周列國志》中構想了一個情節，認為秦王嬴政如《史記》所載是呂不韋的私生子，倘若事情曝光，嬴政將失去王位，而血統純正的成蟜將成為秦王的不二人選。呂不韋藉機把成蟜調離京城，派往前線與趙國作戰，秦國大將樊於期把秦王身世告知成蟜，成蟜大恐，擔心遭呂不韋毒手，遂臨陣叛降。

這個說法有一定的合理性。成蟜叛變，肯定是捲入秦國內部權力鬥爭的漩渦。當他率軍挺進到屯留時，舉部降趙。秦政府反應神速，立即出兵鎮壓叛軍。據《秦始皇本紀》載：「八年，王弟長安君成蟜將軍擊趙，反，死屯留，軍吏皆斬死，遷其民於臨洮。」在這次鎮壓行動中，叛變的軍隊遭到集體屠殺。

鎮壓成蟜叛變，是秦王嬴政早年最重要的事件之一。這次殘酷的鎮壓，究竟是出自嬴政的命令，還是呂不韋的命令呢？這個不好說。但是，這件事肯定對嬴政產生重大的影響，因為兄弟竟然背叛自己了。兄弟都不可信，還有誰是可信的呢？這時的嬴政至少還相信自己的母親，別人不可信，母親絕不能不信。

幾年後，他傷心地發現，母親也不可信了。

從此，他不再信任何一個人。

轉眼間已是西元前二三七年，即秦王嬴政九年。

這一年嬴政二十二歲，到了親政的年齡。依照慣例，嬴政到舊都雍城行加冠禮。在呂不韋、嫪毐看來，這加冠禮也就是做做樣子，當年的秦昭王，不也當了四十年的傀儡國王嗎？誰都沒想到，這趟雍城之行，改變了許多人的命運。

咸陽文武百官隨秦王到了雍城，這座舊時秦都頓時熱鬧起來，各式各樣的酒宴不絕。有一次，嫪毐與一群大臣一起喝酒，這些大臣有些打心眼裡瞧不起嫪毐，一個低賤的宦官竟然高高在上，心裡不舒服。喝幾杯後，借著酒興，有些人就跟嫪毐有些口角衝突。嫪毐喝高了，怒道：「你們知道我嫪毐是什麼人嗎？告訴你們，我乃是秦王的假父，秦王都得叫我阿爹呢，你們怎麼敢跟我爭吵呢？」

嫪毐夠囂張，夠猖狂。大家無不嚇呆了，這個「太監」竟然敢說自己是秦王的阿爹，莫非瘋了。嫪毐酒後說出如此大逆不道的話，眾人的酒不敢喝了，紛紛匆匆而去，大家有一種預感：要發生大事了！

很快，有人向秦王告發嫪毐的狂言。秦王嬴政不聽則已，聽罷是勃然大怒！呸！一個狗奴才，敢在寡人頭上拉屎，寡人且看看狗奴才有什麼能耐。一道令下，一支禁衛軍火速前往嫪毐宅第，幾腳踹開大門，卻找不到嫪毐的影子。原來嫪毐酒醒後，發現自己禍從口出，嚇得魂不守舍，甚至都沒跟太后打招呼，便逃出雍城了。

一個天大的秘密浮出水面了。

嫪毐橫行霸道時，誰也不敢把內宮的秘密吐露半字。如今他酒後失言，畏罪潛逃，紙包不住火了，終於有人向秦王嬴政全盤托出背後的真相：嫪毐非但不是太監，還與太后淫亂宮中，生了兩個兒子。這已經足以讓嬴政發狂了，豈料還沒完，舉報者還道出一個天大的陰謀：嫪毐與太后有約定，若嬴政死了，他們的私生子將繼承王位。

嬴政的腦袋「轟」的一下，在那一刻幾乎要爆炸了。

自己身為一國之君，竟然被底下人戲弄到這等地步。在整件事中，牽扯到兩個重要人物：太后與呂不韋。一個是自己的母親，一個是宰相、仲父，兩個最親近的人，居然都背地裡搞出那麼多醜事！當務之急，是要把嫪毐捉拿歸案。

嫪毐逃到哪去了呢？他逃回自己的封地。他知道闖了大禍，已是無路可退，唯有殊死一搏，尚有一絲希望。他假造了秦王的御璽以及太后的御璽，徵調郡縣的軍隊、衛隊、官騎、戎人及自己的門客僕人，打算造反。當然，他的動作雖快，秦王嬴政更快，通緝令很快下達全國各郡縣，故而回應嫪毐者寥寥無幾。

困獸猶鬥。嫪毐唯一的機會，便是趁秦王尚未返回咸陽時，攻下雍城，殺死嬴政，政變奪權。由於雍城是嫪毐經營多年的地盤，而朝中臣僚們多與這假宦官有些關係，嬴政對這些人統統不相信，他做了一個大膽的決定，把禁衛軍的指揮權交給兩名客卿指揮。這兩名客卿是來自楚國的昌平君與昌文君，正因為他們是外來人，不可能與嫪毐有牽扯。從這個細節可以看出，嬴政是何等老練與狡猾。

禁衛軍很快擊潰叛軍。嫪毐泡女人是一流高手，行軍作戰則是門外漢，他的一群烏合之眾死了數百人，其餘都繳械投降了。

反撲失敗，嫪毒落荒而逃。秦王嬴政發懸賞令：擒嫪毒者，賞錢百萬；殺嫪毒者，賞錢五十萬。重賞之下，嫪毒很快行蹤敗露，落入法網。

權力場上，向上竄升可以是火箭級的速度，向下墜落則更快。嫪毒僅因一句酒後失言，便從權力的巔峰跌下，等待他的是車裂酷刑。其實，從他玩火的那一刻始，引火焚身的命運便隱隱可見了。

嬴政身上性格殘酷的一面開始顯現，他開始血腥地報復。其一是嫪毒家族集體遭殃，被夷滅三族；其二，嫪毒與太后私生的兩個兒子，被裝入大麻袋中，亂棍打死；其三，朝廷中與嫪毒有瓜葛的官員，包括衛尉、內史、中大夫等二十人，或梟首，或車裂，均被滅族；其四，嫪毒的門人家臣，罪行重的處死，輕的被判處服雜役；其五，受嫪毒事件株連的四千多家，被集體流放巴蜀。

至於母親趙太后，當然不能殺了，幽禁於萯陽宮。為太后說情的二十七名諫者全部被殺，陳屍宮闕之下。

嫪毒叛變被屠、太后遭幽禁，呂不韋的好日子也到頭了。

沒有呂不韋牽線搭橋，嫪毒這個爛人怎麼可能混入宮中呢？雖然呂不韋並沒參與叛變，但仍負有不可推卸的責任。

直到嫪毒叛亂後的第二年，秦王嬴政才罷免呂不韋的相位。或許他還惦記呂不韋當年的救命之恩；或許他風聞呂不韋是自己生父的傳言；更可能的，是他憚忌呂不韋的權勢，等自己親政後羽翼豐滿了才最後清算。

在《史記．呂不韋列傳》中寫道：「王欲誅相國，為其奉先王功大，及賓客辯士為遊說者眾，王不忍致法。」不管嬴政是不是呂不韋的兒子，他叫「仲父」許多年了，還是有點感情的。

免職後的呂不韋並沒有受到懲罰，他出居河南，倒也衣食無憂，生活逍遙。權力是一種癮，上了癮的人很難與權力一刀兩斷。別小看下野的政客，只要讀讀二十世紀的歷史，袁世凱、蔣介石都曾下野，下野後仍是舉足輕重的大人物。兩千多年前的呂不韋同樣如此，他雖失去宰相頭銜，各國賓客使節仍絡繹不絕前來拜訪，奉為神明。

嬴政本能察覺到威脅，呂不韋雖下臺卻陰魂不散，仍然有自己根基甚深的勢力。在秦王內心深處，一直充滿著不安全感，從童年時的亡命天涯到成年後弟弟成蟜叛變、仲父把權、母后淫亂，連大爛人嫪毐都想政變奪權，只有獨裁他才能有安全感，把權力牢牢捏在手心，只有操縱別人，才能避免被他人操縱。

秦王給呂不韋寫了一封信，以嚴厲的語氣說：「君對秦國有何功勞？秦國封你在河南，享十萬戶食邑。君與秦王有何親屬關係？卻號稱仲父。」

這一封信，給呂不韋的政治生涯畫上句號。不久後，呂不韋的河南封地被悉數收回，全家流放蜀地。這位戰國末年叱吒風雲的政壇人物，曾以曠世豪賭贏得權力，到頭來人算不如天算，最後還是落得輸個精光的下場。一生殘暴的秦王嬴政仍然給呂不韋留條生路，只是呂不韋的生命原本為政治而生，如今一無所有，他失去了生存的理由。他沒有動身前往蜀地，而是選擇了自殺，飲鴆而死。

年輕的嬴政在五年的時間裡，先後剷除成蟜、嫪毐、呂不韋三大政治巨頭，實現獨裁統治，權力根基已然深不可拔。

三五、李斯與韓非

在呂不韋罷相的那年（前二三七），秦國破獲一起間諜案。

在長平之戰後，秦國已然天下無敵，收拾東方諸侯只是時間問題。與秦國接壤的韓國無疑是東方諸侯中實力最弱者，韓桓惠王終日惶恐不安，只要秦國大軍一出，韓國必定滅亡。為了拖延秦國滅韓的時間，韓桓惠王想了一個主意，派著名水利學家鄭國入秦，遊說秦王修建水利工程，由於水利工程必須耗費大量人力物力財力，此舉必可遲滯秦國的軍事行動。

鄭國肩負重任，以水利學家及間諜雙重身分入秦，秦王嬴政果然聽取其建議，在洛水、涇水大修水利工程以發展關中農業生產。韓王的計畫取得一定成效，在此後幾年，秦國果然騰不出手解決韓國。

豈料後來鄭國的間諜身分被揭穿，秦王嬴政大怒，打算將其處死。生死關頭，鄭國在獄中上書，一方面承認自己的間諜身分，一方面也力陳興修水利工程從長遠的角度看，對秦國有百利而無一害。嬴政畢竟是胸懷大志的君主，讓韓國苟延殘喘幾年有什麼關係呢？興修水利功在一時，利在千秋，便赦免鄭國之罪，督他繼續完成工程。這項水利工程，後來名為「鄭國渠」，是中國水利史上經典之作。

據史料所載，鄭國渠修建完成後，「關中為沃野，無凶年，秦以富強，卒併諸侯」。

儘管鄭國逃過一劫，這起間諜案仍然引起秦國高層的震驚。秦國政府開始反思歷來引進東方人才的政策，過於開放的政策帶來一個惡果便是東方的間諜廣布，對秦國的國家安全構成威脅。這時秦國宗室大臣紛紛上書，聲稱：「外國人到秦國來，大多數都是搞間諜破壞活動，應該要把外國人驅逐出境。」於是秦王嬴政發佈「逐客令」，在秦國當官的外國人，一律在驅逐行列。

在這個逐客的名單裡，有一個名字是「李斯」。

李斯是楚國上蔡人，年輕時曾擔任一名小吏。他胸有大志，在官場上卻混不出個模樣。這令他開始思考一個問題：為什麼有些人賢能，有些人卑劣？有些人混得好，而有些人混得差呢？究竟是什麼原因，讓人的境遇發生變化呢？

有一天，他在一群老鼠身上找到答案。他上茅廁時，見到幾隻老鼠在髒兮兮的糞坑裡找吃的，一見有人來便驚恐地四處逃去。蹲完茅坑後，李斯去檢查糧倉，又看到老鼠出沒。只是糧倉的老鼠與茅坑老鼠全然不同，見到人進來也不害怕，照樣悠哉地吃著堆積如山的糧食。對於這種司空見慣的事，別人都不會去留意，李斯卻得到他人生一個最重要的啟示：「一個人是好是壞，就跟老鼠一樣，關鍵看他是處在什麼環境。」這叫環境決定論。

這一天，李斯找到了他的人生哲學。

要改變命運，首先要改變環境。要出人頭地，就得選擇對自己最有利的環境。

如何改變環境呢？若是沒有兩把刷子，如何能改變環境？李斯想到求學。拜誰為師呢？自然要找思想界的宗師人物。當時學界領袖荀子受春申君邀請入楚，李斯抓住這個機會，前往學習帝王之術。在他的同學裡，還有一個大名鼎鼎的人物，便是後來成為法家巨子的韓非。

完成學業後，李斯根據自己環境決定理論，決定前往諸侯中最強大的秦國。到了秦國後，他又投奔最有權力的秦相呂不韋。他才識過人，自然引起呂不韋的注意，被提拔為郎官。李斯立志要當米倉的老鼠而不是茅坑的老鼠，呂不韋已經位高權重了，但還不夠，要有更大的發展，必須引起秦王嬴政的注意。

李斯是善於抓住機會的人，他充分利用每次與秦王見面的機會，投其所好，大談「掃滅諸侯，成就帝業，一統天下」，並強調必須不斷給東方六國施壓，以防東方合縱運動死灰復燃。秦王聽後大悅，把李斯提拔為長史，負責對東方六國實施外交戰、間諜戰。李斯不愧是情報戰專家，他一方面收買各國政要，一方面搞暗殺活動。由於他取得了卓越成績，被任命為客卿。正當李斯賣力地向上爬時，秦政府發佈逐客令。身為客卿的李斯，理所當然在被逐之列。若是被逐出秦國，李斯就玩完了，只能去當茅廁的老鼠了。難道只能受命運的擺佈嗎？在李斯眼裡，只有自己掌握命運，而非命運擺佈自己。

要改變命運，就得主動出擊。

他奮筆疾書，其實那時是用刀刻在竹片上，給秦王上了一道書，又稱為《諫逐客書》，乃是先秦一篇重要文章：

臣聞吏議逐客，竊以為過矣。昔繆公求士，西取由余於戎，東得百里奚於宛，迎蹇叔於宋，來丕豹、公孫支於晉。此五子者，不產於秦，而繆公用之，併國二十，遂霸西戎。孝公用商鞅之法，移風易俗，民以殷盛，國以富強，百姓樂用，諸侯親服，獲楚、魏之師，舉地千里，至今治強。惠王用張儀之計，拔三川之地，西併巴、蜀，北收上郡，南取漢中，包九夷，制鄢、郢，東據成皋之險，割膏腴之壤，遂散六國之從，使之西面事秦，功施到今。昭王得范雎，廢穰侯，逐華陽，強公室，杜私門，蠶食諸侯，使秦成帝業。此四君者，皆以客之功。由此觀之，客何負於秦哉！向使四君卻客而不內，疏士而不用，是使國無富利之實而秦無強大之名也。

今陛下致昆山之玉，有隨、和之寶，垂明月之珠，服太阿之劍，乘纖離之馬，建翠鳳之旗，樹靈鼉之鼓。此數寶者，秦不生一焉，而陛下說之，何也？必秦國之所生然後可，則是夜光之璧不飾朝廷，犀、象之器不為玩好，鄭、衛之女不充後宮，而駿良駃騠不實外廄，江南金錫不為用，西蜀丹青不為采。所以飾後宮、充下陳、娛心意、說耳目者，必出於秦然後可，則是宛珠之簪，傅璣之珥，阿縞之衣，錦繡之飾不進於前，而隨俗雅化，佳治窈窕，趙女不立於側也。夫擊甕叩缶，彈箏搏髀，而歌呼嗚嗚快耳者，真秦之聲也；《鄭》《衛》《桑間》《昭》《虞》《武》《象》者，異國之樂也。今棄擊甕叩缶而就《鄭》《衛》，退彈箏而取《昭》《虞》，若是者何也？快意當前，適觀而已矣。今取人則不然。不問可否，不論曲直，非秦者去，為客者逐。然則是所重者在乎色樂珠玉，而所輕者在乎人民也。此非所以跨海內制諸侯之術也。

臣聞地廣者粟多，國大者人眾，兵強則士勇。是以泰山不讓土壤，故能成其大；河海不擇細流，故能就其深；王者不卻眾庶，故能明其德。是以地無四方，民無異國，四時充美，鬼神降福，此五帝、三王之所以無敵也。今乃棄黔首以資敵國，卻賓客以業諸侯，使天下之士退而不敢西向，裹足不入秦，此所謂「藉寇兵而齎盜糧」者也。

夫物不產於秦者，可寶者多；士不產於秦，而願忠者眾。今逐客以資敵國，損民以益仇，內自虛而外樹怨於諸侯，求國無危，不可得也。

他以史為證，闡明「逐客令」是大錯特錯。秦國的強大，得益於客卿的貢獻，秦穆公時代如此，秦孝公以後的時代也是如此。秦國歷史上的傑出人物，如百里奚、由余、商鞅、張儀、范雎等，莫不來自東方。逐客令的實施，只能「以資敵國」，使「天下之士退而不敢西向」，最後倒退回秦孝公改革之前的蠻荒年代。

這道上書令秦王嬴政幡然省悟，終於廢除逐客令，恢復李斯的官職。從此之後，李斯成為秦國政壇的新星，步步高升，後來被提拔為廷尉，掌秦國刑獄之事。

李斯是先秦法家的代表人物之一，他的同窗韓非更是法家的集大成者。

韓非是韓國公子，可惜生不逢時。在他生活的時代，韓國早在秦國的不斷蠶食下成為一隻病貓，韓王沒有進取心，只耍些小手段，派鄭國入秦修水利，幻想以此遲滯秦國滅韓的時間。韓非與李斯同在荀子門下受業，他的學術功底較李斯更紮實。李斯求學的目的是想當官，韓非則更有學者的氣質。不過，韓非有一個弱點，他文章寫得行雲流水，說話卻結結巴巴，有口吃的毛病。

畢竟是書生。韓非想有一番政治作為，無奈韓國君臣毫無進取心，得過且過，他一腔孤憤，只能在文字中表達自己的政治見解。他寫了十數萬言的文章，後被編為《韓非子》一書。他的文章在當時便流傳甚廣，甚至傳到秦王嬴政手中。

有一天，嬴政讀到《孤憤》一文，這篇文章剖析了權臣如何惑主，如何攫取權力，君主應當如何善用權術，控制臣下。他讀完不禁眼睛一亮，這些話都說到他心裡頭去了，不由得歎道：「寡人得見此人與之遊，死不恨矣。」在嬴政看來，作者堪稱是他的知己，這位沒有朋友的君主，內心深處渴望能有這麼個知心朋友，雖死無憾。

李斯告訴秦王，文章作者便是自己的同學韓非。秦王眼中露出了光芒，他迫不及待地要會一會這位當世高人。只是他邀請的手段也太過於另類了，不是派人去請，更不是三顧茅廬，而是發兵攻打韓國，勒令韓王派遣韓非到秦國。

西元前二三三年，韓非入秦。

他與李斯不同，不是主動入秦，而是迫不得已。秦王嬴政很開心，心情大悅。然而，兩人注定無法成為朋友，因為他們分屬不同的敵對陣營，一個是欲吞併天下的秦王，一個是欲保全國家的韓國公子，怎麼可能傾心相交呢？

一個有才華的人，既然不能為自己所用，當然也不能放虎歸山。反正養一個人並非難事，秦王嬴政索性把韓非扣留在秦國，軟禁起來。

不久後，韓非捲入一個事件，竟然喪命於異國他鄉。

韓非的死，與兩個人有直接關係，一個是他的同學李斯，另一個是秦國大夫姚賈。他入秦後不久，東方諸國為了對抗秦國，又策劃一次合縱運動。姚賈自告奮勇，願前往東方諸國遊說，瓦解合縱同盟。為了完成這項使命，姚賈向秦王提出需要馬車百輛，黃金千斤。秦王嬴政二話沒說，當即就批了。

姚賈以賄賂加恐嚇的手段，不戰而令東方合縱運動胎死腹中，未能給秦國構成任何威脅。回國後，他自然身價猛漲，官拜上卿，封千戶。豈料韓非竟然跳出來攻擊姚賈：一來挖他的老底，說姚賈出身低賤，在魏國當過小偷，在趙國曾被驅逐出境，品行不佳；二來攻擊姚賈遊說東方，目的是為了中飽私囊。

秦王嬴政聽罷大怒，召姚賈前來對質。姚賈逐一批駁：千斤黃金乃是用於賄賂諸國政要，否則如何拆散合縱同盟？至於出身的問題，歷史上的名臣，如姜子牙、管仲、百里奚等，都曾聲名狼藉，最終都成為安邦定國的一代偉人。

自作聰明的韓非陰溝裡翻船，攻擊姚賈，大概是對他拆散東方合縱表示不滿。只是韓非攻擊的方向錯了，他認為姚賈既然有過小偷小摸的劣跡，千斤黃金在手，不可能沒有任何經濟問題。但他沒想到，姚賈不僅沒有被查出經濟問題，反倒把他駁得無以言對。

這件事後，秦王嬴政對韓非的態度發生一百八十度轉變。儘管他賞識韓非的才學，卻也看出韓非只會維護東方的利益，有機會還會離間秦國君臣之間的關係。

一心想報復的姚賈趁機拉上李斯，兩人一起上言秦王，稱韓非乃韓國公子，終究不可能為秦國效力，留在秦國沒有用處，釋放回韓國又留下禍患，最好的處置辦法，就是殺了他。秦國法令苛嚴，韓非誹謗上卿姚賈，離間君臣關係，這在秦國足以構成死罪。秦王嬴政沉默良久後，終於下令將韓非逮捕入獄。要不要殺韓非呢？秦王心裡仍猶豫不決，因為他打心底實在太欣賞韓非的才華了。

嬴政尚在遲疑，李斯已經快刀斬亂麻了。

按理說，李斯與韓非本是荀子門下同學，好歹也有點同窗之誼吧，何至於非要置韓非於死地呢？一種常見的說法是李斯嫉妒韓非的才華，這個筆者不認同。李斯雖在學術上不如韓非，在政壇上卻混得更好，他的志向在於從政而不在於學問，有什麼好嫉妒的呢？筆者以為李斯欲殺韓非，是因為韓非對出身低賤的人有一種蔑視的心態，而李斯便是出身寒微。你這個公子哥一直以來瞧不起我出身，今天老子就讓你知道後果多嚴重。

李斯擅作主張，把毒藥送進監獄，勒令韓非自殺。韓非自認為冤枉，遂請求面見秦王，或是寫信給秦王為自己辯解。李斯面無表情，一口拒絕韓非的要求。絕望的韓非只能以顫抖的手抓起毒藥，一把塞進口中……

此時秦王嬴政尚不知曉韓非的死訊，一種強烈的惜才之心又油然而生，他終於下達赦免令。只是當使者持令抵達監獄時，韓非已經七竅流血，倒斃於地了。

韓非雖然死了，但他的思想對秦王嬴政產生巨大的影響，特別是其帝王權術的思想，更成為這位暴君統治天下的利器與法寶。

此時的秦國，無論在政治、經濟、軍事上都已經具備一統天下的實力，剩下來的，只是時間問題罷了。

三六、硬實力與軟實力

我們且從政治、經濟、軍事三個方面來評價秦國的優勢。

（一）政治優勢

李斯與韓非的老師、一代儒學巨匠荀子曾經遊歷秦國，寫下這麼一段文字：「觀其風俗，其百姓樸，其聲樂不流汙，其服不挑，甚畏有司而順，古之民也。及都邑官府，其百吏肅然，莫不恭儉敦敬，忠信而不楛，古之吏也。入其國，觀其士夫，出於其門，入於公門；出於公門，歸於其家，無私事也。不朋黨，不比周，倜然莫不通陰而公也，古之士大夫也。觀其朝廷，其間聽決，百事不留，恬然如無治者，古之朝也。治之至矣，秦類之矣。」

後世儒家學者多對秦政持批評意見，而那個時代的荀子則有自己獨到的看法。在他看來，秦國風俗淳樸，吏治井然有序，卿家士大夫一心奉公，他甚至把秦國的政治稱為「治之至矣」，評價之高可見一斑。

那麼秦國的政治與其他諸侯國相比，有什麼特別之處呢？首先是擁有強大的中央集權制。秦的中央集權，較他國更典型。在春秋時代，東方諸侯譬如晉、齊、魯、鄭、宋等，國家權力並非君主把持，而是由貴族把持，秦國則自始至終屬於君主獨裁制，儘管在若干時期君主的權力也受到貴族的挑戰。進入戰國後，秦國實施商鞅變法，更把集權制推向極致。今天我們說到集權制，無不產生反感心態。但是必須看到，在戰國時代，群雄爭霸，戰爭不斷，中央高度集權有利於最大限度地利用有限的資源，國家約束民眾自由以全力發動對外戰爭，其產生的爆發力是非常強大的。

其次，秦國擁有完善的地方行政機構。

地方行政機構的變革乃始於商鞅，起初是中央—縣二級制，後來發展為中央—郡—縣三級制，並成為秦國行政區之定制。隨著戰爭規模的擴大與土地的膨脹，秦國的地方行政機構愈加嚴密。比如說，最早縣級行政區只有縣令、縣丞、縣尉等官員，後來分工愈密，在這些官職下又設史、秩等，還有專司各種職務的官職。這樣，中央政府就可以將朝廷政令下達到最基層的組織。

最後，秦國有完善的法律制度。

法律是一個國家政治制度的基礎。秦國法律之嚴密，任何一個東方國家都比不上。在出土的雲夢秦簡中，共計有十八種法律文書，一百二十五條條文。散見於其他史料的法律文獻目錄，尚有十餘種之多。這些法律涵蓋社會生活的方方面面，內容是比較廣泛的，而且執行力度是比較強的。比如說制定法律的商鞅，在落難時由於不能提供身分證明，偏遠的小旅館都不敢接納他，說明法網甚為嚴密。

上面所引用荀子的話中有一句：「甚畏有司而順。」其實秦國所謂的民風淳樸，與儒家所提倡的並不一樣。儒家靠的是教化，秦國靠的則是嚴刑峻法。我們必須說，秦國的政治某些表面現象與儒家類似，譬如說尊卑等級秩序，譬如說表面上的社會和諧，但骨子裡的思想則大相逕庭。秦國以嚴刑峻法，可收一時之效，卻難以長久，故而秦國一統天下後沒多久就崩潰了。

（二）經濟上的優勢

隨著國土面積的擴大與人口增加，秦國在經濟上取得壓倒性的優勢。秦國西吞巴蜀，東面則佔領大量魏、趙、韓、楚的土地，擁有更多的農業資源與耕作人口。在所佔地盤中，不少屬於經濟發達區。在其佔領地中，巴蜀是「天府之國」，鄢、郢是楚國首都地區，宜陽是韓國重鎮，安邑是魏國舊都等等，這些地盤歸入秦國，無疑助推其經濟的迅猛發展。拋開開疆拓土不談，秦國經濟仍有許多可圈可點之處。

其中最值得一提的，便是秦國的農田水利工程。

除了鄭國主持開通的「鄭國渠」之外，秦國還興修了一個舉世聞名的水利工程，這便是至今猶存的都江堰。

攻取巴蜀是秦國擴張史上重要的里程碑，為秦國的發展奠定堅實的基礎。成都平原是巴蜀重要的農耕區，面積將近三千平方公里，這裡有平整的地形，肥沃的土壤，自然條件相當好，但飽受水災與旱災之害。問題出在岷江這條河流。由於巴蜀是盆地地形，四周高而中間低，當雨季到來時，岷江的水位暴漲，由上游奔騰而下，來勢凶猛，往往釀成水災。故而如何解決岷江災害，關係到成都平原的經濟民生。

為了解決岷江水患，秦昭王任命精通水利的李冰為蜀郡太守，主持水利工程建設。這是一項十分艱巨的工程，李冰與他的兒子多次前往察看地形，研究各種方案。經過反覆推敲後，李冰決定採用分流的方法。

他把工程位址選擇在灌縣一帶，這裡正好是岷江從山區流向平原的交界地帶。具體的做法是在岷江河道內修一分水建築工程（稱為分魚嘴），江水流至此便一分為二，一條稱為內江，主要用於農田灌溉，另一條稱為外江，是岷江的主河道。在內江河道，開鑿一個人工口道稱為寶瓶口，河水經此流向灌溉區。那麼，如何保證洪水時，大部分的水從外江洩洪而不至於引起內江水患呢？李冰別出心裁，他在分魚嘴與寶瓶口之間修了一條飛沙堰，這道堰的作用是內江水位過高時，便漫過飛沙堰瀉入外江，以確保內江水位保持在安全的水準。

都江堰的構思巧奪天工，堪稱中國古代水利工程史上的代表作。這項偉大的水利工程改變了成都平原的面貌，超過三百萬畝的農田得到灌溉。在水災時，洩洪於外江，在旱災時，引導水流向內江，保障農業用水。長期以來困擾農業生產的水、旱災害，由此大大緩解。有了李冰的都江堰，巴蜀才能真正成為天府之國。

令人難以置信的是，都江堰從修建到現在，歷時兩千多年，仍發揮著重要的作用。其生命力超越了時代，李冰父子早已長眠地下，而他們的偉大傑作，與天壤而同久，共三光而永光。

都江堰見證了秦國的科技實力與強大的生產力，故而秦國能奪取天下，靠的不全是武力，更有武力之外的文化因素。秦國水利的發達，與重農思想密不可分，「農」與「戰」的重要性是等同的，這也是商鞅變法中的一個基本思想。

秦在農業技術上的創新與發展也是可圈可點的。在《戰國策》一書中有如下一段話：「秦以牛田，水通糧，其死士列於上地，令嚴政行，不可與戰。」把秦國無敵歸結為四個方面：農業發達，水運發達，士卒強悍，政令嚴格。其中農業發達的象徵便是「牛田」，即大規模使用牛耕，農業生產力大大提高。另外，鐵製農具的使用也相當普遍。在呂不韋主持編撰的《呂氏春秋》一書中，有幾篇專門論述農業的文章，基本上可視為當時農學的最高水準。在先秦，農業是最重要的經濟部分，哪個國家在農業上領先，就在經濟上領先於對方。

經濟實力支撐著秦國龐大的軍事開銷。在戰國晚期，秦與趙的長平之戰，秦與趙的邯鄲之戰都曠日持久，經年累月。遠離國門作戰的秦軍，對後勤補給的需求巨大，若沒有強大的經濟後盾，這種戰爭是不可想像的。另外，秦國對付東方諸國的另一法寶，便是以大量金錢搞間諜戰，秦國的情報部門之所以捷報頻傳，不只因為效率高，也是因為財大氣粗。

（三）軍事上的優勢

為什麼秦國能在軍事上取得壓倒性的優勢呢？戰國七雄都曾有過輝煌的歷史，在軍事上都有過鼎盛的時代，何以秦國能笑到最後呢？

魏、趙、韓三國都是從晉國分裂出來的，在春秋時代，秦國基本上不是晉國的對手。甚至到了晉國分裂後，一個魏國也把秦國打得喪權辱國。楚國是春秋時代的霸主之一，實力也比秦國強，齊國在威王、宣王時代實力也不遜於秦國。秦人雖然悍勇，但僅僅從悍勇這方面看，顯然支撐不住一個軍事大國的重量。

一個國家軍事力量的強大，與這個國家的政治穩定是分不開的。從戰國史來看，秦國軍事力量的崛起，始於秦獻公。在秦獻公之前，秦國政局動盪，秦懷公、秦出公均死於政變。從秦獻公到秦王嬴政，秦國政局雖有小波瀾，但總體上是很穩定的，這也給秦國軍事力量的發展提供了必不可少的土壤。不可忽視的一點是，自秦獻公始，歷代秦國君主都很有作為，沒有出現一個昏君，這是很重要的。相比之下，東方諸侯的政局較亂，昏君較多。譬如魏國，魏惠王與公子魏緩的爭位戰，差點遭遇滅國之災；齊湣王與楚懷王都可列入昏君之列；趙武靈王死於政變，遂使趙國軍事改革戛然而止。諸如此類，在同期的秦國都沒有發生過，而這類事件的發生，往往是一個國家由盛而衰的轉折。從這點看，秦國是幸運的。

除了政局穩定外，秦國軍事制度較他國完善。

在戰國中後期，秦國的兵力一直維持在一百萬以上，如此雄厚的兵力，放在今天也不可小覷。在諸國中，只有楚國的兵力能與秦國媲美。為了保證兵源的充足，秦國實行徵兵制。按照規定，男子二十三歲以後就要服兵役。不過，由於秦國不斷對外發動戰爭，隨著戰爭規模的擴大，徵兵的範圍也隨之擴大。比如在長平之戰的最後階段，為了完成對趙軍的合圍，「年十五以上悉發」，把參軍的年齡從二十三歲降至十五歲。

秦軍戰鬥力之強，勇冠天下。自商鞅變法後，秦國在戰場上幾乎戰無不勝，攻無不克。在為數不多的敗仗中，有幾次是輸給趙國，趙國名將趙奢、李牧都曾打敗秦軍；還有幾次是輸給東方合縱盟軍，包括孟嘗君、信陵君領導的幾次合縱運動。真正能與秦國較量的國家，只有趙國。這兩個國家都有濃厚的軍國主義色彩，只是趙國在戰略大決戰中損失四十幾萬軍隊，遂一蹶不振。

在秦國歷史上，「軍功爵制」具有劃時代的意義。

軍功爵制是一種獎賞制度，以軍功定爵祿，確保軍隊保持旺盛的戰鬥力。秦國的軍功爵共有二十級，分別是：一公士，二上造，三簪嫋，四不更，五大夫，六官大夫，七公大夫，八公乘，九五大夫，十左庶長，十一右庶長，十二左更，十三中更，十四右更，十五少上造，十六大上造，十七駟車庶長，十八大庶長，十九關內侯，二十徹侯。

此項制度由商鞅創制，只重軍功而不重視門第出身。即便是宗室貴族，未立軍功者也不得擁有爵位。這項制度，在秦國得到有力的執行。我們看到秦國歷史上著名的宰相，例如商鞅（大良造，當時未設相）、張儀、魏冉、范睢等，都不是純粹的文臣，他們都曾經帶兵出征，沒有軍功，他們也不得封侯。

軍功爵制的好處是顯而易見的。首先，對士兵來說是一種激勵手段，只要在戰場上奮勇殺敵，國家是不會虧待他們的，還可以一級一級地往上升遷。其次，這也是為國家選拔將領的參考。秦國名將輩出，基本上沒有出現斷層，因為這些將領都是在實戰中脫穎而出的。反觀其他國家，任用將領帶有很大的局限性。比如楚國，國家重要將領幾乎都出自幾大家族，講究的是出身，而非能力，故而雖有百萬大軍，戰鬥力卻十分低下。再如趙國，長平之戰失利的原因，便是趙王把只會紙上談兵的趙括派上場，遭到全軍覆滅的命運。這種情況在秦國是不可能出現的，一個沒有建立軍功的人，怎麼可以充當總司令呢？

無論在政治、經濟、軍事諸方面，我們都可以看到秦國的強大。到了秦王嬴政時，秦國一統天下的偉業已是指日可待了。

三七、統一的序幕

秦國勢力橫穿韓魏，直抵齊國邊境，如楔子插入東方，東方合縱運動就此終結，諸國只能各自為戰了。摧毀趙國的力量，便成為秦國的首要戰略目標。

趙國不愧是一個偉大的國家，經歷長平之戰與邯鄲之圍後，這個國家仍有不可小覷的軍事實力。在眾寡懸殊的情況下，趙軍在廉頗、樂乘等將領的統領下，打敗了六十萬燕軍的入侵。在廉頗之後，李牧如同一顆明星冉冉升起。這位趙國傳奇名將締造了不可思議的奇蹟，他以一支北疆偏師，幾乎全殲十萬匈奴騎兵。憑此石破天驚的一戰，李牧成為趙國抵抗秦國的希望。

秦王嬴政十三年（前二三四），秦國大將桓齮率軍大舉進攻趙國，圍平陽、武城。趙王急令大將扈輒前往救援。桓齮反戈一擊，大破扈輒，殺十萬趙軍將士。這對趙國可謂是沉重一擊，國家已到生死存亡之關頭。趙王緊急從北疆召回李牧，把阻擊桓齮的重任交給他。

這簡直是一個不可能完成的任務。

然而，李牧又一次光芒四射。

西元前二三三年，桓齮挾勝利之威，深入趙境。他採取大包抄戰術，先掃蕩邯鄲北部的趙軍據點，實施迂迴，圍攻赤麗、宜安兩城（河北石家莊東南）。倘若赤麗、宜安二城失守，秦軍將實現對趙國首都邯鄲的合圍，屆時趙國危矣。

李牧臨危受命，糾集了一支軍隊，駐紮在赤麗、宜安東部的肥城（河北晉州市）。這支軍隊主力應該是來自北方軍區，即李牧一手訓練出來的部隊。李牧行軍作戰的特點是善於因地制宜，最大限度地發揮各兵種的優勢，注意騎兵、車兵、步兵、弓箭兵的搭配與協同作戰，做到遠攻與近戰結合，進攻與防禦結合。他的軍事原則是打殲滅戰，不僅是擊潰對手，而是最大程度地消滅敵人的有生力量。

由於長年在北疆與匈奴等遊牧民族對峙，李牧的部隊精於騎射，具備強大的機動作戰能力，剽悍善戰。桓齮是秦國名將，他入趙作戰已有一年之久，雖屢戰屢勝，卻已是疲憊之師。赤麗、宜安兩城尚未攻下，李牧的生力軍已經趕到宜安以東的肥城，明眼人都看得出來，秦軍的位置相當不利，隨時可能受到趙軍的左右夾擊。對桓齮來說，最好的選擇當然是退卻，避開李牧的鋒芒。桓齮卻低估了趙軍的力量，尤其是低估了李牧的能力。

在桓齮等新一代將領崛起後，秦軍幾乎從未打過敗仗，自然對任何一個對手都有輕視之心。李牧是一位有著卓越領導力的將領，他善於鼓舞士氣，此時趙軍上下，都抱著「置之死地而後生」的信念，以破釜沉舟的勇氣投入戰鬥。

李牧證明了自己是秦軍的剋星，他打了一場漂亮的仗，《史記》中是這樣寫的：「擊秦軍於宜安，大破秦軍，走秦將桓齮。」可惜的是，史書對這場精彩的戰鬥沒有很多的記錄，這是因為秦統一中國後，把六國史書全燒了，因而具體的詳情被湮沒了。以筆者的看法，李牧殲滅秦軍的數量，至少在十萬人以上。因為桓齮遭此慘敗後，不敢回秦國，隻身逃往燕國，並改名為樊於期。以秦國法律，臨陣叛逃乃是死罪，桓齮曾消滅十萬趙軍，倘若他的傷亡沒超過十萬人，何至於畏罪潛逃呢？

宜安大捷，使趙國避免成為第一個被滅亡的國家。李牧力挽狂瀾，拯救了岌岌可危的趙國，並收復許多失地。鑒於他出色的表現，趙王封他為「武安君」，這個名號曾經屬於戰神白起，而李牧就是趙國的戰神，他配得上「武安君」的封號。

秦王嬴政對失敗是零容忍。

第二年（前二三二），秦軍捲土重來，兵分兩路進攻趙國。李牧再顯英雄本色，他又一次不可思議地以弱勝強，打敗了入侵者。這次勝利的詳情，史書同樣略而不載。不過，儘管趙國兩度擊退強秦，付出的代價也極為慘重。據《戰國策》所記，此期秦、趙有過四次大會戰，「四戰之後，趙亡卒數十萬，邯鄲僅存」。趙軍的傷亡人數，只有平陽、武城一役有明確數字，戰死十萬人。以此推算，在其餘三戰，包括李牧挫敗秦軍的兩次會戰，趙軍損失不下十萬人。

代價慘重，然而李牧的橫空出世，打碎了嬴政的如意算盤，秦國不得不暫緩攻趙，把矛頭轉向韓國。

韓國在戰國七雄中實力最弱，早已風雨飄搖，成為第一個出局者，並不出乎意料。說是「七雄」之一，實則韓國早淪為小國，在秦國無休止的進攻下連連割地，國土面積愈來愈小。為了保存國家，韓王搞了些小手段，派間諜鄭國入秦，遊說嬴政興修水利，以此拖延秦軍的進攻時間。

只是，該來的終究會來。

韓國公子韓非被李斯等人陷害而死，韓王大為恐慌，急忙獻南陽之地給秦國。韓王要求並不高，只要能保住頭頂的王冠就行。然而，這是弱肉強食的時代，你越示弱，越容易被欺負，你後退一尺，別人要前進一丈。肉包子打狗，非但有去無回，反倒激起狗的食欲。

秦王嬴政有超越先王的雄心，他要「振長策而御宇內」，秦國已吞併二周，現在該是消滅諸侯的時候了。韓國不幸成為第一個出局者，他們送出的南陽城成為秦軍發動進攻的橋頭堡。

西元前二三〇年，南陽軍政長官內史滕發動滅韓之役。秦軍備戰充分，勢如破竹，風捲殘雲般橫掃韓國。東方諸侯們無一伸出援手，因為各國都自顧不暇，焉有興趣去管韓國的死活呢？在內史滕的猛攻下，韓國首都新鄭終於淪陷，最後一位韓王成為階下之囚，韓國成為三晉中第一個滅亡的國家。

滅韓之戰拉開秦國統一天下的序幕。金戈鐵馬、氣吞萬里如虎的戰國時代已進入尾聲，昔日勢均力敵的戰鬥場面已難看到，剩下來的是弱者抵抗強者的悲壯、淒涼的故事。唇亡則齒寒，韓國的滅亡，令趙國人有一種不寒而慄的恐懼。

滅韓後第二年（前二二九），秦國再度對趙國發動戰爭。

秦軍兵分兩路出擊，一路由大將王翦統率上黨兵團，進攻下井陘（今河北井陘）；另一路由大將楊端和統率河內兵團，進攻邯鄲城；同時秦國還出動一支機動兵團，由羌瘣率領，協助兩路大軍作戰。

有李牧在，秦國的計畫能得逞嗎？

秦國將領王翦與趙國將領李牧同被列為戰國後期四大名將（其他兩位為白起與廉頗），倘若兩人能在戰場上決戰，勢必是一場經典好戲。可惜的是，李牧沒有機會再顯其英雄本色，他不是被敵人擊敗，而是被來自背後的一把刀一擊致命。

趙國注定是一個悲劇國家，不乏名將卻屢屢自毀長城。先是在長平之戰中解廉頗之兵權，這次李牧下場更悲慘，死於政敵之手。在李牧之死中，秦國又一次扮演不光彩的角色，耍起反間計的陰謀。在秦國間諜的活動下，趙國又一次上演窩裡鬥的鬧劇。

關於李牧之死，有兩種說法。

其一是《史記》所載，李牧為郭開陷害致死。郭開是趙國歷史上著名的奸臣，他曾經陷害過廉頗，導致老將軍最終客死他鄉。李牧連卻秦師，威名遠揚，已嚴重威脅到郭開的地位。此時秦國間諜又在趙國大搞活動，讒陷李牧，遂使郭開痛下殺手。郭開誣陷李牧有謀反之心，年輕的趙王遷黑白不分，遂派使節至兵營，不經審判，當場拿下李牧，以謀反罪斬首示眾。

其二出自《戰國策》，仍然是奸臣所害，不過不是郭開，而是趙王身邊的寵臣韓倉。他除掉李牧的想法與郭開類似，以其威脅到自己的地位。趙王遷聽信韓倉之言，召回李牧。當時李牧由於長年征戰在外，手臂殘疾無法伸直，綁了一根木杖以固定。在酒席上，韓倉以李牧袖中藏有兇器為由，一口咬定他想行刺趙王，欲置其於死地。李牧這才明白自己中了他人的圈套，遂自殺身亡。

兩則故事雖有差異，有一點是確切無疑：李牧是死於奸佞小人之手。

李牧是趙國歷史上最偉大的名將，他的死，意味著趙國謝幕時刻的來臨。

秦軍所畏懼的僅李牧一人，李牧一死，對趙國的總攻隨即展開。

秦王嬴政頗有用人之明，他把滅趙的重任交給大將王翦。王翦是繼白起之後，秦國最出色的將領，他本是頻陽東鄉人氏，早年便對軍事產生濃厚的興趣，熟讀兵書，沉勇有大略。他曾在嬴政身邊當侍衛官，深得秦王信任。秦王嬴政十一年（前二三六），他率秦師伐趙，一舉攻陷軍事重鎮閼與城，並一鼓作氣連下九城，震驚天下。此役奠定了王翦在秦軍將領中「哥」的地位，在隨後的歷次戰爭中，他都被委以重任，充當急先鋒的角色。

李牧無罪獲誅，趙軍士氣凋零，將士們對秦國的入侵固然十分憤慨，對昏庸的國君又抱著無可奈何的失望。接替李牧出任總司令的趙蔥沒有能力肩負起保家衛國的使命，他孤注一擲與王翦決戰，在這次決戰中，趙國最後一支精銳部隊灰飛煙滅，趙蔥以死殉國。

王翦大軍一往無前，挺進趙都，包圍邯鄲。三十年前邯鄲保衛戰那一幕是否會重現？奇蹟還會再次來臨嗎？所有條件都不具備了。當年的趙國君臣團結，同仇敵愾；如今惡臣當道，奸佞橫行；當年有魏、楚為外援，如今東方諸國形同病貓，各自為戰，趙國已是孤立無援。李牧、趙蔥等將領死後，一向勇武善戰的趙國甚至都找不到合適的將領，邯鄲城的守將居然是一名外籍將領，此人名喚顏聚，乃是齊國人。

以城池堅固著稱的邯鄲城內已是人心渙散，幾乎沒有像樣的抵抗。在王翦的猛攻下，邯鄲淪陷，趙王遷被俘，曾經雄踞北方的趙國政權就這樣滅亡了。

吞併趙國對秦王嬴政有著重要的意義，他生於趙國，從小在邯鄲長大，這裡有他童年的記憶，儘管這些記憶並非那麼愉快。他迫不及待地動身前往邯鄲，當年被人追殺，如今他以征服者的身分回來了。他終於把邯鄲乃至趙國踏在腳下，他躊躇滿志，如同天神俯瞰天下。

自嬴政及其母親離開趙國後，由於秦趙兩國敵對，待在邯鄲的娘家親戚少不了受人欺辱，也只能忍氣吞聲。秦王嬴政走親訪友，把所有與娘家有仇的人都抓了起來，一概處死。其實他未必是個有情有義的人，這樣做，更多是為了展示自己手中無上的權力，所有人的生與死都操在他一人之手。

韓、趙的滅亡，敲響了東方諸侯的喪鐘。

秦王嬴政奮六世之餘烈，邁出一統天下的實質性步伐，一個全新的時代即將到來。想當年，秦國被晉國死死壓制在黃河以西，無法向東逾越一步。秦孝公立志變法時，也只不過想贏得東方諸侯尊重罷了。以尚武精神著稱的秦武王，其雄心壯志也不過是「通三川而窺周室」。一方面是秦國不斷強大；另一方面也是東方六國碌碌無為，遂使力量對比更為懸殊，正因為如此，秦王嬴政才能把統一六國變為可能。

不過，統一之路並非一帆風順。

韓、趙雖滅亡，抵抗力量猶存。在若干年後，韓國故都爆發大規模的復國運動；趙國的殘餘力量更強，秦破邯鄲、俘趙王後，並未能佔領趙國全部土地，趙王遷的哥哥趙嘉率宗室數百人逃至代郡，登位稱王。趙嘉沒有繼續使用「趙」的國號，而是使用「代」為國號。為了對抗秦國，代王趙嘉遣使入燕，與燕國結盟，屯兵於上谷。

在東方六國中，燕國一直是比較低調而保守的。燕國與秦國並不接壤，故而從未遭到秦國的侵犯。趙國的滅亡，令秦的勢力直抵燕國邊境，一向安穩的燕國發現自己已成為秦國的下一個獵物了。

不錯，志得意滿的秦王嬴政要一鼓作氣消滅燕國，為自己的偉大事業錦上添花。滅趙功臣王翦接到秦王的指示，移師中山，兵臨易水河，為伐燕做準備。身為戰國七雄一員的燕國，在戰國歷史上並沒有多少可圈點之處，唯一例外是燕昭王時代樂毅伐齊取得偉大勝利。燕國的軍事力量並不強大，如今秦師如猛虎張開血盆大口，燕人豈不魂飛魄散嗎？怎麼辦？是坐以待斃，還是奮起反擊呢？

燕國太子丹決定賭上一把，他策劃一起驚天密謀：刺殺秦王！

三八、風蕭蕭兮易水寒

一個是秦國君王，一個是燕國太子。

他們本應是好朋友，不應是仇敵。倘若說嬴政一生有過什麼朋友，太子丹恐怕是唯一的一個。兩人是兒時最好的夥伴，嬴政是秦國人質子楚的兒子，太子丹是燕國在趙國的人質，難免同病相憐。誰又能料想得到，若干年後，兩人成為不共戴天的死敵。

十幾年過去了。嬴政成為秦國君王，燕太子丹仍舊是太子身分，而且又一次被當作人質送入秦國。太子丹本想著嬴政還會惦記孩童時結下的深厚友誼，可是他錯了，嬴政對他的到來非但冷漠，甚至有些許的敵意。更令太子丹感到難堪的是，他在秦國待一段時間後想返回燕國，秦王竟毫不給面子，一口拒絕了。

考慮到秦國下一步必要兼併天下，太子丹不能留在咸陽，他得想方設法逃回去。他不辭而別，隻身潛逃，歷經坎坷，終於回到了燕國。人質逃跑是很嚴重的外交事件，燕太子丹已然表明立場，無異於對秦國宣戰。這兩個曾經的好友，已是誓不兩立的敵人，不是你死，便是我亡。

燕是弱國，秦是強國，弱者怎麼殺死強者？太子丹只能採用非常規手段，行刺秦王。要行刺萬乘之君談何容易！秦王守衛森嚴，別說行刺，連接近的機會都十分渺茫。有哪個刺客敢接下這種不可能的任務呢？

先秦有個說法，「燕趙多慷慨悲歌之士」，燕、趙都是屬北方國家，性情慷慨，富有犧牲精神。太子丹物色了一個江湖著名俠士，名叫田光，向他傾吐心聲，希望能得到他的幫助，完成刺殺秦王的大業。田光面有難色，並非他貪生怕死，而是年齡大了，不復有當年驍勇，恐不能勝任。

他向太子丹推薦自己的好友荊軻。

論及武功，荊軻絕非頂級刺客，但他的勇氣彌補了武功的不足。荊軻是齊人，後曾遊歷趙國，與當時武學大師蓋聶、魯句踐有過交流，只是他為人有些傲慢，不肯虛心學習。刺殺秦王屬於高度機密，田光把荊軻推薦給太子丹後，為保守這個機密，他選擇自殺，一個死人絕對無法洩密。

對於一個從不過問政治的遊俠，荊軻對刺秦一事並沒有興趣，他之所以答應太子丹，只是因為田光。田光把命都豁出去了，他荊軻就算不為太子丹，也得為老朋友去完成這項使命。

要如何刺殺秦王嬴政呢？

首先必須接近他，否則免談。如何接近秦王？荊軻提出送去兩份厚禮，有兩份厚禮，秦王定會接見他，他便有機會下手。這兩份厚禮，其一是燕國督亢地圖，其二是樊於期的人頭。

樊於期是誰呢？他就是秦國大將桓齮。自從桓齮被李牧大敗後，不敢回秦國，改名換姓，流亡到了燕國。太子丹知道樊於期頗有軍事才華，便暗中收入麾下。不過，這是一件十分危險的事，秦王嬴政正發令天下，通緝樊於期。荊軻對太子丹說，想要接近秦王，必須要借樊於期的人頭一用。

人頭是可以借的嗎？這個條件，太子丹無法同意。既然收容了樊於期，怎麼能把他的腦袋當作利用的籌碼呢？

沒有樊於期的人頭，荊軻連秦王的影子都瞧不見，如何行刺呢？他四處打聽，得知樊於期叛逃後，秦王嬴政滅其三族，包括他的父母、妻兒都慘死。也就是說，樊於期與秦王嬴政之間，有著血海深仇。荊軻決定繞開太子丹，親自去找樊於期。

見到樊於期後，荊軻以同情的語氣說：「秦國對待將軍，真是太殘忍了，您的父親、宗族都被處死。不僅如此，秦王還以黃金千斤，封戶萬家求購將軍的首級。您打算怎麼辦？」

樊於期淚流滿面：「每當想到這件事，我就痛入骨髓，只是想不到報仇的辦法。」荊軻又說：「我有一個辦法，既可以解除燕國的禍患，又可以為將軍報仇雪恨，將軍意下如何？」

樊於期趕忙詢問，荊軻想了想，咬牙說道：「我想把將軍的首級呈獻給秦王，秦王接見我時，我左手揪住他的袖子，右手持匕首猛刺其胸，除掉這個暴君，為將軍報仇，為燕國雪恥。將軍意下如何？」

要取人家項上人頭，還問意下如何，荊軻很瘋狂。刺殺秦王是一個近乎瘋狂的事，瘋狂的事要由一群瘋狂的人來做。荊軻是瘋狂的人，田光、樊於期也是瘋狂的人，他們毫不吝惜人頭，似乎自己是有九條命而非一條。

樊於期平靜地說：「我日日夜夜想著報仇，咬牙切齒，連心都碎了。今天有幸得先生賜教，後事就拜託您了。」說罷引刀自刎。

太子丹獲悉噩耗，匆匆趕來，撫屍痛哭。事已至此，只得依了荊軻，把樊於期腦袋砍下來，用匣子裝好。

晉見秦王的禮物備齊了，要殺死秦王，還得攜帶武器。武器不能太大，否則無法帶進宮裡，而且要鋒利無比，見血封喉。這件武器，太子丹已經準備好了，名為「徐夫人匕首」，乃是趙國名鑄劍師徐夫人所鑄，值百金。匕首在毒藥裡反覆淬浸，只要被輕輕劃一道刀口，便必死無疑。太子丹還給荊軻配備一名助手，名喚秦舞陽。此人乃是一介武夫，十三歲時就殺過人，武藝高強，身強力壯。

萬事俱備，荊軻應該動身出發了吧。

讓太子丹困惑的是，荊軻卻沒有西行的打算，仍然天天花天酒地。難道荊軻只是一個騙吃騙喝的江湖術士嗎？

秦軍已陳兵邊境，隨時可以朝發夕至，若不趕緊實施刺秦計畫，恐怕就來不及了。荊軻遲遲未動身，是在等一個朋友到來。這個朋友是誰，史書上沒有寫，但一定是個具有堅忍果敢性格之人。

太子丹催促道：「時間差不多了，您還不想動身嗎？要不然我先派秦舞陽去吧。」

荊軻一聽勃然大怒道：「您是什麼意思？去了卻無法完成任務，就只是沒用的小人一個罷了。揣著一把小匕首前往強大的秦國，很多事情是無法事先預料的。我之所以還待在這裡，是等待一個好朋友一同前往。既然太子認為我故意拖延時間，我這就走，在此跟您訣別了。」說罷，他打點行裝，帶上裝著樊於期人頭的匣子，一幅燕國督亢地圖，在地圖裡還藏有一把鋒利的匕首。

送別的一幕十分悲壯。

太子丹等人身穿白色衣帽，一路送至易水河畔。渡河後，在曠野上設宴為荊軻、秦舞陽餞行。每個人心裡都十分清楚，這是一次生離死別，無論荊軻刺秦王能否得手，都不太可能活著回來。送行者中有荊軻的好友高漸離，他以手擊筑，荊軻放聲高歌。起初是「變徵」音調，蒼涼而淒婉，聞者莫不落淚。

「風蕭蕭兮易水寒，壯士一去兮不復還！」

簡單的一句歌詞，卻有訴不盡的故事。英雄怎麼能留戀生，留戀兒女情長呢？為義而慷慨赴死，不是男兒本色嗎？高漸離陡然變調為「羽」，擊筑聲高亢有力，慷慨激昂，荊軻的歌聲由蒼涼變得充滿戰鬥激情，氣沖霄漢。

再好的音樂，也有停止的時候。高漸離與荊軻合奏的千古絕唱，久久迴蕩在易水河畔。荊軻與秦舞陽二人跳上馬車，頭也不回，向咸陽疾馳而去。不論此行結局如何，他們的名字都會永載史冊。

雖說荊軻所帶去的兩件禮物無價，但秦王會不會接見，誰也無法打保票。為了確保刺殺計畫得以執行，荊軻到了咸陽後，花了一大筆錢賄賂秦王的寵臣蒙嘉，再三強調燕國的禮物極為貴重，必須親自交給秦王。

蒙嘉收了錢財後，入宮對秦王說：「我大軍壓境，燕王不敢抵抗，願舉國投降當秦國的臣子。為表誠意，燕國砍下樊於期的首級，同時獻上督亢地圖，派使者前來，就等著大王的召見了。」秦王聽罷大喜，當即下令，在咸陽宮接見燕國使者。

幾天後，秦國君臣齊聚咸陽宮。秦王嬴政臉上露出得意的神情，很快他就要宣佈燕國不戰而降的消息。他一點也沒有意識到危險的臨近，從宮門到大殿外，站著一排排手執長戟的武士，這是天底下戒備最森嚴的地方，誰能相信這裡會有刀光之災呢？秦王傳令：宣燕國使者進殿。

荊軻與秦舞陽一前一後，緩緩而行。荊軻手中捧著一個匣子，匣盒已打開，裡面安放的是樊於期的腦袋；秦舞陽手中則捧著燕國地圖，地圖也用一個長形匣子裝著，在地圖軸卷裡，是一把見血封喉的匕首。他們每前行一步，就是接近死亡一步，每前行一步，都要承負著巨大的心理壓力，這種壓力，足以讓一個正常人為之精神崩潰。

在壓力面前，最可看出人的內心是否真正強大。

秦舞陽十三歲便殺人，被公認為燕國勇士，但是他的怯意已寫在臉上。每一級臺階彷彿都是難以逾越的障礙，都要用盡全身的氣力才邁得上去。他感覺手腳發軟，寒意襲來，身體失控一般地顫抖著。

與秦舞陽相比，荊軻神色自若，步伐沉穩而有力，不曾有過一絲慌亂。「泰山崩於前而色不變」，這是形容一個人沉著冷靜、遇事不慌，是內心強大的寫照，荊軻就屬於這樣的人。他從容不迫地走向大殿，已經可以看到坐在大殿之上的秦王嬴政。他仍然保持冷靜，走入殿中，獻上樊於期的人頭。

就在這時，站在殿門之外的秦舞陽臉色大變，冷汗淋漓，捧著地圖盒子的雙手在顫抖。一個人，不論平素如何驍勇，在面對即將到來的死亡時，絕少能真正做到若無其事。我們不能說秦舞陽是個膽小的人，他的表現只能說是人之常情。

相較之下，荊軻的表現，則是超越世間凡人，難怪乎其事蹟能傳頌數千年之久。

秦舞陽的異常表現險些壞了大事，所幸的是，荊軻以聰明的方式掩蓋過去了。他面含笑容向秦王解釋說：「這位是來自北方的粗野鄙人秦舞陽，他沒見過天子，心裡害怕緊張了，大王切莫見怪。」秦國君臣們聽罷不禁哂然一笑，心裡都有幾分得意，說明今天的排場夠大、夠氣派。

在此之前，一切都按原計劃進行。到了最關鍵時刻，秦舞陽壞了事！鑒於他慌張異常的表現，荊軻只能把他留在大殿之外，刺殺秦王的任務，完全落在荊軻一人身上。

荊軻接過秦舞陽手中的匣子，取出地圖，雙手高高捧著，向秦王嬴政獻圖。

秦王莊重地坐在大殿之上，前面擺放一張案几。荊軻捧著地圖，慢慢走到秦王之前，在案几前跪下後，將地圖置於案上，緩緩展開。只見圖上畫滿燕國山川河流的記號，真乃無價之寶。秦王正打算仔細看時，突然間，一道刺眼的光芒閃出，圖窮而匕首現，在地圖裡居然藏著一把鋒利無比的短刀！誰也沒想到會有突如其來的變局。大家才看到一把亮閃閃的刀，還沒反應過來，荊軻已把匕首操在手中，另一手抓住秦王的衣袖。秦王嚇壞了，他本能把身子往後一仰，把雙臂往後一縮，被荊軻抓住的那截衣袖給扯斷了。可以說，是案几救了秦王，因為小桌子的隔擋，讓他躲過了荊軻最有威脅的第一擊。

荊軻有武器，但匕首太小，一定要近距離攻擊才能擊中。大殿之上，目瞪口呆的大臣們誰都沒武器，只有秦王嬴政自己有一柄佩劍，這柄佩劍太長了，秦王拔了幾下都沒拔出來。劍沒拔出來，荊軻已跳過案几，猛追過來。秦王撒腿便跑，往哪跑呢？殿裡有幾根大柱子，他繞著柱子跑，荊軻邊追邊戳，但都沒刺中。

倘若不是秦舞陽臨陣膽怯，兩個打一個，秦王嬴政無論如何也難逃一劫。只是任何一微小的細節都可能改寫歷史，沒有這些細節，歷史就沒有真實性了。

秦王繞著柱子跑，荊軻繞著柱子追，其他大臣在下面嚇得沒有人色，誰也沒敢挺身而出，因為誰身上都沒有帶武器。有一位侍醫，名喚夏無且，他往身上一摸，腰間別著一個藥囊，趕忙扯下來，朝荊軻身上擲去。荊軻見有暗器飛來，一閃身躲過，但是別小看這一眨眼的時間，因為荊軻這一遲滯，秦王得以把劍拔出來了。

長劍是別在腰間的，習慣性的拔劍動作，當然是右手按住劍柄，從右上方拔出。不過秦王繞著柱子跑，身體本就前衝，手臂也不舒展，右手要從右前方拔劍就十分困難。有大臣大喊：「王負劍，王負劍。」

古文就是有古文的妙處。「王負劍」僅三個字，現在要十幾個字才能表達，意思是：大王從背後把劍拔出來。那一刻，時間就是生命，能用三個字表達的，絕不用十個字。秦王趁荊軻躲避藥囊那片刻時間，把劍推向背後，右手往肩後一抄，抓住劍柄，向上一拉，利劍出鞘了。

在我們印象中，刺客都是武功深不可測的奇俠，其實不然。歷史上許多著名的刺客，武功平平，他們之所以名揚天下，靠的乃是勇氣而不是武功。荊軻的武功很一般，他既不懂得空手入白刃的功夫，也不會降龍十八掌之類的套路。他用匕首對抗長劍，馬上落入下風，被秦王一劍砍在左腿上，一個踉蹌，摔倒在地。

出其不意的襲擊，他未能擊中秦王；以匕首對徒手，他沒能抓住秦王；如今他身中一劍，自知沒機會了，只能把匕首奮力向秦王擲去，只要鋒利的刀鋒在皮膚上劃出一絲血跡，秦王也會中毒身亡。只可惜，投出的匕首沒飛向秦王，而是飛向銅柱，「哐噹」落地。秦王乘機衝上前，在荊軻身上連刺八劍。

荊軻坐在地上，渾身血流如注，衝著秦王慘笑道：「我之所以失手，是想要把你生擒，逼迫你簽訂條約。」或許我們可以這樣猜想，在行刺的那一刻，荊軻仍持有僥倖的心態，若是劫持秦王可能是雙贏的結果，也是他唯一能生還的機會。只是，幸運之神並沒有眷顧他，刺秦行動最終以悲壯的方式失敗了。

勃然大怒的秦王喚來衛兵，把荊軻亂刀砍死。

荊軻刺秦王是中國歷史上最著名的刺殺案，最終以失敗告終。

這是一次策劃嚴密的刺殺行動，整個計畫幾乎滴水不漏。為了這個計畫，前後死了許多人，包括田光、樊於期、荊軻、秦舞陽等人，犧牲巨大，可惜最後功虧一簣。後世詩人陶淵明曾這樣歎息道：「惜哉劍術疏，奇功遂不成。」把刺秦失敗的原因，歸之於荊軻劍術水準欠佳。我們歌頌荊軻以弱擊強、刺萬乘之君若刺褐夫的大無畏精神，同時也應看到，即便刺殺秦王嬴政，燕國也無法挽回敗局，秦國的強大並非嬴政一人之原因，而是數代上百年積累的結果。

從現實的角度看，荊軻刺秦王是無意義的冒險；但從文化的角度看，則有極為深遠的影響，他成為一個反抗暴君、反抗暴政的文化符號。後世文人寫了大量詠荊軻的詩篇，列舉一二如下：「此地別燕丹，壯士髮衝冠。昔時人已沒，今日水猶寒。」（駱賓王《易水送別》）「陶潛詩喜說荊軻，想見停雲發浩歌。吟到恩仇心事湧，江湖俠骨恐無多。」（龔自珍《己亥雜詩》）

刺秦的失敗，直接導致秦對燕國的用兵，加速了東方諸侯的覆滅。

三九、東方諸侯的覆亡

咸陽宮遇刺，是秦王嬴政一生所經歷過的最為凶險的一幕。這使他更加相信，自己的敵人太多了，如果不滅掉東方諸國，他將永無安寧之日。韓、趙的歷史已被終結，秦國戰車滾滾向東，要碾碎每一寸反抗的土地。

（一）燕、代的滅亡

燕國是「刺秦案」的始作俑者，理所當然成為秦王嬴政的首個報復目標。儘管秦王被荊軻的驚天一擊嚇得肝膽俱裂，但他並非一無所得，他得到了一張珍貴的燕國地圖，有了這張地圖，要拿下燕國就容易多了。

西元前二二七年，駐紮在燕國南部邊境線上的秦軍部隊在王翦、辛勝的統領下，越過國境，進攻燕國。燕王情知這一戰無可避免，遂與代王趙嘉聯合，試圖阻擊秦國於易水河西。在強大的秦軍團面前，這條防線形同虛設，很快被王翦擊破。代王趙嘉北遁，游擊於窮山惡水之間，燕師則東撤以避敵鋒芒。

經數月掃蕩，王翦已兵臨燕都薊城之下。老邁的燕王無心戀戰，把首都守備交給太子丹，自己遠走遼東。太子丹本非雄才偉略之人，如何對付如狼似虎的秦軍？很快薊城失陷，太子丹只好帶著殘兵敗將，向遼東方向撤退。秦軍悍將李信親自率數千騎兵，一路窮追猛打，追擊太子丹至衍水河畔。此時燕、代高層均認為戰爭完全是太子丹策劃暗殺秦王引起，只要太子丹不死，秦軍便不會停止進軍。在眾人的壓力之下，燕王只得含淚處死太子丹，持其頭顱向秦國請和。

太子丹的人頭讓燕、代兩國多苟延殘喘四年，然而，該來的總是會來的。西元前二二二年，魏、楚先後滅亡後，秦王嬴政把剷除燕、代政權的重任交給王翦的兒子王賁。虎父無犬子，王賁不負所望，對燕國的殘餘力量發動雷霆一擊，一舉攻陷遼東，俘虜燕王喜，燕國滅亡。緊接著，王賁揮師入代，勢如破竹，擊破殘趙兵團，俘虜代王趙嘉，趙國之流亡，代政權亦宣告瓦解。

（二）魏國之亡

秦滅魏之戰，毫無懸念可言。

自魏安釐王及信陵君死後，魏國國力一落千丈。西元前二四二年，秦國大將蒙驁攻魏，取二十座城，置為東郡。四年後，秦國大將楊端和連克垣、蒲陽、衍氏諸城，進逼魏都大梁，魏王只得割地投降。此時的魏國國土，僅剩下大梁城及周邊一些地方而已。

西元前二二五年，秦將王賁揮師入魏，圍攻大梁城。這座戰國時代著名的城堡堅持了三個月之久，為了攻破大梁，王賁決黃河及大溝水淹城。魏軍為最後的榮譽而戰，最終城牆在洪水的浸泡下轟然倒塌一段，秦軍乘機殺進城，俘虜並殺死魏王，魏王的小兒子去向不明。

斬草務必除根。秦王嬴政下令：「有捕獲魏公子者，賞金千斤；敢於藏匿者，誅九族。」乳娘帶著魏公子逃往沼澤地，最終仍被舊臣出賣。秦軍追至沼澤，包圍魏公子所在的茅屋，亂箭齊發。乳娘身中十二箭而亡，仍未能保住魏王之血脈，小公子被射殺後，又被砍下頭顱、拿去請賞了。

繼韓、趙之後，三晉中碩果僅存的魏國也被輕輕從地圖上抹去。

（三）楚國之亡

在秦滅六國之役中，除了趙國之外，楚國是最硬的骨頭。楚國是軍事大國，卻難稱軍事強國。在最鼎盛時，楚國曾經擁有一百萬軍隊，但是對外戰爭表現平平。俗話說，「瘦死的駱駝比馬大」，楚國雖是瘦死，國土仍相當遼闊，軍隊數量也很龐大，要打敗它容易，要征服它並不容易。

西元前二二六年，在秦將王翦、李信發動伐燕之戰的同時，秦王嬴政派出一支部隊，由王賁指揮，對楚國發起試探性的進攻。王賁有乃父之風，驍勇善戰，連破楚城十餘座，威震大江南北。王翦、李信班師回朝後，秦王決定一鼓作氣，滅掉楚國。

滅掉楚國需要多少兵力呢？

少壯派將領李信說：「只需二十萬就夠了。」老成持重的王翦卻答說：「非得六十萬不可。」秦王一聽，老傢伙老矣，不求進取，看來伐楚之戰得讓勇猛過人的李信指揮。王翦意識到秦王對自己已產生不信任感，索性急流勇退，以疾病纏身為由，申求退休。秦王順水推舟，同意王翦的辭呈，解除其兵權。李信被任命為伐楚兵團總司令，名將蒙驁的兒子蒙武為副將，領兵二十萬，殺氣騰騰地猛撲楚國。

楚軍的戰鬥力果然低下，在李信兵團的打擊下，潰不成軍。秦軍連戰連勝，兵分兩路，李信進攻平輿，蒙武進攻寢丘，兩路大軍都捷報頻傳。李信挾勝利之威，進攻新郢都（壽春），並一鼓作氣奪下來。

表面上看，楚師大敗，秦軍凱旋在望。然而，不久後，李信開始力不從心了，因為楚國士兵太多了，殺了一批又冒一批出來；楚國土地太大了，佔了這一片土地，放眼望去還有無垠的土地。二十萬人根本不夠用！只要楚國不投降，總有一天，秦軍會被拖垮的。原本信心滿滿的李信開始動搖了，是繼續向東挺進，還是向西撤退，收縮戰線呢？為了確保安全，他決定後撤，與蒙武的部隊會師，再作定奪。

李信想後撤，楚軍正醞釀著反擊。領導楚軍反擊的人，可能是項燕，他是戰國歷史上少數可值一提的楚將，也是蓋世霸王項羽的祖父。李信做夢也不會想到，被打得落花流水的楚軍居然還能展開強有力的反攻。當一個國家陷入生死存亡之時，愛國主義精神總能激發出前所未有的潛能。楚軍連破李信與蒙武的營壘，秦軍死傷無數，僅是都尉級的高級軍官便被殺七人。

李信吹牛也吹得忒狂妄了，以為區區二十萬之眾可以踏平楚國，最後只得自取其辱，灰頭土臉地敗退回國了。

慘痛的失敗終於令秦王嬴政清醒了。

薑還是老的辣，打仗不是憑一時之勇，而是「多算勝，少算不勝」，王翦比李信保守，是因為他「算」得更多。看來滅楚一事，還得請老將軍王翦出來才行。秦王親自跑到頻陽王翦家中拜訪，希望他擔負起滅楚的重任。

王翦推託身體有病，不願意重出江湖。為什麼呢？他有自己的擔心。自統一六國之戰拉開帷幕以來，王翦、王賁父子伐趙、攻燕、破魏，功勳遠在他人之上。該有的名譽都有了，功勞越大，權力越大，只會令君王猜忌心、防患心更強罷了。可是，「武皇開邊意未已」，王翦遇到的是妄想征服世界的野心家，只要天下尚未平定，秦王是不可能把他擱在一旁的。

秦王嬴政斬釘截鐵、以不容反駁的語氣說：「這事我決定了，將軍不必多說。」這種說話的口吻，就如同當年秦昭王對白起的最後「通諜」。白起的下場，王翦是曉得的，因此他除了接受任命，別無辦法。

逃是逃不開的，王翦便說：「若定要用老臣，非六十萬人不可。」沒問題，就算是死六十萬人，秦王也不會放在心上。

王翦重披戰袍。在戰國諸名將中，王翦是最聰明的人之一，他不但會打仗，也善於保全自己。一名將軍，在戰場上是一柄利劍，是君王豢養的獵犬，等到哪天不用了，就是「兔死狗烹」，這也是中國歷史上所常見的。大家想想，王翦手握六十萬軍隊，要是造反，秦王能吃得消嗎？因此，秦王表面上重用王翦，心裡卻又不能不防著，這是君王的矛盾心理。

若王翦在前線賣力作戰，背後有人誣他造反，秦王就算不信也得信。君王寧可錯殺，也不願自己冒風險。

臨出征前，王翦提了一個特別的請求：他看中了一些良田大宅，希望秦王賞賜給他。秦王不禁大笑，你若滅了楚國，還怕沒有豪宅可住嗎？他對王翦這樣的請求感到不可思議。軍隊出發後，王翦竟不死心，先後派五人，到秦王那兒落實封田賞地的事。

老將軍怎麼這樣小心眼？部將們也很納悶。王翦對眾人說，秦王多疑，又把舉國之兵交給我，豈能不猜疑、提防我？我討取田宅，作為子孫的家業，是表明我志止於此，沒有野心。眾人聽了皆大服，這就是所謂「求田問舍」的政治智慧。

西元前二二四年，秦軍再度殺入楚國。

遭到秦國多次打擊後，楚國的兵力遠比入侵者人數少。王翦手握六十萬大軍，並不長驅直入，而是穩紮穩打，步步為營，推進到平輿一線。楚王負芻與大將項燕且戰且退，他們都明白，最終還是避免不了一戰。與其被動決戰，不如主動求戰，這一戰將直接關係到楚國的生死存亡。

王翦仍舊不慌不忙，部將們都主動請纓，老將軍不批准，只是構建漫長防線，只守不攻。項燕派軍隊前來叫陣，王翦不予理睬，只令士兵們輪流休整，以保持旺盛的鬥志與體力。楚軍求戰不得，統帥卻做出一個致命的決定：放棄與秦軍對峙，悉數東撤。原本楚軍將士做好拼死一戰的準備，現在還沒開打，突然便要撤了，難免引起軍心動搖。王翦覷準了機會，果斷下令出擊。

雙方在蘄南展開決戰，以逸待勞的秦軍大獲全勝，在此役中俘虜楚王負芻，楚軍遭到毀滅性的打擊。

若是換成別的國家，國都被端了，國君被俘了，早就舉旗投降了。然而，在存亡時刻，楚國忽然迸出勇敢的火花，大將項燕迎回昌平君，立為楚王，抗戰的旗幟仍迎風飄揚。

昌平君本是楚國公子，因楚國內亂逃往秦國，在秦平叛嫪毐之亂時曾立過功。西元前二二六年，被秦國滅亡的韓國掀起復國運動，昌平君似乎參與了這次運動。韓國復國運動被秦國鎮壓下去後，昌平君輾轉回到楚國，參加反秦戰爭，被項燕立為新的楚王。殘餘的楚國抵抗力量在昌平君、項燕的領導下，在淮南繼續抗秦。不過，這種抵抗象徵意義大於實際意義。在秦軍的步步緊逼下，他們的處境日益惡化。

西元前二二三年，王翦、蒙武對項燕殘餘兵團發動大規模圍剿。這也是楚國最後一次抵抗，最終難逃全軍覆沒的下場。在這場戰事中，楚王昌平君力戰而死，至於項燕，有的史書稱他是自殺而死，有的史書稱他被秦軍俘虜後處死。項燕死後，他的兒子項梁、孫子項籍逃走了，浪跡天涯，後來成為反秦戰爭的重要人物。

（四）齊國之亡

東方六雄中的韓、趙、魏、楚、燕先後敗亡，山東諸侯中碩果僅存的只有齊國。齊國之所以比其他諸侯國活得久一點，只是因為它的地理位置最東。

自從樂毅伐齊後，齊國便從頂峰重重跌落，甚至險些亡國。田單復國後，兩任齊王不思進取，對外奉行不結盟政策，從不參加東方合縱運動，以避免激怒秦國。齊國既「不助五國攻秦」，同時又「不修攻戰之備」，擺樣子是想當個永久中立國。儘管這一政策頗為消極，卻為齊國謀得四十多年的和平。

問題是，齊不助五國攻秦，不等於秦國不會來攻。眼看東方其他五國都被消滅了，中原只剩下一個超強秦國與一個弱小的齊國，齊王還能有機會與秦王平起平坐嗎？當然不可能！

齊國宰相后勝本就是個親秦派，他建議齊王建，不如直接到咸陽朝見秦王，當個附庸國，這樣國家還是保得住的。齊王建又不是什麼英雄人物，聽完後深以為然，便準備動身前往咸陽。豈料守衛首都雍門的司馬發動兵變，阻止齊王前往投降的企圖，沒辦法，齊王只得龜縮在臨淄城內。

此時，秦王派遣使者陳馳入齊，許諾齊王建：若不戰而降，將封賞五百里之地。對於齊王來說，有五百里之地養老，比起其他諸侯王也算幸運了。此時再不降，更待何時？他不顧眾人的反對，一意孤行，舉國投降。秦軍兵不血刃開進臨淄城，東方最後一個諸侯宣告滅亡。

齊王建的下場真的比其他諸侯王要好嗎？並非如此。

正所謂「臥榻之旁豈容他人酣睡」，齊王不死，秦王不安。狡詐的秦王耍了花樣，他把齊王流放到一片荒涼之地，此處沒有人煙，只有松樹與柏樹，至於有沒有五百里，鬼才知道。這就是所謂的封地，齊王建在這片近乎原始的叢林中，沒得吃沒得穿，活活餓死。早知如此死法，倒不如脖子來上一刀痛快呢。

從西元前二三〇年秦滅韓國，到西元前二二一年秦滅齊國，滅六國之戰總共只用十年，可以說是摧枯拉朽。

這是中國歷史上第一次真正意義上的統一。

一個強大的帝國在戰爭的廢墟上誕生了。此前的夏、商、周三代都是諸侯分封制，中央政權相對來說是比較脆弱的，這也是列國征伐不休的原因。那麼這個新帝國將採用什麼辦法，保持中央高度集權呢？雄才偉略的秦王嬴政，將如何深刻影響中國未來的政治制度呢？

四十、始皇帝及其帝國

秦從一個周的附庸國開始，歷時數百年，最終取代周室，掃滅群雄，一統中原，其事業不可謂不偉大。秦的興起，見證了春秋戰國時代經濟、政治制度、軍事技術的迅猛發展。先前的夏、商、周三代，雖有統一之名，但無統一之實，原因很簡單，以當時的經濟、技術條件，中央政權無法長期、大規模對外用兵，故而地方之實權操諸諸侯之手，諸侯有自己的財政權與軍隊，足以同中央政權分庭抗禮。到了秦統一六國之時，秦之軍隊，可以有效地對數千里之外的反叛力量發動毀滅性的打擊，這背後顯然有經濟及技術進步之支援。

統一六國，是嬴政最偉大的事業，在他之前，沒有人取得過如此輝煌的成就。然而，這功勞又不獨嬴政一人所有，而是與他之前的諸位明君的奮鬥分不開，只是嬴政比較幸運，站在前代偉人的肩膀上，以高屋建瓴之勢，沖決天下。運氣固然重要，個人能力也不可低估。嬴政即位後，內有呂不韋擅權、嫪毒之亂，外有荊軻之刺殺，亦可謂如履薄冰。他意志堅強，以強有力的手段維繫獨裁；他知人善任，善於納諫。鄭國本韓之間諜，他能不計前嫌，終開通鄭國渠，造福關中；李斯本一客卿，他能拋棄成見，廢除逐客令；王翦為一代名將，他能委以重任，知錯便改，亦可襯其胸襟。

六王畢，四海一。其他王都不在了，只剩下一個秦王。

「王」這種尊號，對嬴政來說，實在太小了，不足以襯其大。自己的成就，超過夏、商、周任何一位王，怎麼還可以用「王」的稱呼呢？說白了，他的虛榮心在作祟。他把丞相、御史、廷尉等高級官員召來，說道：「寡人以眇眇之身，興兵誅暴亂，賴宗廟之靈，六王咸伏其辜，天下大定。今名號不更，無以稱成功、傳後世，其議帝號。」

在嬴政看來，更改尊名是為了「稱成功、傳後世」，他要的不僅是今世的名，也要讓後世傳頌其不朽的、偉大的業績。孔子不是說要「正名」嗎？似乎沒有尊號，他的偉大將很快被遺忘似的。

要用什麼新的尊號呢？自有一群刀筆吏絞盡腦汁，當作一項重要政治任務來抓。丞相王綰、御史大夫馮劫、廷尉李斯親自參與，討論來討論去，最後選了一個名字：泰皇。泰皇是什麼意思呢？中國古代有「三皇五帝」的說法，其中「三皇」是哪三皇，有不同說法，一種說法認為是天皇、地皇、泰皇。泰皇就是人皇，人中之最尊貴者。

這群馬屁精上表，吹噓秦王「德兼三皇，功蓋五帝」，宜上尊號為「泰皇」。秦王一聽，有些不太滿意，他親自改了一個字，保留「皇」字，加一個「帝」字，合稱「皇帝」。這一改動，使「皇帝」這個稱號沿用了兩千多年，也算是嬴政對中國政治文化的一個貢獻吧。

嬴政是第一個皇帝，故而稱為「始皇帝」，又稱「秦始皇」。在秦始皇看來，他的帝國將萬世不滅，以後的皇帝，就叫秦二世、秦三世，乃至千世、萬世，傳之無窮。

新的帝國，萬象更新，不僅尊號要改，其他稱呼也要改。皇帝發的命令要稱為「制」或「詔」，以前「命」與「令」是不同的，「命」是發佈與制度有關的政令，故改稱為「制」或「制書」；「令」是皇帝昭告天下的文書，故稱「詔」或「詔書」。皇帝自稱為「朕」，這個字別人統統不能用。其實，在先秦，「朕」相當於今天的「我」，誰都可以用，自秦始皇後，「朕」便成了皇帝專用詞。

當然，皇帝不可能一個人管國家，他需要一幫大臣。定完皇帝尊號後，便定百官之制。皇帝之下設三公：丞相、御史大夫、太尉，分管政務、監察、軍事，是中國特色的三權分立。三公之下設九卿，分別是：奉常、郎中令、衛尉、太僕、廷尉、典客、宗正、治粟內史、少府。這就是「三公九卿」，對後世官制產生重大影響。

新帝國爭議比較大的一件事，是要採取分封制，還是採取郡縣制呢？丞相王綰與廷尉李斯在這個問題上見解不同。

王綰認為：「燕、齊、楚等地距離較遠，倘若不設置封王，難以統治，應該立諸皇子為王，坐鎮遠疆。」

李斯則批駁說：「周王朝成立時，文王、武王大肆分封子弟，隨著時間的推移，封王們的後代血緣愈加疏遠，互相攻擊，如同仇敵，諸侯混戰，天子沒辦法禁止。如今賴陛下神明，一統海內，四海之地皆為郡縣，至於諸皇子以及功臣，只要從國家賦稅中拿出一部分賞賜就足夠了。如此一來，天下就沒有人對朝廷有異心，這是安邦寧國之術，不應該再分封諸侯。」

在這一點上，秦始皇亦頗有主見，他說：「天下初定，又復立國，是樹兵也，而求其寧息，豈不難哉！」於是同意李斯，仍保留郡縣制，廢除分封制。

改分封諸侯制為郡縣制，加強了中央集權，無疑是制度之一大創新。不過，這種制度也不能稱得上盡善盡美，不久後便暴露出巨大的問題。當地方叛亂興起時，地方官吏對朝廷的忠心，顯然比不上自家子弟。作為一種新的制度，郡縣制避免了諸侯分封帶來的相互殺伐以及中央政權的旁落，但是這畢竟是嶄新的制度，對可能到來的危險，非朝廷所能預見。後來漢取代秦，索性採取分封與郡縣的混和制度，這種制度仍然有問題，導致後來七國之亂，地方諸侯與中央的戰爭。漢武帝推行「推恩令」，把封國最大程度弱小化，諸侯不復成為朝廷的威脅，不過仍未能徹底解決問題。由於封國太弱，又致使王莽篡漢時，朝廷沒有藩王作為外援，最終覆滅。其實，這裡所涉及的問題，已經不是秦始皇推行郡縣制是否合理，而在於君主專制的國家有一道邁不過去的坎，這是一個很複雜的問題，這裡就略過不提了。

秦國將全國分置為三十六郡，後來陸續征服一些新的土地，再置四郡，共四十郡。每郡主要長官有郡守（掌政務）、尉（掌軍事）、監（掌監察）。郡以下設縣，萬戶以上的縣設縣令，萬戶以下的縣設縣長。郡、縣長官均由皇帝直接任命，不設世襲。

秦統一中國後，實施統一的貨幣、度量衡、文字標準，此舉意義重大。

在春秋戰國五百多年的歷史裡，由於諸侯林立，爭戰不休，各國都發行自己的貨幣，樣式五花八門，大小、輕重各不相同，給不同地區間的貨幣流通交換造成極大的麻煩。古代貨幣與今天不同，金、銀、銅、珠玉、龜貝等都曾具有貨幣職能。秦統一後，只保留兩種，即黃金與銅，其中黃金為上幣，銅為下幣，其餘銀、錫、珠玉、龜貝等只作為裝飾品，不再具有貨幣屬性。銅採用的是方孔圓錢，每幣重半兩，又稱為半兩錢。秦國採用方孔圓錢的形式，成為後代中國銅錢的標準樣式，使用兩千年之久。

戰國時代各國的度量衡制也不同。各國都使用「丈」「尺」這些長度單位，長度卻各有差異。

秦國從商鞅變法開始，就推行全國統一的長度單位，故而秦國製造的兵器是比較標準化的。在一些內政相對混亂的國家，比如楚國，同樣「尺」的單位，在各地也是有不同的，這種標準化的缺失，也可看出這些國家不如秦國的一面。

與長度單位相比，量度單位的差異更大。秦以升、斗、斛為單位，齊國以升、豆、區、釜、鐘為單位，趙國以斗、升、分、益為單位等等。而同樣的「斗」「升」，在不同地區的實際容量也是不同的。重量單位同樣如此，五花八門，令人頭昏腦脹。

秦國製造標準度量衡器，推廣全國，根據現在的考古發現，表明秦國各地的度量衡器都是一致的，這種統一大大方便了百姓的日常生活，功德無量。

文字的統一具有深遠的意義。

戰國時代的文字就如同今日之方言，各個地方都不同。大家想想，這對普及文化來說，是一件何等困難之事。雖說文字出於同源，但寫起來都有所不同，不易辨認。秦始皇著令李斯等人以秦國文字為基礎，制定小篆，並寫成範本。小篆是由大篆演化而來，筆劃更加簡單而均勻，易於識別。為推廣小篆，李斯、趙高（中車府令）、胡毋敬（太史令）等人分別編寫《倉頡篇》《爰曆篇》《博學篇》以為範本。

文字是文化的基礎，統一文字，其功績是偉大的，其影響是深遠的。自秦以後，中國在兩千多年的時間裡分分合合，無論是統一或是分裂，「大一統」的思想深入人心，其重要原因就在於即便是分裂，文化也沒有分裂，文字也沒有分裂。文字作為思想文化的載體，文化又深刻影響經濟、政治的方方面面。因此，只要使用的文字相同，說的話相同，中國最終都會走向統一。統一後的中國，自然打破以前諸侯割據時的界線，道路交通也隨之得到迅猛的發展。秦王朝仍定都咸陽，在地理位置上偏西，在古代沒有電話、手機、網際網路這些通信工具的條件下，信息只能靠人來傳遞，因此道路必須要通暢快捷。

西元前二二〇年，秦政府以咸陽為中心，興修「高速公路」。秦時的「高速公路」稱為馳道，顧名思義，就是馬匹可以高速奔馳的通道。最重要的馳道有兩條：一條通往齊、燕，一條通往吳楚。秦的馳道，與今天的高速公路一樣，都是封閉式的，這樣馬車才能高速行駛。史料稱：「道廣五十步，三丈而樹，厚築其外，隱以金椎，樹以青松，為馳道之麗至於此。」就是說，馳道寬度是五十步，每隔三丈便有植樹，兩旁築起厚牆，還加有金屬物以堅固，兩側植種青松。這個工程不僅浩大，而且壯觀。

在咸陽以北，修有直道，直達九原郡，這也是秦重要的交通線。這條直道具有重要的軍事價值，全長一千多公里，用於防禦北方匈奴騎兵。一旦北方有警，秦的軍隊可通過直道快速抵達前線。如此浩大的工程，竟然是完工於兩千年前的秦國，這不由得令人欽佩秦人的雄心與智慧。

有了四通八達的道路交通網後，秦國還統一車軌，規定軌距離為六尺，即所謂的「車同軌」。不過，現在一些史學家、考古學家對「車同軌」提出不同的看法。在河南南陽山區的考古中，發現秦時的「軌道」。軌不是現在火車開的鐵軌，而是木軌，車子當然也不是火車，是馬車。既然是軌道，車輪當然也與普通的馬車輪不同，而是類似於火車輪，能夠卡在軌木上，這樣子馬車高速行駛時，車輪不至於滑出。也就是說，秦國不僅創造了類似於高速公路的「馳道」，而且可能還是類似火車的軌道交通。這些細節，對我們理解秦之偉大，實有重大意義。

四一、開邊與遇刺

征服六國後，秦始皇意猶未盡，他還要錦上添花。

在中國東南及廣闊的南方，是傳統上的蠻夷區，這裡文化落後，民風強悍，又稱為「百越之地」，這些蠻人又統稱為越人。

西元前二二一年，秦始皇挾滅六國之威，派尉屠睢統率五十萬大軍，兵分五路，大舉進攻東南與嶺南，先後征服甌越、閩越等。然而，在征服嶺南時，秦軍卻遇上大麻煩。一方面南方多河流，且山深林密，士兵容易染疾，後勤補給跟不上。再者，嶺南這些越人十分驍勇，《淮南子》一書曾這樣寫：「越人皆入叢薄中，與禽獸處，莫肯為秦虜。」他們過慣自由的生活，現在有人想統治他們，當然得奮起反抗。在越人英勇的抵抗下，一向戰無不勝的秦軍竟然吃了大虧，「夜攻秦人，大破之」，「殺尉屠睢，伏屍流血數十萬」。說秦軍死了數十萬，這誇張了，但秦軍久戰無功，卻是事實。

要解決南方戰事，就得解決運輸問題。

為了解決這個問題，秦始皇想到用水運的方法，沿著河流用船運輸。只是長江水系與南方珠江水系並不相通，總不能讓將士們抬著船隻，翻過山走水路吧。怎麼辦呢？

秦國的水利工程技術極其發達，這從都江堰、鄭國渠的修建就可看出。為了打通長江水系與珠江水系，秦始皇派史祿主持開挖靈渠。

那麼，要選擇在哪下手呢？史祿經過考察後，找到兩條水系距離最近的一處。長江支流湘水與珠江支流漓水相距很近，從這裡開挖一條運河便可連接兩河。理論上簡單，實際操作卻非常複雜，因為兩條河流的高差不同，而且這條運河的目的是運載物資與糧食，航行一定要平穩，因此有許多工程細節必須逐一論證。如何分流，如何排洩汛期的洪水，這都大有學問。

經過三年多的艱苦建設，靈渠終於順利開通，這是中國水利工程史上的又一傑作，長江水系與珠江水系由是得以通航。

西元前二一四年，靈渠通航後，秦始皇再次發兵攻打南越。這次軍隊的主力並不是正規軍，而是一群賤人，主要是逃亡者、贅婿者以及商人。大家想想，現在商人多牛哇，不過在秦朝時，商人是沒地位的，秦國的立國思想一直是重農而抑商。至於入贅為婿者，在古代也是很倒楣的，被人瞧不起，沒社會地位。

有了源源不斷的後勤補給，征服南越並不難。越人雖悍勇，但沒有強有力的政權，很容易被秦的優勢兵力一一擊破。

在秦的鐵拳之下，南越被征服，分置為桂林、南海、象郡三個郡。秦始皇把國內五十萬個罪犯遷移到嶺南，與越人同居。

開通靈渠期間，秦還發動對匈奴的戰爭。

攻打匈奴的起因甚為荒唐。秦始皇這個人特別迷信，有個江湖術士名叫盧生，出海回來後，做了一個神秘的預言：「亡秦者胡也。」始皇帝一聽，胡不就是胡人嗎？胡人是中國對北方遊牧部落的統稱，主要有匈奴、東胡、月氏等，對中國威脅最大的當屬匈奴。在秦滅六國之前，匈奴曾多次襲擾趙國北邊，後來被李牧包了餃子，才不敢南下。後世認為，盧生預言中說的胡，其實是秦二世胡亥，而不是胡人。不過天機哪裡是秦始皇所窺得破的，他派大將蒙恬發兵三十萬，攻打匈奴。

西元前二一五年，蒙恬北伐，勢如破竹，一口氣把匈奴人趕出河南地。次年，蒙恬又奪取河套以北的陰山地區，設四十四縣，置九原郡，在黃河沿岸修築城池要塞。之後，蒙恬又渡過黃河，攻取高闕、陽山、北假等地。由於匈奴是個遊牧民族，居無定所，來無影去無蹤，很難深入進攻，卻又不得不防。

為防匈奴南下，秦始皇徵發大批人力，修築長城防線。秦長城西起臨洮、東至遼東，蜿蜒萬里，故而稱為萬里長城。但是這個萬里長城，與現在的萬里長城其實不是一回事，因為秦長城早在歷史的風沙中損毀殆盡了。蒙恬主持修築的長城，是在戰國時代秦、燕、趙三國長城的基礎上，綴連而成，也並非完全新建。

蒙恬北伐匈奴，大大削弱了匈奴的力量。匈奴的兩個鄰國，即東胡與月氏日臻強盛，為了奪回河南地，頭曼單于多次反撲，均被蒙恬打敗，無奈之下，他只得遷往荒涼的北地。後來，頭曼單于的兒子冒頓單于滅東胡、破月氏，圍漢高祖於平城之下，成為匈奴蓋世英雄，這已是秦滅亡後的事，此處略過不表。

「胡人不敢南下而牧馬」，這是秦帝國強大的寫照。蒙恬駐守北疆十餘年，威震匈奴。由於功勞赫赫，秦始皇對蒙氏家族尊寵有加，蒙恬的弟弟蒙毅也位至上卿，出則參乘，入則御前。兄弟兩人風光無限，蒙恬統兵於外，蒙毅則在朝中為皇帝出謀劃策，兩人位高權重，都是忠信之臣，其他將領，誰也不敢與蒙氏兄弟爭鋒頭。

秦始皇有一種無限的權力欲，要把天下人都踩在腳下。只是彼時戰國剛剛結束，戰國時代的武士血性猶存，那是一個「刺萬乘之君若刺褐夫」的時代，總有勇敢者挺身而出，不懼安危，以血相抗。秦始皇是中國歷史上遇刺最多的皇帝之一，前有荊軻之擊，後又有高漸離、張良的刺殺行動。

高漸離是荊軻的好友，當年在易水河畔兩人擊筑而歌，其風采至今仍令人傾倒。咸陽宮那驚天一擊，成為秦始皇一生揮不去的陰影，到他吞併六國後，仍全國通緝太子丹與荊軻的門客舊識。與太子丹、荊軻有舊的故人們紛紛逃走，隱姓埋名，高漸離也不例外，他改了姓名，給人家打工以維持生計。

有一天，高漸離幹完活，疲憊不堪，正想休息時，卻聽得主人家來了個客人，正在擊筑。一聽到自己久違的筑音，他立刻來精神了，站在門口細細傾聽，捨不得走。聽到擊得好的地方，他便略為讚許，聽到擊不好的地方，他又輕輕搖頭。門外的侍者很奇怪，便上前問他，他說：「筑的聲音有好也有不好。」侍者便把高漸離的話告訴給主人說：「這個人還懂得音樂，私下裡還評論一番。」

主人也是個音樂愛好者，聽侍從這麼一說，便喚來高漸離，讓他進屋擊筑。筑是一種類似琴的管弦樂器，有十三根弦。但是筑與琴區別很大，琴彈奏起來淡雅，而筑則是高亢激越。有這個擊筑的機會，高漸離當然不會放過，他的水準比起客人可高多了，眾人不禁齊聲喝采，主人也很高興，賞酒給他喝。

音樂讓高漸離想起了朋友荊軻，想起當年「壯士一去兮不復還」的豪情與悲壯。突然間，他覺得自己活得太窩囊了，苟且偷生，算什麼英雄好漢？人還在，魂卻沒了，音樂也沒了，他活著只不過是行屍走肉罷了。不行，我要做回自己！想到這裡，他回到住所，從塵封已久的匣子中取出自己心愛的筑，換了一套好衣服，梳理整齊後又回到堂中。在場的各位看到高漸離像是突然變了個人似的，滿座皆驚。主人也隱隱意識到此人定有來歷，不敢以下人待之，趕忙上前行禮，推為上賓。高漸離以自己的筑演奏，全身心投入，邊擊邊歌，心中的豪邁與悲愴之情，交織在筑聲與歌聲之中。這筑聲與歌聲，非經歷坎坷者不能為之，所有人聽罷早已是淚流滿面。

很快，高漸離的名氣聞於當地，秦始皇知道有這麼個音樂家，便召入朝中為其奏樂。不巧的是，高漸離被人認出來了，並密告給秦始皇說：「他就是荊軻的好友高漸離。」秦始皇頗為惜才，覺得殺之可惜，便弄瞎他的眼睛，讓他繼續留在宮中奏樂。聽過高漸離擊筑的人，莫不稱讚他的音樂天才。起初，秦始皇對高漸離有提防心，聽音樂時離得遠遠的，後來便放鬆警惕，讓他近前奏樂。

高漸離在筑中安放一鉛塊，打算擊殺秦始皇，為朋友復仇。當秦始皇召他奏樂時，他奏到一半，忽然舉筑向皇帝砸去。可惜的是，他的眼睛瞎了，沒有準頭，這一擊三不沾，沒砸中。秦始皇大怒，遂誅殺高漸離。從此以後，這位暴君一輩子都不再接近東方六國的遺民。

高漸離刺殺失手，仍有人前仆後繼。

張良本姓韓，是韓國公子，他的祖父、父親都曾擔任韓相。韓國滅亡時，張良還年少，改名換姓，躲避秦國的搜捕。為報國仇，他散盡家財，招募勇士，密謀刺殺秦始皇。要怎麼刺殺呢？他不像荊軻、高漸離那樣有機會接近秦始皇，只能遠距離刺殺。有沒有機會呢？應該說有，因為秦始皇喜歡出巡，只要出了皇宮，就有機會下手。不過皇帝出行乘坐馬車，倘若用弓弩伏擊，效果不好。皇帝的馬車是有防護的，遠遠地射箭，就算射到也是強弩之末，不能穿縞素，除非射中要害，否則皇帝也死不了。

他想來想去，得用重型武器：大鐵椎。於是他造了一把大鐵椎，重達一百二十斤，只要砸中皇帝的馬車，一百多斤的重量泰山壓頂，必是車毀人亡。不過又有一個問題，這麼重的鐵椎，扔的距離就不遠。要行刺，非得找一個神力王不可。他多方尋覓，終於找到一個大力士，天生神力，扔鐵椎像扔雞蛋一樣。

西元前二一八年，秦始皇又一次東巡。皇帝東巡排場很大，張良事先偵知其線路，便在皇帝必經之地博浪沙埋伏起來，找了一處最好的地形，居高臨下，視野好，易伏擊，方便撤退。秦始皇的車隊來了，進入伏擊距離後，大力士掄起大鐵椎，朝著前下方一輛華麗的馬車砸去，一椎把馬車砸得稀巴爛。

秦始皇死了沒？沒有。因為大力士一時有點慌亂，認錯車了，把副車當作皇帝的座車。當然，也有一種可能，是砸偏了，史書也沒交代清楚，反正沒砸中皇帝的座車。一個大鐵椎從天而降，雖沒被砸中，秦始皇也被嚇壞了。他馬上吩咐衛兵們捉拿刺客，當衛兵衝上山頂時，張良等人早已逃得無影無蹤了。皇帝大怒，詔令天下大搜，十天過去了，仍然一無所獲。張良隱姓埋名，藏匿於下邳，躲過一劫。

這次刺殺雖未成功，但足見張良的機智沉勇。後來，他協助劉邦，推翻暴秦政權，終於得以報滅國之深仇大恨。

除了這幾次遇刺外，秦始皇還有一次遇險。

那是在博浪沙遇刺後兩年，即西元前二一六年，秦始皇微服出行，在咸陽城附近瞎逛。應該說，秦始皇還真不是一般的人，一大群人馬出行都遇刺，他還敢微服出行，可見他頗有勇氣。這次出行，他只帶了四名貼身武士。豈料晚上行至蘭池時，忽然殺出一夥強盜，不知是想搶劫還是殺人越貨。強盜們當然不知秦始皇的身分，還以為是什麼富家子弟，遂圍了過來。四名貼身武士拔劍相迎，所幸強盜人數不多，而這四名武士個個武功蓋世，很快殺個片甲不留。

只能說秦始皇運氣不錯，要是遇到大股強盜，恐怕命都沒了。去當強盜的人，都是對朝廷不滿的，若知他是皇帝，豈不個個拼了命！這件事，讓秦始皇感到後怕。回到宮中後，他馬上下令在關中地區展開大規模搜捕強盜同黨，又折騰了二十天之久。

七國之戰平息了，人民迎來了和平，為什麼還有那麼多人去當強盜呢？原因很簡單：不滿秦之暴政。

四二、焚書坑儒：秦之暴政

說到秦始皇，人們總想到他統一六國，也想到他焚書坑儒。

其實，焚書坑儒只是秦始皇暴政的一個縮影罷了。秦始皇的殘暴並不始於滅六國後，鎮壓弟弟成蟜的叛變以及平嫪毐之亂中，他已經大開殺戒，毫不留情。一統天下後，他的殘暴又無人可以約束了。

先來說說焚書。

焚書與殺人無關，卻是思想專制的象徵。

西元前二一三年，秦始皇在咸陽宮大宴群臣。僕射周青臣拍馬屁說：「以諸侯為郡縣，人人自安樂，無戰爭之患，傳之萬世，自上古不及陛下威德。」這話秦始皇愛聽，十分舒服。豈料有個人頑冥不化，博士淳于越對周青臣說的不以為然，他引經據典，說商、周之所以國運長久，原因就在於分封子弟功臣，以為朝廷的支輔。倘若皇室子弟沒有權力，那麼朝廷要是出了什麼權臣，有誰可以匡救呢？他的結論是：「事不師古而能長久者，非所聞也。」

對於實行郡縣制或分封制，爭議還沒完。其實不管是哪種觀點，本意無非是要維護皇室權力不被動搖，只是見解不同罷了。不過，淳于越這種老夫子的話，秦始皇聽了不舒服，老子都功蓋五帝了，你還說要「師古」，那不是說古代君王比朕還強嗎？

丞相李斯自從老鼠身上悟出「環境決定論」後，就深知要站對邊、靠對人的道理。他馬上站出來，義正詞嚴地批駁淳于越的「謬論」，他說：「五帝不相復，三代不相襲……今諸生不師今而學古，以非當世，惑亂黔首……人聞令下，則各以其學議之，入則心非，出則巷議，誇主以為名，異趣以為高，率群下以造謗。」把淳于越的問題上升為政治問題，並擴大打擊面。政治鬥爭的玩法，在秦朝時就被李斯玩熟了。

李斯繼而提出來：除秦國之外的各國史書，都應一律焚毀；除了博士官外，民間有私藏《詩》《書》及諸子百家者，都應在規定時間內上繳燒毀；私下談論詩、書者一律砍頭；以借古諷今者族誅；官吏知情不報者同罪；命令下達三十天內不燒掉的，在臉上刺字，罰四年築城勞役。只有哪些書不用燒呢？醫藥、卜筮、種樹的書可以保留。

這不明擺著是愚民政策嗎？李斯好歹也是大儒荀子的學生，也算是知識份子，竟然要把中國文明的瑰寶、思想的精華統統燒掉！這樣做，無非是為了維護帝王的統治，扼殺了學術自由，以專制思想箝制人民，分明是投秦始皇之所好。

秦始皇當然同意了，人民思想簡單了，就不會想造反了。

這是中國歷史上一次文化大浩劫，不僅僅是燒了一些書，而是春秋以來「百花齊放，百家爭鳴」的自由思想被扼殺。先秦諸子百家是中國文化的巔峰，在之後兩千年時間裡，中國之學術沒有過先秦時代的繁榮，也從未誕生那麼多堪稱世界級大師的文化巨人，這些文化巨人中有儒家的孔子、孟子、荀子等；有墨家的墨子；有道家的老子、莊子；有兵家的孫子；有法家的韓非子等等，他們那些光輝的思想照亮歷史的天空。後世雖有文化昌盛之時代，卻從未有如此多具有原創力的思想家，在思想上也難以企及先秦的高度。秦的統一、焚書事件標誌著中國文化黃金時代的結束，標誌著兩千年思想專制時代的到來。

人的欲望是無止境的。

秦始皇的一大愛好是大興土木建宮殿。秦曾多次遷都，宮殿很多，但秦始皇還不滿意。在征服六國期間，每征服一國，他就仿造該國的王宮，在咸陽再造一座。這麼一來，各個國家不同的建築風格藝術都齊聚於咸陽。統一天下後，他又在渭南造了一座信宮。每次大興土木，都是苦了百姓，但獨裁者對人民疾苦不聞不問。與阿房宮相比，前面所建的宮殿就顯得小巫見大巫了。

西元前二一二年，秦始皇覺得咸陽人太多，皇宮太小了，不夠氣派，應該建一座奢華、富麗的大宮殿。於是他在渭南上林苑又建了一座史無前例的大宮殿，這就是著名的阿房宮。

其實阿房宮並不是整個宮殿群的名字，這個宮殿群叫「朝宮」，阿房宮只是其前殿。但是阿房宮太有名了，以至於後來人家索性不叫朝宮，而叫阿房宮了。說到阿房宮，自然令人想到杜牧有名的賦：

六王畢，四海一，蜀山兀，阿房出。覆壓三百餘里，隔離天日。驪山北構而西折，直走咸陽。二川溶溶，流入宮牆。五步一樓，十步一閣。廊腰縵迴，檐牙高啄。各抱地勢，鉤心鬥角。盤盤焉，囷囷焉，蜂房水渦，矗不知其幾千萬落。長橋臥波，未云何龍？複道行空，不霽何虹？高低冥迷，不知東西。歌台暖響，春光融融。舞殿冷袖，風雨淒淒。一日之內，一宮之間，而氣候不齊。

光說阿房宮前殿，東西五百步，南北五十丈，上面可容一萬人。宮前立有十二金人，所謂金人，就是銅人，秦滅六國後，收天下之兵器，鑄成十二尊金人，每尊重達二十四萬斤。宮殿的大門是用磁石做成，幹嗎用呢？防止有人攜帶武器入宮。遇刺多次的秦始皇學乖了，用科學武裝自己、保護自己。

我們且來回顧秦國的大工程：萬里長城、遍佈全國的馳道、大型水利工程，大宮殿等等。這得需要多少人力呀！如果說前幾項事關國防、民生不能不為，尚可理解，不斷地大興土木則純粹是滿足皇帝個人欲望。除了建生前居住的宮殿外，秦始皇還耗費巨大人力物力修死後的住所：秦陵。

秦陵修築時間很早，歷時很長。秦始皇把陵址選在驪山，在他統一六國後，徵用七十萬人修墓。這七十萬人，絕大多數是被處宮刑、徒刑的人，這也可從一個側面看出當時秦之法律是何等苛嚴，動不動就要判宮刑或流放。

秦始皇墓高五十多丈，方圓五里有餘，墓基建得很深，且用銅液灌注。墓中建有宮殿，擺滿奇珍異寶。為了防止有人盜墓，墓中居然還設置有機關，遇到盜墓者時，機關會啟動，射出利箭。同時還用水銀造江河湖海模型，還有天象、地形模型，幾乎成了一個小宇宙。看來秦始皇就是到了地下，也得有個皇帝的樣子，也是天地的統治者。墓室陰森黑暗，故而還有長明燭，以人魚膏為燃料，不過可想而知，這個長明燭早就滅了。

兩千多年來，秦陵始終保持神秘的色彩，直到秦陵兵馬俑的出土，才令世人震驚於秦代的文明。兵馬俑出土大量的文物，俑坑規模之大，俑像造型之精美都令人歎為觀止。在任何史料上，都未提到有兵馬俑的存在，可想而知，當年修陵的保密工作確實做到位了。光是兵馬俑已被譽為「世界第八奇蹟」，而秦始皇墓建造之奢華，又不知要超越兵馬俑多少。如此偉大的工程，背後又有多少人的血淚，有多少的孤魂，有多少的白骨！

秦始皇一生恐懼一件事：死亡。

他一面大修自己的陵墓，一面不斷派人尋找長生不老的方子。倘若最後都是死亡的結局，一生的榮耀將只是浮雲。他找了許多江湖術士，其中有兩個術士，一叫侯生，一叫盧生。兩人騙吃騙喝，騙到最後，知道不能蒙混過關，便散佈說皇帝「天性剛愎自用」，「樂以刑殺為威」，「不聞過而日驕」，講這麼多幹什麼呢？

「貪於權勢至如此，未可為求仙藥。」

找不到長生不老的仙藥，不是術士沒本事，是因為秦始皇這個人太貪戀權勢，不能清心寡欲。這些話固然是實話，但也是術士們脫責的藉口。侯生與盧生兩人逃之夭夭了，秦始皇大怒，這兩個小子膽敢說我的壞話。暴君的想法很簡單，看來說我壞話的人是很多的，得做個清查才行。

於是秦始皇找到御史，令他調查咸陽城內諸儒生，有沒有妖言惑眾。這些個讀書人，多數也沒有骨氣，一被抓起來，為了脫罪，爭先告密。有些人可能是「吐過槽」，有些人可能是被陷害。秦始皇才懶得去辨別，他大筆一揮，親自圈定四百六十餘人，全部活埋。這就是歷史上著名的「坑儒」事件。

在秦始皇骨子裡，對讀書人比較害怕，因為他們有思想武器，與之相比，愚民容易管得多。又是焚書，又是坑儒，殺雞嚇猴。後世有一首詩諷說：「坑灰未冷山東亂，劉項原來不讀書。」你秦始皇老怕讀書人造反，殺了讀書人，只是後來創了秦國墓的劉邦、項羽，原來都是不讀書的傢伙。

秦始皇坑殺儒生時，長子扶蘇曾站出來勸道：「這些儒生都是學習孔子，現在父皇要用重法來罰治他們，兒臣唯恐從此天下不安了。」始皇大怒，索性把扶蘇打發到北疆，讓他去監督蒙恬。因坑儒事件，扶蘇被調離都城，後來失去繼承大統的機會，同時秦國也失去了機會。這一連串看似不相關的事件，實際上有某種因果貫穿，在秦始皇挖掘四百名儒生的墳墓時，他也在親手挖掘帝國的墳墓。戰國末年著名軍事家尉繚對秦始皇有這麼一段評價：「秦王為人，蜂準，長目，摯鳥膺，豺聲，少恩而虎狼心，居約易出人下，得志亦輕食人。我布衣，然見我常身自下我。誠使秦王得志於天下，天下皆為虜矣。不可與久遊。」司馬遷的《史記》也有一段說法：「秦王懷貪鄙之心，行自奮之智，不信功臣，不親士民，廢王道，立私權，禁文書而酷刑法，先詐力而後仁義，以暴虐為天下始。」

秦始皇實際上對誰都不信任，他只信任自己。為了控制這個龐大的國家，他任用酷吏，採取嚴刑峻法。正如賈誼在《過秦論》中所說：「士不敢彎弓而抱怨」，「廢先王之道，焚百家之言，以愚黔首；隳名城，殺豪傑，收天下之兵，聚之咸陽，銷鋒鏑，鑄以為金人十二，以弱天下之民」。

他對人的猜疑到什麼地步呢？到其晚年，他聽信術士的話，行跡詭秘，從不讓臣下知道他到哪去了。隨從人員有洩露其去處者，殺無赦。

有一回，他前往梁山宮，在山上遠遠望見丞相李斯的車隊。李斯這個人不太檢點，配備的車馬太多，秦始皇看在眼裡，十分惱怒。後來有人便偷偷跑去告訴李斯，說皇帝對他車馬標準有意見。李斯大驚，趕緊自動縮減車隊規模。豈料皇帝得知後大怒，說：「肯定是有人洩露我說的話。」下令調查，沒人肯承認。惱怒之下，秦始皇把當時在場的所有人全部殺死，其殘暴如此。

當時的秦王朝，沿用商鞅以來的高壓政治，法網嚴密更勝前朝。光被拉去南方作戰的囚徒與修驪山墓的刑徒，加起來就上百萬。想不犯法，真難！因此，許多人索性跑去當強盜。我們可以從秦漢之際的英雄人物故事中，看出當時犯法是一件何等容易的事，你不知不覺就觸犯法令了。

比如說領導秦末大起義的陳勝、吳廣，天雨失期，按律當斬，沒按時去服役，就是死罪一條。劉邦也曾落草為寇，原因與陳勝相似，帶去服役的人逃了，他自己不逃還有命嗎？起義軍將領英布，也是犯了事，被判了黥刑，後來還稱為黥布。反過來說，這些人後來為什麼都走上造反之路，不造反有活路嗎？根本沒有。這就是當時暴政的寫照。

四三、沙丘之變

西元前二一一年，有一顆隕石墜落在東郡。

有人在石頭上刻了幾個字：「始皇帝死而地分。」這是咒皇帝死，誅九族之罪。秦始皇下令調查是誰幹的，官吏們查來查去，也沒查出個眉目。既然查不出來，就來個簡單的，把隕石周圍的所有百姓全部抓起來處死，把隕石也燒毀掉。殺人，在秦始皇看來，實在不是什麼大事情。

不過，又一件蹊蹺的事發生了。

這是在秋天的某個夜晚，一個宮中使者路過華陰平舒道，突然有人擋住他的去路，持著一塊璧交給使者，並說了一句話：「今年祖龍死。」使者聽不懂，想問個明白，此人便莫名其妙地消失了。回到咸陽後，使者把璧交給秦始皇，並說了來龍去脈。秦始皇是個很聰明的人，他一聽就明白了，祖就是始祖，暗含「始」義，龍就是真龍天子，暗含「皇帝」義，這不明白嗎，說的是今年始皇帝死！又是一個神秘的預言。

預言不全對，不是今年，而是明年。可見，不是真的有鬼神，只是有人咒皇帝早點死。

為了沖沖晦氣，秦始皇打算東遊。左丞相李斯、中車府令趙高隨行，秦始皇的少子胡亥本是貪玩之徒，也想跟著去。人老了總喜歡小兒子，皇帝答應了，帶少子出去見見世面。這一路，秦始皇到了雲夢，祭禮虞舜；後經丹陽、錢塘，渡過浙江，登會稽山，祭禮大禹。一路上倒是順順利利，豈料北歸途中，皇帝竟病倒了。

這時已是西元前二一〇年，秦始皇的病非但沒有好轉，反倒加重了。諸位大臣看此行情，料想皇帝是不行了，只是皇帝非常忌諱說「死」字，誰也不敢問皇帝的後事安排。不過秦始皇總算有自知之明，他寫了一封信，是寫給長子扶蘇的，內容是：「回來參加喪事，在咸陽安葬。」寫完後，蓋上璽印封好，交給中車府令趙高。

秦始皇一生都在求仙問道，尋找長生不老藥，他是高高在上的皇帝，把天下踩在腳下。不過，他仍是一個人，一個凡人，凡人都會死，不管你是偉人還是小人，這是人的宿命。他幻想能戰勝時間，幻想只是幻想，現實還是殘酷的，荊軻沒能殺死他，高漸離沒能殺死他，張良的大鐵椎沒能殺死他，死神仍然不期而至。

七月丙寅日，令天下人聞風色變的一代大帝秦始皇在沙丘平臺去世。

這位史上第一位皇帝在之後兩千年裡，有人褒揚之，有人貶抑之。貶抑者攻擊其殘暴無度，刻薄寡恩；褒揚者更多從社會歷史角度肯定其功績。漢是誅暴秦而代之，不過在西漢時，對秦始皇的評價已有兩極。司馬遷、賈誼等都持批評態度，主父偃則認為他「功齊三代」。人所持的立場不同，得出的結論也會有差異。

皇帝東巡，半途而死，這在封建帝國裡是天大的事。始皇有二十幾個兒子，要是皇帝死亡的消息傳出去，咸陽城裡恐怕要爭權奪利，亂成一片，而對皇帝不滿的人，可能也會趁機起事，到時局勢就失控了。

這個時候，丞相李斯表現相當鎮定，決定秘不發喪。只有最接近皇帝的幾個人知道出了大事，除李斯外，還有趙高、胡亥以及五六個太監。若要封鎖消息，就得讓車隊人馬都以為皇帝還活著，皇帝可以不下車，但總得喝水吃飯。於是李斯讓幾個知情的太監天天仍按時給車裡送菜送飯，裝得跟平常一樣。李斯、趙高等人也假裝上前奏事，別人自然沒有起疑心。

時間一長，新的問題又來了。屍體開始發臭了！大家看不到皇帝，可是皇帝的車發出臭味，這豈不是露出馬腳嗎？李斯又想了個辦法，搞來有腥臭味的鮑魚，裝在車上，這裡也分不清是鮑魚的味道還是屍臭。不過，你說堂堂皇帝整天喜歡聞魚臭味，說出去人家也不一定信，只是就算有人懷疑，也不敢公然說出，否則豈不是人頭落地？秦始皇臨死前不是寫了一封給扶蘇的信嗎？這封信給了趙高，趙高有沒有寄出去呢？沒有！他把這封信給扣下來了。

趙高有自己的算盤。

我們且來說說趙高的故事。

趙高本是趙國王室的遠房親屬，不過這對他沒什麼用。其家族肯定是在父親這一代發生巨大變故，因為他與兄弟們在很小時都被抓到宮裡閹了，母親也被判了罪。這樣的人生估計是沒盼頭了，但趙高不服，他要與命運抗爭。趙高有三大本事：其一，他雖是宦官，卻身強力壯，孔武有力；其二，他寫一手好文章與好書法，曾被當作新文字範本向全國推廣；其三，他精通獄法。正因為如此，他得到秦始皇的器重並舉為中車府令。

俗話說，一朝君主一朝臣。依秦始皇的遺願，皇位應是由公子扶蘇來繼承。趙高心裡一琢磨，若是公子扶蘇上臺，他肯定沒好日子過了。為什麼呢？公子扶蘇與父親不同，有仁愛之心，反對嚴刑峻法。趙高是吃獄法這碗飯的，到時飯豈不是涼了？

還有一個原因。扶蘇背後有一股大勢力，即蒙恬、蒙毅兄弟，偏偏趙高跟蒙毅是有仇的。原來有一回趙高犯了事，皇帝讓蒙毅去審理，蒙毅剛正不阿，判他死罪。秦始皇向來偏愛有才華的人，特赦了趙高，並讓他官復原職。扶蘇當皇帝，蒙氏兄弟定權傾朝野，到時還有他趙高的立足之地嗎？

因此，趙高遲遲不把秦始皇寫給扶蘇的信送出。他心裡開始盤計一個計畫，近水樓臺先得月，公子胡亥不是在身邊嗎？不如把胡亥推上寶座，取代扶蘇。趙高曾當過胡亥的老師，教授他書法以及獄律法令，胡亥也特別喜歡趙高。

趙高便對胡亥說：「皇上駕崩，沒有詔令給諸皇子，只留封信給扶蘇。扶蘇一回來，就是皇帝了，到時你可就什麼也沒了，如何是好？」

胡亥年齡小，心機也不深，便說：「本來就是這樣，賢明的君主識臣，賢明的父親知子，傳位給扶蘇，理所當然，有什麼好說的呢？」

趙高搖搖頭說：「並非如此。當今天下之大權，操在公子您、趙高和丞相李斯手裡，公子您應該爭取皇帝寶座。別人當臣子與自己當臣子，統治別人與被人統治，那可是大大不同啊！」這時的胡亥還有點天良，答道：「廢兄立弟，就是不義；不奉父詔，就是不孝；沒能力卻要強出頭，這是不能；這樣做，天下不服，社稷傾危呀！」

趙高糊弄說：「以前商湯、周武王誅殺其主，天下稱義，不能說不忠；衛君殺父，孔子稱讚，不能說不孝。顧小忘大，必有後害；狐疑猶豫，後必有悔；斷而敢行，後有成功。公子應當及早下手。」一把篡位奪權與商湯、周武王誅暴君相比，這豈非風牛馬不相及嗎？在趙高的堅持下，胡亥也怦然心動，畢竟皇帝的寶座是誘人的。

篡位這件事，光靠趙高、胡亥兩人不行，得把丞相李斯拉下水。趙高便找李斯，對他說：「皇上駕崩，留了一封信給長子扶蘇，讓他回咸陽主持葬禮。這封信沒送出去，信和玉璽都在胡亥那兒，別人都不知道。冊立太子一事，由您和我兩人說了算。您打算怎麼辦？」

李斯大驚道：「你說這個話什麼意思？這可是亡國之言，不是做臣子的可以說的。」

趙高冷笑道：「公子扶蘇與蒙恬交情深厚，丞相自己想想：您的才能比得上蒙恬嗎？您的功勞比蒙恬大嗎？您的謀略比得上蒙恬嗎？讓天下人心服口服，您比得上蒙恬嗎？與公子扶蘇的交情，您與蒙恬能比嗎？」李斯答道：「我是比不上蒙恬。」

趙高又說：「皇帝有二十幾個兒子，長子扶蘇剛毅勇武，深得士人之心，即位後蒙恬一定會榮升為丞相，到時您恐怕連侯爵之印也保不住。我趙高曾奉詔教授公子胡亥學習數年法律，沒見過他有什麼過失，慈仁篤厚，輕財重士，雖然口才欠佳，心裡卻明辨是非。在這些方面，皇帝其他兒子都比不上他。我看他有能力即位，就看您的決定了。」

丞相是一人之下，萬人之上，沒有李斯，趙高是辦不成的。趙高這個人有雙賊眼，知道李斯權力欲很重，為了威風，甚至出行車隊都超標，這件事還令皇帝不痛快。這麼個人，要是哪天失了權勢，會甘心嗎？蒙恬北破匈奴，開河南地，修長城，駐守北疆十餘年，乃帝國之柱石，朝廷之棟樑，正是李斯強有力的競爭者。

當慣了米倉的老鼠，還能當茅廁的老鼠嗎？

李斯心一橫，得，只要還當這丞相，管它什麼仁義道德。於是他與趙高偽稱得到皇帝詔令，立胡亥為太子。胡亥為太子，則扶蘇必須死。李斯與趙高又偽造一封皇帝詔書，加蓋璽印，大意如下：扶蘇與蒙恬率數十萬大軍屯兵，無尺寸之功，還屢屢上書直言誹謗皇帝，心懷怨恨。扶蘇作為人子不孝，賜劍自裁；將軍蒙恬知扶蘇陰謀，不匡正其行，為臣不忠，同樣賜死。

趙高派使者把詔書送到上郡，扶蘇淚流滿面，他本為孝子，父叫子死，子不可不死。他默默走向內室，打算引劍自裁。蒙恬覺得事出蹊蹺，阻止說：「陛下現在出巡在外，尚未立太子，我率三十萬大軍守邊，公子為監軍，這乃是天下重任。現在僅憑使者一面之辭就自殺，焉知非詐？不如先請示朝廷，待朝廷回覆後，再做決定不遲。」

蒙恬的話是很有道理的，扶蘇這個人愚忠愚孝，他說：「父親賜兒子死，何必再說？」遂自刎而死。蒙恬不肯自殺，使者大怒，當即將他逮捕，投入監獄。

輕鬆，太輕鬆了。不費吹灰之力，就搞定扶蘇與蒙恬，胡亥、李斯與趙高三人大喜，加快返京速度。

回到咸陽後，李斯、趙高才宣佈皇帝死訊，取出假詔書，擁胡亥即位，此即秦二世。眾臣豈敢有懷疑，只能接受這樣的事實。

事情還沒完，蒙恬、蒙毅兄弟還沒死，秦二世胡亥的皇帝寶座坐得不踏實。我們回顧歷史時，有時經常會慨歎天意弄人。陰差陽錯的事件會改寫歷史，秦王朝本來絕不至於如此短命。前面不是說過，蒙氏兄弟權傾朝野，蒙恬手握三十萬重兵屯邊，蒙毅則追隨皇帝左右。倘若皇帝死的時候，蒙毅在場，結局絕不至於如此。

那麼，蒙毅為什麼不在場呢？

蒙毅也跟著秦始皇東巡，皇帝病重時，派他去向山川之神禱告，故而始皇駕崩時，蒙毅人在外，根本不知情。這種偶然的意外，把歷史的馬車駛入一條黑暗之路。

秦二世胡亥的哥哥扶蘇死了，自己也當皇帝了，蒙恬又沒什麼罪過，打算把他釋放了。趙高一聽，這哪行呢？趕緊出面制止。非但如此，他還編了些瞎話，攻擊蒙恬的弟弟蒙毅。他對胡亥說：「先帝很早就想立您為太子，都是因為蒙毅反對才未立。蒙毅這個人不可留，不如殺了他。」胡亥向來沒什麼主見，趙高說什麼，他就聽什麼。

蒙毅被捕，關在代郡。胡亥派人對蒙毅說：「以前先帝要立我為太子，你卻從中阻撓。丞相認為你這是不忠，是株連九族之罪。不過朕於心不忍，只賜你一人死，這樣你也算幸運了。」蒙毅一聽，什麼亂七八糟的，先帝幾時想立胡亥為太子？他又幾時阻撓過？他想要申辯，只是使者知道秦二世的用意，不聽他申辯。蒙毅不願自裁，使者遂令人將他處死。

輪到蒙恬了。蒙恬以悲涼的語氣說：「我蒙氏三代為將，為秦國建立的功業多矣。我有三十萬兵眾，今日雖身陷囹圄，只要振臂一呼，仍足以起兵反叛。然而，我寧願選擇死以守道義，是不敢辱沒先人之教，不敢忘先帝之恩。」於是吞藥而死。

歷史總跟人開大玩笑，忠正之人為何總是下場悲慘呢？因為他們按牌理出牌，要顧及道義，顧及全域，約束太多；而壞人卻不講道理，沒有規矩，前不怕狼，後不怕虎。這個權力遊戲能公平玩嗎？

扶蘇、蒙恬以為自己雖死，義卻還是在的。可是，我們回顧歷史，發現他們還是錯的。縱容壞人，怎麼會有好的結果，不作為也是有錯的，偉大的秦國在扶蘇、蒙恬死去的那一刻，已經無可救藥地墜入深淵了。

四四、大澤鄉起義

秦二世胡亥的倒行逆施，比起老爹秦始皇，有過之而無不及。舉幾個例子。

其一，復活殉葬制度。秦國的強大，始於廢除殉葬制度。秦二世竟然令這個古老制度復活了。秦始皇死後葬於驪山，秦二世把後宮沒有子女的妃嬪，全部用於殉葬。秦後宮女子甚多，甚至有些女子入宮幾十年，連皇帝都沒見過，最後還得去陪死。不僅如此，秦始皇陵墓中機關重重，為了避免工匠們洩露陵墓的秘密，在秦始皇下葬後，秦二世毫無人性地封閉墓門，把所有工匠活活困死在墳墓中，成為又一批陪葬品。

其二，屠戮諸公子、公主。秦二世胡亥的皇帝位怎麼來的，其實大家也心知肚明，只是不敢說。胡亥在諸公子中本來年齡就是最小，皇位又不合法，他對趙高說：「大臣不服，官吏尚強，及諸公子必與我爭，為之奈何？」趙高獻上毒計：「嚴法而刻刑，令有罪者相坐誅，滅大臣而遠骨肉，盡除先帝之故臣。」從扶蘇、蒙恬同黨抓起，然後株連到諸公子，把秦始皇的故臣盡數剷除。不消多時，無數人頭落地，胡亥把十二個兄弟綁赴街頭砍死，還有十個公主被車裂處死，對自己的姐妹施此酷刑，胡亥還是個人嗎？豬狗不如！

其三，窮奢極欲。秦始皇雖殘暴，好歹勤於政事，秦二世則完全只圖享樂。他對趙高表明心跡：「欲悉耳目之所好，窮心志之所樂，以終吾年壽。」政事你去辦，我只顧享樂就行。於是擴修阿房宮，又調五萬人馬入屯咸陽，教射狗馬禽獸，軍隊不是為禦敵，而是陪他玩。都城人畜較多，糧食不足，秦二世又詔令郡縣轉輸糧草，擾動天下。

夠能折騰的。

在秦二世看來，這有什麼呢？秦國數百年基業，廣袤無邊的領土，無盡的物產，還不夠我玩嗎？說實話，真不夠他玩的。

因為有人造反了。

造反的這個人名叫陳勝，字涉，不是什麼大人物，平常得不能再平常了。出身貧寒，家裡窮，自己都沒耕地，給別人家打工。不過有一點與眾不同，他有理想，對未來有憧憬。有一天，他對工友們說：「苟富貴，無相忘。」工友們白了他一眼，得了吧，你就是人家雇來耕地的，吹什麼牛，還想什麼富貴呀？

為什麼有人一輩子都是雇工的命呢？因為他們從來不敢有夢想，也不敢去追求。有些人悲歎境遇不佳，生錯地方，有些人則相信命運是可以改變的，夢想還是要有的，萬一實現了呢？偉大的陳勝就屬於後一類人，他說：「燕雀安知鴻鵠之志哉！」雖然咱們都是給人種田的，但我的心不是被綁在這裡，我的心在天空翱翔。

秦二世元年七月（前二〇九），距秦始皇之死剛好滿一年。陳勝被徵去當戍卒，前往駐守漁陽。這批戍卒共有九百人，由幾名將尉負責押送，陳勝、吳廣被任命為屯長，也就是小頭目。豈料走到大澤鄉這個地方，下起大雨，道路阻絕不通，走不了，大家心裡十分焦急。

有人會說，走不了，等天晴了再走不行嗎？不行。秦國的法律規定，戍守誤期是死罪。漁陽是北疆，要是突然有敵人來，戍守部隊沒到，那怎麼行？因此規定十分嚴厲。陳勝本來就胸懷大志，他轉念一想，這雖是壞事，未必不是好事，去當個戍卒有什麼用，不如——他腦海裡冒出兩個字——「反了！」

他便找到同為屯長的吳廣，商量說：「現在去漁陽誤時是死，逃跑也是死路一條，不如乘機舉事，就算同樣是死，也得為國事而死。」被抓了砍頭，死得多窩囊，不如幹一票，死得轟轟烈烈。

憑這幾百號人造反，行嗎？

陳勝胸有成竹，他說：「天下苦秦久矣。」這句話有兩個含義：其一，秦始皇登基以來，橫徵暴斂，勞民傷財，天下不得休息，老百姓受不了了；其二，東方六個諸侯被滅，生活在秦的鐵蹄之下，百姓思念舊國。這是起事的有利條件。不過，陳勝、吳廣都是小人物，號召力不夠強，必須要抬出幾尊大神。抬誰呢？陳勝認為要以公子扶蘇以及楚將項燕兩人為名號，凝聚反秦力量。公子扶蘇無罪獲誅，天下人都同情他；項燕是楚國抵抗秦國的一面旗幟，十分受楚人愛戴。他說：「我們假稱是公子扶蘇與項燕的隊伍，號召天下反秦，定能得到眾多回應。」果然有鴻鵠之志，可見陳勝反秦的想法由來已久，並不是突然冒出來的。

說得精彩，吳廣不禁喝采，兩人決定先占卜定吉凶。他們找了個占卜的，此人會察言觀色，知道陳勝、吳廣兩人想造反，他也不點破，只是說：「你們的事可以成功，不過最好卜鬼一下。」言下之意，你們只是戍卒小頭目，別人未必會聽你們的，但是，你們搞玄乎一下，裝神弄鬼一下，別人不服都不行。兩人心領神會，拜別而去。

幾天後，一連串的神秘事件發生了。

有一天，戍卒們買魚回來吃時，發現有一條魚的肚子裡有一塊帛布，上面還寫了幾個字：「陳勝王。」這事很快在隊伍中傳開了，這難道是上天的啟示嗎？眾人心裡都非常驚訝。其實哪有什麼天啟，那帛書就是陳勝與吳廣塞到魚肚子的。

入夜後，眾人正要入睡，當時這一帶常有野狐出沒，晚上時總會嚎叫。今天野狐居然說人話了，大家嚇壞了，細細一聽，隱約聽得野狐的話是「大楚興，陳勝王」。這一夜，誰也沒敢入睡，都嚇死了。第二天天亮時，大家都竊竊私語，談論此事，背地裡對陳勝指指點點，大家愈發覺得此人與眾不同。其實哪有什麼野狐呀，那是吳廣半夜溜出去，在外面學野狐叫的。

神也裝了，鬼也裝了，起義怎麼開始呢？

吳廣決定演一齣苦肉計。

作為戍卒中的小頭目，吳廣人緣很好，平素維護戍卒利益，很受擁戴。這天將尉喝醉了，吳廣故意激怒他，說自己不幹了，打算逃跑。將尉一聽，來氣了，拿了根竹鞭子抽打吳廣。戍卒們看到吳廣被打，都很憤怒，只是大家知道抵觸長官的後果，都敢怒而不敢挺身而出。吳廣挨了打，故意繼續激怒將尉，將尉酒也喝多了，一怒就把劍拔出來，想殺吳廣。你想想，這將尉醉成這樣子，有功夫也使不出，吳廣乘勢奪過劍，一劍刺出，結果了該將尉的性命。

這一劍下去，大家看呆了。

陳勝見時機成熟了，也奪過一把劍，與吳廣聯手，殺掉另兩名將尉。看到這一幕，九百名戍卒不知所措了，他們既害怕又興奮。這時，陳勝站出來，以沉著的語氣對眾人說：「我們遭遇大雨，已經誤了期限，按照法律都得斬首。就算沒被斬首，駐守邊塞，十個人裡有六七個是不能活著回來的。壯士不死則罷，要死那也得留名千古才行。」說到這裡，陳勝以鏗鏘有力的語氣呼道：「王侯將相寧有種乎？」

這是何等豪邁的一句話。我腦海裡常想像著偉大的陳勝在大澤鄉呼喊出這句口號時的風采，想像他堅定的目光，想像他剛毅的神情，想像他振臂一呼的雄姿。這聲呼喊如一道亮光，劃破夜空；如一聲雷鳴，振聾發聵；如一團烈火，點燃所有人的激情。人的心靈有無窮的能量，這能量聚集在大澤鄉，九百個來自社會底層的人，要把秦帝國這座雄偉山岳推倒。我覺得這是人類歷史上最偉大的一幕，我覺得陳勝是歷史上最偉大的英雄之一。

所有人熱血沸騰，這一刻感覺到生命的意義，原來我們不是生而為奴隸的命，我們也可以成為造反英雄。

秦末第一支農民起義軍誕生了。這支起義軍打著公子扶蘇、項燕的招牌，立起「大楚」的旗號，立壇而盟，把秦尉的腦袋作為祭品。陳勝自立為將軍，吳廣為都尉，斬木為兵，揭竿為旗。首戰大澤鄉，繼而攻蘄，這裡秦軍很少，很快便佔領了。此時距六國滅亡不過十餘年，東方諸亡國人心思舊，陳勝首義，星星之火，可以燎原，很快越來越多對秦不滿的民眾加入到義軍隊伍。

陳勝是有謀略的，越往東邊，秦的力量越弱，因此他派部將葛嬰帶兵向東攻略，連下數城。當義軍攻至陳縣時，隊伍已擴大至數萬人，擁有馬車六七百輛，戰馬一千多匹。縣令早就聞風而逃了，忠於職守的縣丞負隅頑抗，最終也沒能保住城池。

當日懷有鴻鵠之志的雇農、戍卒，今天成為反秦英雄。陳勝入陳縣後，召集父老、豪傑共商大計，大家說：「將軍討伐無道之暴秦，復楚國之社稷，勞苦功高，應當稱王。」這一說，正中陳勝下懷，於是他自立為王，建國號為「張楚」。

當時的反秦形勢，可謂是一片大好。

榜樣的力量是偉大的。陳勝起兵，如同在一堆枯柴上燒起一把火，火焰很快熊熊燃燒，不可撲滅了。秦政府要為苛政付出代價了。秦始皇一統中國，結束數百年戰爭，本來對百姓是福音，可是人民沒能得到休養生息的機會，無休止的勞役，嚴密的法網，令人生活在一個窒息的空間。如今暗屋已被捅破一角，陽光照進來，人們要為光明而浴血奮戰了。

各地豪傑紛紛起事，誅殺當地官吏，響應陳勝。

在六國故地，關東地區，革命的烽煙四起。來自東方的使者慌慌張張向秦二世報告說，東方群盜蜂起，局勢已失控。秦二世大怒，認為使者妖言惑主，將使者逮捕入獄治罪。如此一來，沒有人敢說真話，後來東方使者學乖了，到了咸陽城外，秦二世詢問東方局勢時，便忽悠說：「東方那夥強盜，已經被郡守、郡尉捕殺得差不多了，用不著擔憂。」皇帝大喜，又沉溺於荒淫的酒色中了。

然而，事實是東方反秦力量已空前膨脹了。

陳勝兵分五路，全線出擊。第一路以吳廣為假王（假，代理），督諸將西擊滎陽；第二路以武臣為將、張耳、陳餘輔之，攻略趙地；第三路以鄧宗為將，攻略九江；第四路以周市為將，攻略魏地；第五路以周文為將，挺進關中。

在這五路出擊中，以周文、武臣兩路聲勢最大。

周文又稱周章，頗曉兵法，曾在春申君、項楚手下做過事。陳勝頒給他一個將軍印，令他討伐關中。周文還是有點能耐，他沿途收羅各地義軍，軍隊一下子增加到了幾十萬，號稱「百萬」，有戰車千乘。周文越過函谷關，向關中挺進，直抵戲（潼關東），咸陽為之震動。

武臣手下有兩個傑出人物，一個名為張耳，一個名為陳餘。張耳與陳餘都是魏人，兩人是好朋友，刎頸之交，其中張耳還曾經是信陵君的門客。這兩人都是反秦人物，秦滅魏國後，懸賞千金通緝張耳，懸賞五百金通緝陳餘，他們便隱姓埋名，躲在陳縣。陳勝光復陳縣後，張耳、陳餘前往拜見，陳勝早聽過兩人大名，敬為上賓。在張耳、陳餘的協助下，武臣入趙後，連下四十餘城，威震北方。

秦在東方的勢力幾乎土崩瓦解，很多人毫不懷疑，「張楚王」陳勝很快就會攻下咸陽，這位平民英雄將成為新的國家統治者。

然而，「日方中方睨，物方生方死」，盛極而衰，不僅是自然界之規律，在人類歷史上亦屢試不爽。此時的陳勝王如日中天，然而，失敗的陰雲很快就會遮擋灼熱的太陽。

四五、陳勝之死

陳勝是我心目中偉大的英雄，但英雄並非無瑕疵。

在大澤鄉，他裝神弄鬼，神化自己，那時他知道自己不是神。當他成為張楚王國之王時，他開始覺得自己是神了。如果不是神，誰能解釋，短短一個月的時間，革命之火已燒遍大半個東方，誰能解釋，幾百年戰無不勝的秦軍，竟毫無抵抗能力。秦滅六國才十來年，十幾年前，憑秦軍的旗號就足以嚇跑一支軍隊。勝利如此輕而易舉，作為義軍的領袖，若說他不是神，那他是什麼呢？

天神令人畏懼，在於擁有生死之威力，陳勝稱王後，也掌有了生殺之大權。其麾下大將葛嬰政治覺悟差，當他收復東城時，尚未知陳勝已稱王，便擅自立了個楚王。儘管葛嬰後來廢掉這個楚王，仍被憤怒的陳勝處死。除了葛嬰之外，還有不少將領被陳勝所殺，史書稱：「諸將為陳王徇地，多以讒毀得罪誅。」

陳勝興起雖快，根基卻還淺，在這個時候就大殺功臣，不免令人離心，這是他走向衰敗的開始。

秦軍畢竟不是紙老虎，陳勝軍隊連戰連捷後，開始遇到一個可怕的對手：章邯。

周文率數十萬大軍挺進關中，咸陽為之震動，秦二世嚇壞了。與義軍相比，關中秦軍數量要少得多，秦二世急中生智，赦免驪山刑徒，編入軍隊，由少府章邯統領，與周文決一死戰。章邯是秦國歷史上最後一位名將，以作戰勇猛而著稱，在之後的戰爭歲月裡，他是東方義軍的頭號強敵。章邯臨危受命，大破周文，保住關中。這也是陳勝政權由盛而衰的關鍵一役。緊接著，攻略趙地的武臣宣佈自立為趙王，對陳勝來說更是當頭一棒。

武臣自立為王，背後的策劃者是張耳與陳餘。陳勝雖然禮遇這兩位知名反秦人士，但沒委以重任，只讓他們協助武臣。張耳與陳餘沒當上將軍，只當了個校尉，對陳勝十分不滿，便鼓動武臣脫離陳勝，自立為王。武臣禁不住誘惑，遂自立為趙王，以張耳為右丞相，以陳餘為大將軍。

陳勝得知消息後，氣得七竅生煙，他豈容有人敢挑戰其權威？他的第一個念頭便是盡誅武臣家人，發兵攻趙。擔任柱國的房君趕緊說：「殺不得。秦還未滅，又殺武臣一家，豈非多一個強敵？不如認了，派人去祝賀一下，讓武臣帶兵西進攻打秦國。」陳勝一聽，覺得這個計謀不錯，讓武臣與秦軍耗得差不多，再收拾不遲。

很快，陳勝的使者到了邯鄲，承認武臣的王位，同時要求他發兵西進，攻打關中。張耳與陳餘是何等人，早就看穿陳勝的伎倆，便對武臣說：「您自立為王，陳勝肯定很生氣，卻派人來祝賀，無非是不想樹一強敵。倘若張楚政權滅了秦國，接下來勢必對趙國用兵。大王不要帶兵西進，應向北攻略燕代，向南收河內之地，擴大自己地盤。」

武臣深以為然，拒絕西進，派部將韓廣攻略燕地，李良攻略常山，張黶攻略上黨。

只是武臣想稱王，別人就不想稱王嗎？韓廣北略燕地，學自己的老東家，自立為燕王。起義軍內部的權力之爭加劇了，團結不復存在，反秦事業開始蒙上一層陰影。

對陳勝來說，還有更壞的消息。

前面說過陳勝出動五路大軍全面出擊，其中周市攻略魏地。這一路進展也算順利，略定魏地後，周市繼續北上，進攻狄縣。當時狄縣有個豪傑，名為田儋，是以前齊國王室貴族，他有兩個堂弟，一喚田榮，一喚田橫，都是一時之英才。在秦一統中國之戰中，齊國不戰而降，故而齊國舊貴族的待遇是比較好的，在狄縣田氏家族有權有勢，也得士人之心。田儋有英雄之志，他既有心反秦，又不想受制於陳勝的張楚政權，因此他設計殺死狄縣縣令，收其眾自立為齊王。

齊王田儋佔據狄縣後，大敗前來進攻的周市，之後又略定齊地。先是武臣稱趙王，韓廣稱燕王，現在田儋稱齊王，張楚王陳勝的對手越來越多了。

不僅如此，周市回到魏地後，也想立個魏王。立誰為魏王呢？立以前魏國寧陵君魏咎。魏咎並不在魏地，而是在陳勝那裡。周市派人稟告陳勝，希望迎魏咎為魏王。陳勝很不高興，你們這些人個個想單飛了，翅膀硬了！不料周市並不放棄，連續派五批人前往，最後陳勝沒脾氣了，只得同意放回魏咎。這樣，魏國得以復國。

陳勝之所以被迫讓步，是因為西進伐秦的張楚兵團遇到前所未有的困難。

周文的西征軍被章邯擊敗後，只得退出函谷關。章邯緊追不捨，一路追擊至澠池。關中秦軍不愧為天下勁旅，在澠池一役中，章邯霸氣盡顯，大破張楚兵團，周文戰敗自殺而死。這一戰，令東方義軍為之變色，那支消滅六國的無敵秦兵團又回來了！秦軍精銳已出關，正在攻打滎陽城的吳廣兵團有被消滅的危險。

吳廣是大澤鄉起義的主謀之一，也是張楚政權的巨頭。他以假王的名義督諸將進攻滎陽，卻久戰無功。滎陽不同於其他地方，非但是戰略要地，而且守衛滎陽的敵將是李斯的兒子、三川郡守李由。其他地方的郡守、縣令遭到義軍進攻時，逃得比誰都快，但李由是秦朝丞相之子，他不能逃，也不能投降，因此滎陽的守衛非常頑強，吳廣攻打四個月仍未能攻下。

沒能攻下滎陽，可能還有一個原因，就是吳廣指揮有問題。其麾下將領對他是有意見的，認為「假王（即吳廣）驕，不知兵權」。如今章邯大兵壓境，搞不好大家都得完蛋。將軍田臧與諸將商量，認為要險中求勝，必須先殺了吳廣。只要吳廣指揮，必敗無疑。

諸將發動兵變，假稱得到陳勝的詔令，誅殺吳廣。可憐這位首義英雄，就這樣糊裡糊塗死了。吳廣本是節制諸將，反倒被殺，陳勝得知消息後大驚失色。不過此時章邯大軍將至，陳勝也只能先穩住田臧，授予他令尹之印，任命為上將。

田臧看不起吳廣，事實證明他的軍事水準，未必比吳廣高到哪兒去。他留下部將李歸率少數部隊繼續圍困滎陽，自己親率主力部隊迎戰章邯。雙方在敖倉展開激戰，田臧大敗，戰死沙場。章邯乘勝進兵到滎陽城下，大破張楚軍，李歸戰死。

兩路西征兵團（周文兵團、吳廣兵團）先後潰敗，陳勝面臨巨大的壓力。

章邯一路反擊，兵威大振。這位秦國名將要一鼓作氣拿下陳縣，消滅義軍。張楚政權的形勢不容樂觀，章邯派部將進攻郯縣，擊破張楚將領鄧說，鄧說逃回陳縣，被陳勝斬首示眾。章邯攻勢如潮，再次擊破張楚將領伍徐的部隊，兵鋒已殺抵陳勝的老家陳縣。

張楚柱國房君領兵迎戰，又被秦軍殺得大敗，房君戰死。在章邯看來，這些義軍不過就是烏合之眾，人數雖眾，豈有戰鬥力可言！秦軍把攻擊矛頭對準駐紮在陳縣以西的張賀，陳勝親自出城督戰，以鼓舞士氣。然而章邯的鐵軍幾乎是無法打敗的，張楚軍又敗了，將領張賀被擊斃。

與此同時，秦二世又派遣長史司馬欣、董翳率一支生力軍馳援章邯，章邯的力量更強大了。

看來，老家陳縣是守不住了。

不得已之下，陳勝被迫戰略轉移，他先前往汝陰，後又到下城父。不料這裡竟成為陳勝的死難地。在秦軍節節進逼下，革命隊伍中的不堅定份子信心動搖，陳勝的馬車夫莊賈就是其中之一。他竟喪心病狂痛下殺手，殺害陳勝，跑去向章邯投降。

從興起到敗亡，前後不過半年的時間。陳勝是死了，但他也無憾了。倘若他不在大澤鄉起義，恐怕也會因為失期而被斬，同樣是死，他不再是萬萬千千不知名、被遺忘的死者，而是永垂青史的好漢。他曾自由地呼吸、翺翔，這就足夠了；他引領了史無前例的大起義，他改寫了歷史，製造了奇蹟。

陳勝雖死，革命事業未滅。

不久後，陳勝部將呂臣率蒼頭軍收復陳縣，殺死叛徒莊賈，為陳勝報仇，並舉辦了葬禮。秦軍很快捲土重來，再攻陳縣，呂臣敗走。他收羅殘兵敗將後，與鄱陽湖義軍首領英布會師，共破秦軍，再次收復陳縣。

這裡說個題外話，陳勝、吳廣領導的這次大起義，考古所發現的文物迄今只有一件，是一枚銅印，它的主人便是兩度收復陳縣的呂臣。

反秦革命陷入低潮。

首義元勳陳勝死後，趙王武臣也死於叛軍之手。

李良是武臣手下大將，被派往攻略秦朝控制下的太原城。秦守將偽造皇帝書信，稱倘若李良願叛趙降秦，赦免其罪，加以重用。起初李良沒想投降，回邯鄲城請援軍，路上正好遇上趙王的姐姐出行，車騎雍容。李良以為是趙王，遂跪倒在地，趙王姐酒喝多了，沒有給他行禮。李良大怒，派人追殺趙王姐，並突襲邯鄲，殺死趙王武臣。張耳、陳餘逃出邯鄲後，收羅兵眾，立趙歇為趙王，打敗李良，李良遂向章邯投降。

關東義軍當務之急，是要結束各自為戰的局面，需要一個政權來領導全國反秦戰爭。在此之前，楚、趙、齊、魏、燕等紛紛復國，楚政權無疑是反秦的領袖與主力。如今楚王陳勝已死，誰來領導新的楚政權呢？

楚將召平得知陳勝兵敗的消息後，希望有個強有力的人物出來主持局面，便假傳陳勝的命令，拜項梁為上柱國。項梁受命後，渡長江北上，義軍首領陳嬰、英布、蒲將軍等人相續率部前來歸附。

項梁的軍隊擴大至六七萬人，成為義軍中的實力派。他在薛縣召集各路義軍將領，商議立楚王之事。已經年過七十的謀士范增指出，陳勝之所以失敗，原因在於「不立楚後而自立」。楚地一直流傳一種說法，「楚雖三戶，亡秦必楚」，范增勸項梁應該立楚國王室的後人。項梁採納其言，從民間尋來楚懷王的孫子熊心，立為楚王，後世也稱他楚懷王，與祖父相同。

新的楚政權定都盱眙，以陳嬰為上柱國，項梁自號武信君。此時東方六國已有五國復國，僅剩韓國尚亡，曾在博浪沙刺殺秦始皇的張良建議復活韓國，項梁同意了，遂立韓成為韓王。

這樣，被秦國滅掉十幾年後，東方六國集體復活了。

不過，章邯可沒閒著，一場大風暴即將來臨。

秦二世二年（前二〇八）六月，章邯對魏國發動大舉進攻。

魏王魏咎被困於臨濟，情形十分危急，他派周市緊急向齊、楚求援。齊王田儋曾與周市兵戎相見，但這是義軍內部矛盾，在強大敵人面前，田儋盡棄前嫌，親自率大軍援救魏國。項梁也派遣大將項它率楚軍入魏，與田儋會師，共同解臨濟之圍。章邯不愧為秦軍第一名將，他發現齊、楚援軍尚未站穩腳跟，在黑夜掩護下，銜枚出擊，出其不意，攻其無備。這一戰，齊、楚聯軍大敗，齊王田儋被殺。田儋的堂弟田榮帶著殘兵敗將，退走東阿。章邯回過頭再戰魏軍，陣斬周市，包圍臨濟。援兵被打敗了，臨濟也保不住了。魏王與城內百姓商議後，為保全民眾，決定放棄抵抗。不過，王者有王者的尊嚴，臨濟城可以降，王者不可以降。魏王魏咎選擇自殺，他的弟弟魏豹逃出城，投奔楚國。

這一戰，對東方抗秦運動實是沉重打擊，齊王、魏王都死了，代價不可謂不慘重。

章邯如同一台永不疲倦的戰爭機器，攻克臨濟後，他馬不停蹄，追擊逃往東阿的齊將田榮。

關鍵時刻，項梁再度出手，他與劉邦共同出兵，救援田榮。章邯的秦軍雖驍勇善戰，怎奈一路作戰下來，早已是強弩之末。項梁、劉邦大破章邯於東阿，得勝後攻屠成陽，在濮陽再破章邯大軍。在這一系列戰鬥中，有兩個人脫穎而出，一個是項羽，一個是劉邦。

四六、絕代雙驕：劉邦與項羽

關於劉邦與項羽的早年事蹟，請參看《西漢原來是這樣》一書，這裡只是簡單提一下，重點講述兩人起義前後的故事。

劉邦是沛縣人，早年當過亭長，為人豁達大度。他的人生命運與當時社會緊密相連，前面說過，秦國勞役、兵役特別繁重，有一次，劉邦送一批人前往驪山服役，這次出行改變他的人生。為了逃役，一路上不斷有人逃跑，走到半途時，人都逃得差不多了。劉邦心想，反正無法完成任務，索性把人全放跑了。有十來個人願意跟劉邦混，打算落草為寇。

某天晚上，劉邦喝醉酒，有人來報，前面路上有條大蛇擋道。劉邦醉醺醺地說：「壯士前行，怕什麼蛇！」拎了把劍，把蛇給砍了。後來，他偽造了一個故事，說是有個老太婆在路上哭，說自己的兒子是白帝子，變身為蛇，結果被赤帝子給殺了。這幾乎是陳勝裝神弄鬼的翻版，可是您還別說，自那以後，大家都對他敬畏三分了。沛縣子弟很多人前去投奔他，擁他為老大，聚眾數百人。

陳勝大澤鄉起義後，天下反秦勢力高漲。沛縣縣令也要投機革命，蕭何、曹參對他說：「您是秦國任命的官吏，大家恐怕不服，不如把流亡在外的人召回，這樣大家就都聽您的了。」縣令一聽，覺得是這麼回事，只要劉邦那幾百人聽自己的，這事就好辦了。可是劉邦一夥人回到沛縣時，縣令反悔了，不但緊閉城門，還打算殺了蕭何、曹參。造反派卻回應劉邦，殺死縣令，打開城門。

劉邦拼湊了一支三千人的武裝，走向反秦鬥爭的潮頭。泗水郡守得知劉邦在沛縣造反後，派兵前來圍剿。劉邦出城迎戰，擊破秦軍，保住沛縣。之後，他把沛縣交給雍齒守衛，自己率兵攻打薛縣，打敗泗水郡守。泗水郡守逃跑時，被劉邦麾下左司馬追上，一刀結果了性命。

這時劉邦的部眾，在抗秦義軍中只能算一支不起眼的小部隊，光靠自己奮鬥是不行的，得找個靠山才行。他本想去投靠楚王陳勝，不巧陳勝被叛徒所殺。陳勝的部將秦嘉私自立景駒為楚王，駐軍於沛縣東南的留縣。劉邦一想，留縣離自己不遠，不如去投奔景駒。

在前往留縣途中，劉邦遇到一個非常重要的人，此人便是張良。

張良向有反秦之志，刺殺秦始皇不成，一度隱姓埋名。陳勝起義後，他聚眾百餘人，跟著鬧事。聽說秦嘉立景駒為楚王，他也前來投奔，正好路遇劉邦。兩人一見投緣，張良便加入劉邦的隊伍，劉邦拜他為廄將，就是管馬的官。張良這些年可沒白過，他精研一部《太公兵法》，造詣很深。張良跟別人談論兵法時，別人都聽得如墜雲霧之中，因此他常恨沒有知音。遇到劉邦後，別看劉邦沒讀過什麼書，領悟力之高卻是他人所難及。張良說《太公兵法》給劉邦聽，劉邦一聽就明白了，並能採納他的計策。張良不禁嘆服道：「沛公的才能，大概是上天所授予的吧。」有了張良相助，劉邦如魚得水。

首先是在碭縣之戰中，取得了起兵以來最大的一次勝利。在此役中，劉邦以寡擊眾，僅用三天便攻破碭縣，收編了六千名秦軍。他本來只有三千人的部隊，一下子膨脹了兩倍，人數達到九千人。緊接著，劉邦再下一城，攻克下邑。這時正是反秦運動陷入低谷之時，秦將章邯屢屢擊破東方義軍，而劉邦則在戰鬥中成長壯大，實屬不易。

不過，劉邦所投靠的景駒楚政權，很快被項梁認為是非法政權，楚王景駒被廢處死。為確定楚王人選，項梁在薛縣召集諸將會議，劉邦也前往參加，作為義軍重要首領的地位得以確認。章邯破魏，殺齊王田儋，魏王魏咎自殺，追擊田榮於東阿。義軍處於前所未有的危局，劉邦與項梁力挽狂瀾，兩次擊敗章邯，控制住局勢的惡化，可謂功不可沒。

再來說說項梁、項羽叔侄。

與草根劉邦相比，項梁、項羽叔侄的身世則顯赫得多，是楚國大將項燕的兒子及孫子。楚國滅亡後，項梁逃往吳中，一面教項羽劍法、兵法，一面矢志復國，暗中結交豪傑志士。

機會終於到來，大澤鄉的烽火傳到吳中。會稽郡守殷通想乘機起事，便召來項梁，對他說：「如今江西都反了，這是老天要亡秦，俗話說，先發制人，後發制於人，我打算起兵，任用您與桓楚為大將。」桓楚是當時一個豪傑，流亡於外。

要革秦的命，項梁當然舉雙手贊成，不過他可不想受制於人，你殷通是什麼東西，辮子一盤就變革命軍了？他便對殷通說：「桓楚藏在哪裡，別人都不知道，只有小侄項羽知道。」殷通便說，那你把項羽叫來，我派他去找。項梁轉身出去了，交代項羽在門外等，記得帶上劍，到時見機行事，殺了殷通。郡守還蒙在鼓裡，召項羽進去。進了門後，項梁對項羽說：「可以動手了。」項羽長得身高馬大，力能扛鼎，他馬上抽出劍，一劍劈去，殷通的腦袋就搬家了。

項梁造反與劉邦造反頗有類似之處，都是秦國地方官吏想跟風造反，結果一個縣令、一個郡守，都是造反不成丟了性命。

殷通死後，項梁把郡守的大印掛在腰間，一手拎著他的腦袋，大步走出來。要知道殺殷通可是在郡政府裡，這下子官署亂了套了，衛兵看到長官遇害，紛紛衝上來。項羽武功蓋世，砍殺數十百人，所有人都趴在地上，不敢反抗了。項梁便把郡裡的豪傑、官吏召集來，解釋他殺死郡守是為了反秦，為了幹大事。看到項羽凶神惡煞般的站在那裡，手握劍柄，誰敢說不字？

就這樣，吳中加入反秦起義行列。項梁自立為會稽太守，以項羽為裨將，招募八千精兵。在反秦義軍首領中，項梁出身將門之家，軍事修養最高，因而他的這支軍隊從一開始便走正規化路線，設有校尉、候、司馬等軍職，紀律嚴謹，操練有素，乃是義軍中之精銳。

陳勝兵敗後，其部將召平矯詔，推項梁為上柱國。項梁引兵渡江，立熊心為楚王。齊王田儋、魏王魏咎敗亡後，他與劉邦攜手，在東阿之戰與濮陽之戰中兩敗章邯。在戰鬥中，項羽勇冠三軍，所向披靡。

後來劉邦與項羽爭奪天下，成為不可共存的生死冤家。不過，在反秦戰爭中，兩人卻是同心戮力，共抗強敵。

濮陽之戰後，項梁派項羽、劉邦進攻定陶，未能攻克。兩人遂轉攻略雍丘，大獲全勝，斬殺李斯之子、三川郡守李由。

一連串的勝利，令項梁沖昏頭腦了。他認為之前章邯所向無敵，無非是其他義軍將領無能，沒遇上像自己這樣熟悉軍事的對手罷了。驕矜之氣既長，輕視對手，往往會付出慘重的代價。項梁決意親自督師，攻打定陶。定陶原本守備堅強，此時秦二世又調撥一批軍隊給章邯，秦軍的力量更強了。

部將宋義對項梁的輕率決定很擔心，多次進諫，項梁不以為然，根本聽不進去。在戰略上可以藐視敵人，在戰術上卻一定要重視敵人，何況秦軍統帥是身經百戰的章邯。此時正是綿綿雨季，雨下了三個月。章邯的兵力得到補充後，再施故伎，銜枚發動夜襲。項梁為自己的大意而付出生命代價，沒料到秦軍竟然在惡劣的天氣下奇襲，被打得大敗，自己也戰死沙場。

正在攻略陳留郡的項羽、劉邦獲悉項梁死訊，大驚失色，放棄攻城，匆匆東撤。章邯殺項梁後，士氣高漲，楚政權危在旦夕。項羽、劉邦等緊急把都城從盱眙遷往彭城，嚴加守備，呂臣的部隊守衛彭城東，項羽守衛彭城西，劉邦守衛碭縣。

倘若章邯乘勝而進，項羽、劉邦等能否守得住彭城，確實令人懷疑。豈料在這個時候，章邯與項梁一樣，犯了一個嚴重的錯誤。章邯認為項梁是楚政權的頂樑柱，如今項梁既死，大柱倒了，楚政權的滅亡只是時間問題。當務之急，是要消滅北方的趙政權，以免反秦勢力死灰復燃。

章邯放棄攻打楚政權，率王離、蘇角等將領，引兵北渡黃河，直撲趙國。

自從章邯率兵鎮壓反秦起義軍以來，戰功赫赫。陳勝、吳廣被消滅了；項梁被擊破；齊王田儋戰死；魏王魏咎自殺。楚、齊、魏均遭重創，燕、韓較弱，不足為患。趙國雖有李良之變，趙王武臣被殺，但是張耳、陳餘兩人力挽狂瀾，立趙歇為王，實力仍不容小覷。在章邯看來，只要再擊破趙國，天下變局可定矣。

此時章邯手上的兵力已超過四十萬，大軍直趨趙境，如泰山壓頂。強弱立判，趙國丞相張耳、大將陳餘率軍迎戰，大敗而逃。首都邯鄲是保不住了，張耳與陳餘遂擁趙王趙歇，退入鉅鹿城。章邯入邯鄲城後，把城內百姓盡數遷往河內，拆毀城廓，以絕後患。

鉅鹿之戰，將決定趙國的命運。

為了守住鉅鹿，趙國的防禦還是比較積極的。趙將張耳守城，陳餘則率數萬人駐紮於城北，稱為河北軍，以作為機動部隊。鉅鹿城的防禦工事非常堅固，易守難攻，加上內外呼應式的積極防禦體系，章邯兵力雖強，要攻破鉅鹿也非易事。章邯令王離等部將包圍鉅鹿城，自己主力部隊駐紮城南。在章邯看來，只要圍困幾個月，鉅鹿糧盡援絕，不攻自破。

對於秦軍來說，最重要的問題是糧食運輸。只要不缺糧，鉅鹿指日可下。為了確保糧道暢通，章邯修築一條甬道，憑藉高速車道，可確保糧食源源不斷運抵前線。一切看上去都無懈可擊，只是章邯錯了一件事，他低估楚國的力量了。

秦的軍事部署，露出一個大大的破綻。秦軍重兵集團都集中到了鉅鹿前線，大後方兵力空虛。對於楚政權來說，這可是一個千載難逢的機會。趁秦軍主力在北，派一支奇兵西進，直搗咸陽，倘若一舉拿下，擒殺皇帝，那麼秦國就完蛋了。

這個思路不錯。

不過，事情並非那麼簡單。

其一，秦之大後方雖空虛，楚的兵力也有限；其二，函谷關以西多險關要隘，易守難攻，對秦的防守是有利的；其三，只要章邯攻破鉅鹿，便可大舉回援，到時楚之西征軍就被包餃子了。

楚政權的兩難之處在於，既要趁秦軍主力在北的時機，組建一支軍隊西征，同時，仍要派軍隊援救鉅鹿。援救鉅鹿是必不可少的，一方面趙國不斷派人前來求援；另一方面，西征也必須牽制章邯的秦軍。如此一來，可用於西征的兵力更少，風險更大。

可以說，西征乃是九死一生之舉。當初陳勝部將周文以數十萬之眾，尚且戰敗身亡，何況區區一兩萬的部眾呢？誰也不敢去，只有兩個人願意前往。誰呢？劉邦與項羽！

大浪淘沙，方顯英雄本色。

楚懷王知道西征凶險，故而與諸將約定，「先入定關中者王之」。只要掃平關中，便可稱關中王。這個誘惑可不小，因為東方六國都已復國，勢力範圍都已經被瓜分了，若想稱王，只能奪取秦國舊地才有可能。要不要冒險西征，這是考驗人的志向與勇氣。沒想當王的人，不願意去冒這個險；但劉邦有志向，他曾見過秦始皇出行的盛大場面，慨歎「大丈夫當如是也」，既然有機會稱王，就要去試，機會可一不可再。

項羽也舉手表示願意西征，他要滅了秦，為爺爺項燕、叔父項梁報仇雪恨。

不過，許多人反對派項羽西征。為什麼呢？因為項羽這個人太殘暴了。以前項羽曾攻陷襄城，大舉屠城，城內幾無活口。大家想想，為什麼陳勝起義後，天下回應，就是因為秦國太殘暴。項羽的暴行，是給義軍臉上抹黑，大家提著腦袋革命，是為反抗暴政，現在你也搞暴行，如何讓民眾擁護呢？再說了，關中乃是秦的大本營，以暴制暴，只能使關中百姓抵觸義軍，對政治、軍事都是不利的。

於是眾人進言楚懷王：「不可派遣項羽西征，沛公劉邦一向寬大仁厚，他可以去。」楚懷王同意了，最終確定由劉邦領軍西征，項羽則北上救援鉅鹿。

誰來擔任救援軍總司令呢？

有人推薦由項梁的部將宋義出任總司令。宋義是個頭腦冷靜，有分析判斷力的將領。當初項梁被勝利沖昏腦袋時，宋義曾多次勸諫，項梁不聽，後來竟丟了性命。楚懷王召見宋義，與談論軍國大事，宋義侃侃而談，見解精闢，楚王大喜，拜他為上將軍。

其實，按理說，這個總司令之位，應該由項羽出任。楚懷王是靠項梁、項羽叔侄才坐到這個寶座上，而且項羽戰功赫赫，出任總司令是合適的。很明顯，楚王有意壓制項羽，清除項氏勢力的影響。

四七、破釜沉舟，背水一戰

救援鉅鹿的楚軍出發了，宋義為上將軍，項羽為次將，范增為末將。除了楚軍之外，其他諸政權也紛紛派兵相援，包括齊將田都，燕將臧荼等。

宋義行抵安陽時，便止步不前。這一逗留，就是幾十天之久。此時鉅鹿城已危若累卵，而宋義的援軍竟然坐山觀虎鬥，這位上將軍到底打的是什麼算盤呢？一心想為叔父報仇的項羽哪裡忍受得了等待的煎熬，他決定找宋義說理。

進了宋義的大帳，項羽開門見山便說：「如今秦兵圍趙王於鉅鹿，我們應該迅速渡河，楚軍從外面進攻，趙軍出城接應，必可大破秦軍。」

在宋義看來，項羽這個後生只有匹夫之勇，四肢發達，頭腦簡單，哪裡懂得什麼高明的戰略呢？他悠然道：「此言差矣。現在秦軍全力攻趙，即便勝了，軍隊也疲憊不堪，我正好可以以逸擊勞。倘若還不能打敗秦軍，也可趁機引兵西進，定可一舉搗破秦都。若說在戰場上殺敵的本領，我宋義比不上你；但論運籌帷幄，決勝千里，你可比不上我。」

自項梁死後，宋義自以為智謀無人可及，對什麼人都看不上眼，特別是對項羽這個武夫，更是輕視。為了表現自己與武夫的區別，他還給自己起了個號，稱為「卿子冠軍」。卿子的意思略同於「公子」，以表自己風雅俊逸。

宋義的意思很明白，讓秦趙兩敗俱傷後，他再出來收拾殘局。為了唬住項羽這班武將，他還下了道軍令：「強不可使者，皆斬之。」敢耍橫的，不聽命令的，一律處死。宋義的戰略對不對呢？應該說，有一定合理性。這種按兵不動以待時機的策略，在古今戰例中多有體現，比如趙奢破秦之閼與之役，比如西漢周亞夫平七國之亂，都曾運用過此策略。

那麼他錯在哪兒呢？

錯在他根本就不想救趙。他的意思是讓秦軍破趙後，再戰秦軍。這種動機是不純的，對反秦戰線的聯合是有害的，是純粹自私自利之舉，也是他與趙奢、周亞夫兩位名將不能相比的地方。

宋義把戰爭當作發跡的手段，撈取自身的權益。這不，他還要把自己的兒子宋襄送到齊國去當丞相。趙國正在浴血奮戰，他卻只貪圖自己的權力。宋襄出行那天，宋義在無鹽大設酒宴餞行。當時天寒地凍，又下起大雨，士兵們饑寒交迫，宋義卻大吃大喝。

「他奶奶的」，項羽的怒火在燃燒。他對親信說：「我等前來，是為戮力攻秦，卻在此逗留不進。今年鬧饑荒，百姓沒得吃，士兵挨餓，軍無餘糧，而上將軍卻在大吃大喝。現在應該迅速過河，在趙國收集糧食，與趙軍合力抗秦，上將軍卻說要等到秦軍疲敝時才進攻。諸位想想，以秦國之強，攻打剛建國不久的趙國，趙國必亡無疑。趙國滅亡了，秦軍就更強大了，到時怎麼打？況且我楚國剛遭敗績，楚王坐臥不安，把軍事大權都交給上將軍，國家安危，在此一舉。上將軍不體恤士兵，以權謀私，不是社稷之臣。」說到這裡，他目露凶光。俺項羽可不是吃素的，莫道俺的劍不鋒利。

第二天早晨，宋義還在睡，他昨晚喝多了。

項羽一大早起來，闖進宋義帳中。不多時，他便拎著一顆血淋淋的人頭出來，大家一看，無不失色，竟是上將軍宋義的人頭。

只聽項羽喝道：「宋義與齊國勾結，密謀反楚，楚王密令我項羽誅殺之。」大家當然曉得項羽胡說八道，只是沒有敢吭聲，都拜倒在地說：「立楚王的也是將軍一家，如今將軍誅亂，我等願聽從將軍。」於是大家推項羽為假上將軍，並派人追殺宋義之子宋襄。項羽派人快馬稟告楚懷王，楚懷王也沒辦法，只得正式任命他為上將軍。

這時又有幾支義軍加入援趙之列。魏王魏豹、齊王建（戰國最後一位齊王）的孫子田安都派部隊增援鉅鹿，張耳的兒子張敖在代郡收羅一萬多人，也趕回鉅鹿。應該說，各路援軍的人數還是不少的。秦軍人數雖多，並非毫無弱點。弱點便在於交通運輸線，即章邯所修之甬道。爭奪甬道之戰，便成為秦、楚大戰的序幕。據《史記》的說法，「項羽兵數絕章邯甬道」，「數絕」二字，可見雙方是多次交鋒，甬道數次易手。在楚軍的猛攻下，圍困鉅鹿城的王離部開始斷糧。

楚軍大舉反撲的時機已成熟。

項羽派英布、蒲將軍率前鋒部隊兩萬人率先渡河。章邯聞訊，急派軍前來阻擊，英布與蒲將軍奮力擊敗秦軍，為後續部隊渡河打下基礎。此時，趙國大將陳餘又派人前來請求項羽火速進軍，項羽乃命令全體楚軍悉數渡河。這一戰，非但關係到趙國的生死，也是秦楚興亡的關鍵。秦軍最精銳的部隊與楚國最精銳的部隊都聚集於此，勢必是一場昏天暗地的大血戰。狹路相逢勇者勝。

沒有必死的決心，哪來超凡的勇氣？

項羽下令，破釜沉舟，燒毀帳篷，所有將士，只隨身攜帶三天乾糧。前面是四十萬的虎狼敵人，後面是滔滔河水，過了河，別想著有熱騰騰的飯，別想著有溫暖的帳篷。往後退，只有死路一條，要生路，就得把前面的敵人殺光，殺出一條活路。

當時前來救援鉅鹿的各路援軍，見到秦軍漫山遍野的營壘，誰也不敢發動進攻。甚至在項羽發起絕地反擊時，他們仍然小心謹慎，按兵不動。英雄與凡人的區別就在於此，英雄能造時勢，而凡人永遠隨波逐流。

「置之死地而後生」，人的潛能被無限地激發出來。項羽猛攻圍困鉅鹿城的王離部，楚軍呼聲振天，以一當十，如猛虎下山，勇不可擋。項羽身先士卒，衝鋒陷陣，無人可擋。楚軍與秦軍交鋒九次，大破秦師，殺秦將蘇角，俘秦將王離，另一位秦軍將領涉閒自焚而死。

為什麼楚國會成為反秦戰爭的領頭羊？項羽以「力拔山兮氣蓋世」的勇氣向世人證明楚人之血脈精魂。章邯雖是百戰名將，幾時遇過項羽這樣的對手？只得仰天長歎，敗逃而去。

當時救援鉅鹿的十數路義軍，無不驚駭於項羽之驍勇。當戰場的塵埃散去，項羽以楚國上將軍之名義召見各路義軍首領，所有人入了轅門之後，跪倒在地，不敢仰視。為什麼呢？他們內心慚愧得很。他們遠道而來救援鉅鹿，卻懾於秦軍之強，不敢進攻。當他們親眼看到項羽虎嘯天下的英雄氣概，誰不驚恐，誰不折服呢？於是乎，項羽非但是楚國上將軍，也成為諸侯上將軍，成為各路義軍的真正統帥。

鉅鹿一戰，是中國歷史上最偉大的一次大會戰，是改變歷史進程的大會戰。在此之前，章邯是義軍最凶惡的敵人，也是最可怕的對手，多少英雄豪傑都敗在他手下。此役是他由盛而衰的轉折，也是秦軍由盛而衰的轉折。

章邯敗退至鉅鹿以南的棘原，項羽進軍漳南，雙方都筋疲力竭，誰也沒先動手，成對峙之局。遠在咸陽的秦二世大為不滿，派使者前往責備章邯。章邯惶恐不安，派長史司馬欣回咸陽以求朝廷諒解。豈料司馬欣回了咸陽後，在宮外待了三天，趙高理都不理他。

司馬欣慌了，擔心趙高加害，便逃回棘原，對章邯說：「趙高獨攬朝政，手下人無可作為。現在就是打了勝仗，趙高也會嫉妒我們的功勞；若是打敗仗，難免一死。將軍您還是要想想出路。」

這一番話，章邯也沒主意了。就在此時，趙國大將陳餘寫來了一封勸降書。在這封勸降書中，陳餘羅列白起、蒙恬等名將的例子，說明功高獲誅的道理。陳餘指出：「將軍居外久，多內隙，有功亦誅，無功亦誅。」如今秦朝滅亡已指日可待，「將軍何不還兵與諸侯為從，約共攻秦，分王其地，南面稱孤」？陳餘所說的都是實情，章邯也不免心動，便派人秘密與項羽談判。

但是，項羽不接受談判，因為章邯是殺害項梁的元凶。他派蒲將軍率軍進攻，大破秦師。蒲將軍得手後，項羽親自追擊，在汙水再度大破章邯。走投無路的章邯再度向項羽提出談判的請求，此時項羽的軍隊糧食不足，他與將領們商量後，決定接受談判。

於是，章邯與項羽在洹水南殷虛立盟，秦軍放下武器投降。項羽立章邯為雍王，司馬欣為上將軍，率領投降的秦軍部隊作為先鋒，向關中挺進。

秦之帝國大廈，早已從內部朽爛了，之所以還沒倒塌，只是因為有章邯這根頂樑柱在。章邯投降了，秦覆滅的日子就近了。

秦始皇時，秦是何等強大，為什麼他去世沒幾年，秦就垮了呢？整垮秦國的罪魁禍首，便是趙高。從沙丘之變開始，趙高在政壇上翻手為雲，覆手為雨，殺扶蘇，殺蒙恬，殺諸公子，殺諸公主，無數的鮮血鋪就他的權臣之路。

趙高一手遮天，胡作非為，幹的壞事太多了。他能為所欲為，主要是他控制了呆頭呆腦的秦二世胡亥，皇帝對他極為信任，言聽計從。不過趙高也有害怕的事，怕被大臣彈劾，怕皇帝發現他的劣行。他便忽悠秦二世說，陛下還年輕，別在朝廷上與公卿說政事，要是說錯了，自曝其短，不好。皇帝本就貪玩，索性把政事都交給趙高。

說到搞權術，趙高是一流的，說到治國，他一竅不通。秦國政治一塌糊塗，李斯也有責任。為了保住自己的榮華富貴，他迎合趙高，陷害忠良。不過，李斯與趙高還是有所不同的，李斯有政治抱負，而趙高純粹就是追逐權力。這種差別，導致李斯與趙高的分歧越來越大，也最終導致李斯的慘死。

李斯多次進諫秦二世，秦二世挖苦他說：「你居三公之位，如何令盜如此。」責備他身為丞相不能平定東方之亂。皇帝說到這份上，李斯要是有點自知之明，最好上交辭呈。不過他迷戀權位，不知急流勇退的道理，只得曲意奉承皇帝。

在趙高眼中，李斯是最大的絆腳石。秦始皇還沒統一六國時，李斯就已經是秦國最有權力的人之一，他的根基很深，功勞很大。趙高不怕別人，但對李斯還是有所顧忌，不扳倒李斯，他睡不安穩。

這位宦官的本領就是操縱小皇帝，借皇帝之手殺人。每當李斯要覲見皇帝，趙高總安排在皇帝與美女飲酒作樂時。皇帝大怒說：「吾常多閒日，丞相不來，吾方燕私，丞相輒來請事。」

趙高見機會成熟，遂在秦二世面前誣告李斯有裂土封王的野心，其子李由與義軍私通。這下子李斯終於看清趙高是什麼貨色了，他也上書攻擊趙高「有邪佚之志，危反之行」。同時，他又聯合右丞相馮去疾、將軍馮劫進諫皇帝，請求減輕賦役，停修阿房宮。

李斯的反擊是無力的，秦二世早就聽信趙高之言，認為李斯想造反。於是將李斯、馮去疾、馮劫三人下獄問罪。馮去疾、馮劫認為將相不能被凌辱，遂自殺而亡。李斯仍然抱有幻想，在獄中寫了份自白書，實際上是羅列自己為秦國所做的貢獻。趙高冷笑道：「囚安得上書！」迷戀權力的人，最終也死在權力二字上。李斯最終被判死刑，腰斬於市，夷三族。臨死前，他對次子說：「我想跟你牽著小黃狗，出上蔡東門去追逐野兔，唉，已經不可能了。」這一刻，他似乎才省悟到一件事，權力到頭只是一場空，倒是平淡無奇的生活，才是真正可留戀的。

李斯死後，趙高為丞相，秦國從此墜入深淵。

不過，惡終有惡報。趙高正上演著最後的瘋狂，而此時，劉邦的軍隊正頑強地向咸陽城挺進。

四八、大秦帝國的謝幕

所謂的「西征軍」，力量實在太單薄了，只有幾千人，楚政權撥不出更多的部隊給劉邦，只是讓他「西收陳王、項梁散卒」。非但軍隊有限，糧草也得自己籌集。有利的條件是，秦軍主力都北上攻鉅鹿，各城池要塞的守軍數量比較少。

劉邦抓住機會，連續攻破成陽、杠里、成武等城，取得一些小勝利。兵力太少始終是困擾劉邦的最大問題，這位老兄表面寬仁，實則厚黑，途經栗縣時，正好遇上一支義軍。此義軍首領被封剛武侯，劉邦一舉將其部眾四千多人吞併，又聯合魏國將領皇欣、武滿等，擊潰了游擊於此的秦軍。即便如此，此時劉邦的部隊也還不到一萬人。

不過劉邦運氣不錯，他遇到了一個重要的人。

此人名為酈食其，是陳留高陽人，學富五車，卻窮得叮噹響，謀了一個看守城門的差事。酈食其人窮志不短，所謂的英雄豪傑，沒幾個能入他法眼，為人狂傲，被稱為「狂生」。自陳勝起義後，有許多義軍將帥往來於高陽，酈食其認為這些人都剛愎自用，無容人之雅量，便蟄伏以待時機。劉邦的西征軍途經高陽時，酈食其聽說他為人豁達大度，決定前往拜見。

酈食其入見劉邦時，劉邦正坐在床上，兩名女子給他洗腳。這是待客之道嗎？原來劉邦出自草莽，向來看不起儒生，故意怠慢酈食其。酈食其果然是狂生，他冷冷道：「足下是助秦國攻諸侯呢，還是率諸侯破秦呢？」

劉邦一聽，破口罵道：「你這個臭儒生，天下苦秦久矣，所以諸侯相率攻秦，怎麼說助秦攻諸侯的話？」酈食其不慌不亂地說：「既然你是率義軍誅伐無道之暴秦，見到長者不應當如此傲慢。」

換成其他人，可能要咆哮了。劉邦還真不是一般人，他馬上撤了洗腳水，穿好衣服，請酈食其上座，道了歉，上了幾道菜款待。

酈食其便說：「足下率烏合之眾，收散兵游勇，人數不足萬人，這樣直接殺到秦國，無異於虎口送食。陳留郡地處天下要衝，城內多積粟，不如我前往勸降。能歸附您最好，如不歸附，您再發兵攻打，我在城內策應。」劉邦聽罷大喜。

憑著三寸不爛之舌，酈食其還真勸降了陳留郡守。不僅如此，酈食其的弟弟酈商也率四千人前來歸附。這樣，劉邦既有了兵，又有了糧草。

此時已是秦二世三年（前二〇七），由於項羽在鉅鹿大破章邯，秦軍已是風聲鶴唳，草木皆兵。劉邦乘機進攻開封城，未能攻下，轉而攻略白馬，大破秦將楊熊。楊熊逃到滎陽後，被秦二世問罪處斬。

當時想入關的義軍大有人在，剛從危機中解脫出來的趙王趙歇派部將司馬卬領兵，打算渡黃河入關。劉邦才不願把入關的機會讓給別人，他北攻平陰，把黃河渡口佔了，阻止趙兵入關。不過，劉邦並非百戰百勝，進攻大的城市時，總是受挫。進攻洛陽時，又未能攻克。

在劉邦頗為狼狽之時，張良回來了。此時由於韓國復國，張良便追隨韓王韓成而去，劉邦西進至此，韓王韓成留守陽翟，張良則追隨西征。若是沒有張良相助，劉邦恐怕很難憑一己之力直搗咸陽。

一路西行，劉邦沿途收羅不少義軍，同時招降納叛，軍隊數量也如滾雪球一樣增長。六月，西征軍進入南陽地界，秦南陽郡守率兵阻擊，被劉邦擊敗，只得退守宛城。當時劉邦入關心切，打算置宛城於不顧，繞道前行。張良趕緊阻止道：「不可。您雖急著入關，秦國的兵力仍頗強，據險而守。倘若不攻克宛城，到時前有強敵，後有追擊，這樣就危險了。」

劉邦猛然省悟，連夜率軍走另一條路返回。宛城的秦軍還以為義軍已經遠去，喘了一口大氣，稍有鬆懈，豈料天剛亮時，發現宛城已被包圍。南陽郡守大恐，自知難以堅守，拔出劍打算自殺。其門人陳恢一個箭步上前，奪下他的劍，說：「先別急著死，待我去跟劉邦談談。」

陳恢出城見劉邦，對他說：「足下最好的辦法，莫過於接受南陽投降，保留郡守頭銜，讓他繼續守城，您則率城中甲士一同西進。其他城池的守將聽到您這種處置措施，定會爭先開門投降，那麼您一路西行無阻了。」

秦國大勢已去，這是任何一個明眼人都看得出來的。只要原封不動保留各郡守、縣令的官職，這些人把辮子一盤，就會變成革命軍了。劉邦對陳恢的建議大為讚賞，接受南陽郡守投降。鄰近郡縣一聽，投降還能保住官帽，何樂不為呢？於是乎形成多米諾骨牌效應，各郡縣改旗易幟，紛紛投誠。投降的秦軍被編入西征軍，劉邦的兵力已經有數萬人之多。

八月，劉邦進攻武關，進入關中。

直到這個時候，趙高才感到大禍臨頭。

秦二世不是把政事都交給他了嗎？現在章邯舉部向項羽投降，劉邦挺進到眼皮底下，要是皇帝怪罪下來，他趙高有幾個腦袋呢？怎麼辦？忽然，趙高獰笑了，什麼皇帝，不就是我手裡的玩偶嗎？朝廷還不是我說了算嗎？趙高要搞一次權力測壓。

他把一頭鹿拉到朝堂之上，對秦二世說：「臣獻上一匹馬。」秦二世一看樂了，笑著說：「丞相的眼力也太差了，把鹿說成馬。」

趙高假裝很驚訝，說這明明是馬，怎麼會是鹿呢？便問左右文武官員。大家都知道趙高在搞鬼，有些人沉默不語，有些人拍馬屁說是馬，也有些人實在看不下去說實話了。趙高把這些敢說實話的人都記了下來，不久後，這些人全部被抓了起來，扣上各種各樣的罪名。

「指鹿為馬」可以說是最最拙劣的表演，只要不是傻蛋，都可以看出趙高這個人是何等陰險。可是秦二世呢？他只當作一個笑話，不以為然，殊不知趙高已把刀架在自己的脖子上了。

連皇帝都敢欺，趙高可謂膽大包天。朝中所有人無不畏懼，但有什麼用呢，要彈劾也無門，只好閉緊嘴巴以求自保了。每當皇帝問及東方暴動之事，趙高總是拍胸脯說：「關東盜毋能為也」，戰敗的消息傳來，他就歸咎於前線將領，毫不留情地誅殺。

現在劉邦來了，近在咫尺。趙高惶恐不安，他不是怕劉邦，而是怕秦二世會殺了他，不敢上朝，稱病躲在家裡。躲得過初一，躲不過十五。秦二世派使者找上門了，狠狠地責備趙高剿匪不力。

趙高秘密召來女婿咸陽令閻樂、弟弟趙成，商量對策，他說：「現在事情緊急了，皇上要怪罪我們家族。一不做，二不休，我打算廢了皇帝，改立公子子嬰。子嬰為人仁儉，百姓愛戴。」趙高是宦官，自己當不了皇帝，於今之計，要與義軍談判，得換個口碑好一點的人當皇帝。

事到如今，只能豁出去了。趙高遣心腹郎中令作為內應，謊稱宮裡有大盜。咸陽令閻樂帶著一千多人闖到望夷宮門口，把負責宮廷守備的衛令抓起來，質問說：「大盜闖入宮中，你為什麼不阻攔？」衛令一臉困惑地答道：「宮廷守備極為嚴密，怎麼可能會有盜賊闖入呢？」閻樂不容分說，拔出劍格殺衛令，帶兵闖入宮中。

宮裡人很快就發現，閻樂哪裡是抓人，分明是政變。閻樂闖入宮中，大開殺戒，遇到郎官與宦官，一律格殺。殺了幾十人後，其餘人早驚恐得作鳥獸散。郎中令與閻樂一同殺入殿內，殿內有許多帷帳，叛軍們箭矢齊發。秦二世躲在殿內，他聽說趙高造反，不由得目瞪口呆，繼而勃然大怒，不由得怒火上攻，喝令左右衛士還擊。情形不對呀，左右衛士又不是傻子，這個時候我還效忠傻子皇帝嗎？大家全跑了。在秦二世身邊，只剩下一個小宦官。

秦二世逃到內室，死到臨頭還要衝著小太監發火：「你為何不早告訴我真相，讓我落到這個地步。」小太監結結巴巴地說：「我沒敢說，這才活到現在。我要早說了，已不知死到哪去了。」實話，真是大實話。

這時，閻樂一腳踹開門進來，指著皇帝的鼻子道：「足下驕橫放縱，濫殺無辜，天下人都背叛你了。」這話也是實話，只是不該由閻樂這樣的人說得大義凜然。

秦二世還想活命，他說：「我可以見丞相嗎？」

「不行。」

「可以當個郡王嗎？」

「不行。」

「萬戶侯？」

「沒門。」

「那當個小老百姓總可以吧。」

閻樂沒耐心了：「我奉丞相之命，為天下誅殺足下，你再多說，我也不敢稟告。」說罷命令士兵上前。秦二世在生命最後一刻，總算有點皇帝的尊嚴，他不讓士兵動手，自殺了。

秦二世死後，趙高召集諸臣，宣佈誅殺皇帝之事，所有人無不震驚，卻也不敢說話。趙高有什麼打算呢？他認為以前秦滅了東方六國，東方叛亂無非是要鬧獨立，現在六國都獨立了，秦二世也死了，那些所謂的「義軍」首領也該滿意了吧。以後秦國仍是秦國，六國仍是六國，回到統一前的狀態，互不干涉。

趙高立子嬰為秦王。為什麼叫秦王呢？既然與六國平起平坐了，秦也不稱皇帝了，仍然稱王。那麼劉邦怎麼辦呢？善於權術的趙高給自己留了條後路，倘若不能打敗劉邦的話，他打算做個交易，把秦宗族滅了，與劉邦共同瓜分關中。

比起秦二世，子嬰要聰明許多。你想想，趙高殺秦二世，如同捏死一隻螞蟻，殺了皇帝還沒人敢吭聲。趙高立子嬰當秦王，無非是為了穩定大臣與民心，無非是把他當作可以隨心所欲操控的木偶。只要他願意，隨時可以殺了子嬰。

與其坐以待斃，不如絕地反擊。不過，朝堂之上都是趙高的人，萬不能在朝堂動手，要在哪兒呢？就在子嬰所在的齋宮。原來呀，依照秦例，登基之前，要先齋戒五日。五日已滿，子嬰假稱病了。趙高不知是計，便前往探視。前腳剛踏進齋宮大門，子嬰便喝令左右拿下，當場把趙高這個奸賊格殺。這個翻雲覆雨的權臣就這樣死了，還賠上全家人性命，三族被夷。

比起秦二世，子嬰人品算是好的，一上臺便誅殺趙高，振作朝綱。只是經過秦二世與趙高多年的折騰，秦國早已朽爛，不是一個人可以挽救的。

子嬰調兵遣將，守衛嶢關，試圖阻止劉邦軍隊深入。

劉邦打算發動強攻，張良獻計說：「秦軍的力量不可低估，不如先採用疑兵之計，在各山頭張掛旗幟，造成人多勢眾的假象，再派酈食其、陸賈等人前往遊說秦軍將領，利以誘之。」還是張良想得周到，劉邦採納其策，遊說秦國諸將。這些將領不由得心動，打算暗地裡與劉邦合作。

這時張良又說：「秦軍將領打算背叛朝廷，只是他們的部下不一定會聽從，不如乘他們麻痹大意之時，發動突襲。」這個計策有點厚黑，明明遊說他們投降，又要偷襲，不太厚道。為什麼張良會這樣說呢？因為秦國已經換了國君，禍害國家的趙高也被殺了，大家對新政府還是寄予厚望，許多人並不想放下武器投降。

對劉邦來說，奪取關中才是最重要的事，這時也顧不上厚不厚道了。他率主力發動奇襲，在藍田南大破秦軍，繼而又在藍田北再勝一局。經此一役，秦軍土崩瓦解，通往咸陽的大門已經打開。

西元前二〇六年初，劉邦大軍挺進到霸上，直逼咸陽。此時，帝國首都早已人心渙散，兵力凋零，根本無法組織起像樣的保衛戰了。秦王子嬰只有一條路可以選擇：獻城投降。他素車白馬，自己用繩子綁住脖子，出城向劉邦投降，連同皇帝的玉璽、符節一併上交。

曾經令人畏懼、談虎色變的秦國，花費了五百多年的時間完成一統中國的夢想，卻僅僅在十幾年後，就以這種窩囊的方式草草收場。

從陳勝、吳廣發難到秦帝國滅亡，總計不足三年。

一個貌似堅不可摧的政權，被一群叛亂者輕鬆推翻了。

短短十數年的時間，曾強大到天下無敵的秦國迅速走向滅亡。翻遍中國歷史乃至世界歷史，再也找不到類似的史跡。自從商鞅變法以來，秦國雄視天下，笑傲江湖，豈止是東方不敗，簡直是天下不敗。秦國如同猛虎雄獅，在它面前，其他國家不過只是阿貓阿狗的角色罷了。就算偶爾有一兩個勢均力敵的對手，也不過如曇花一現，根本無法撼動其堅不可拔的根基。

其興也勃焉，其亡也忽焉。

秦與六國戰鬥兩百多年，一統天下，表面上看，似乎是勝者，其實不然。秦國的滅亡，較六國不過多出十幾二十年，只是五十步笑百步罷了。最終翻江倒海，居然是名不見經傳的陳勝、項羽、劉邦等小人物。小人物創造了大歷史，這真是歷史上最不可思議的一件事。雖是意料之外，卻屬情理之中。

如果說秦始皇統一中國、消除數百年戰國紛爭，是迎合人民追求和平的理想，那麼秦帝國的暴政則很快走向人民的反面，淪為反動政權。一切反動派都是紙老虎，秦帝國也是一隻紙老虎。秦政權的快速覆滅，外因是實施暴政，內因則是內部的腐爛。自從秦始皇死後，趙高弄權，殘害忠良，指鹿為馬，逼死太子扶蘇，誅殺大將蒙恬，玩弄秦二世胡亥於手掌之中，致使忠賢扼腕，士人離心，民眾敢怒而不敢言。歷史上的反動政權很多，但是像秦帝國這麼強大，卻滅亡得這麼快的例子，卻不多見。如果只是肌膚腐爛，尚且可以苟延殘喘，但如果心臟都腐爛了，那就無藥可救了。

即使秦政權收天下兵器，鑄成十二尊金人，仍然擋不住揭竿為旗，斬木為兵的起義軍；即便秦政權焚書坑儒，禁錮天下的思想，卻不曾想到亡在不讀書的劉邦、項羽手中。

漢代的政論家賈誼簡明扼要、一針見血地評論說：「仁義不施而攻守之勢異也。」唐代的杜牧說：「滅六國者，六國也，非秦也；族秦者，秦也，非天下也。」兩人都將秦之迅速滅亡的原因，歸咎於秦國政權所施行之暴政，是反人性、反民心的。反人性、反民心的制度，一定不會長久，這也是歷史留給後人的啟示。

大事年表

約西元前八七〇年　非子受封秦國
西元前八二二年　秦仲伐西戎，身死
西元前七七〇年　秦被封為諸侯
西元前六四五年　秦晉韓原之戰
西元前六二七年　秦晉殽之戰，秦軍遭重創
西元前六二三年　秦霸西戎
西元前六二一年　秦穆公死，以人殉葬
西元前五七八年　秦晉麻隧之戰
西元前五五九年　秦晉遷延之役
西元前五〇六年　吳破楚都，秦助楚復國
西元前四一九年　魏攻河西，築少梁城
西元前三六四年　秦敗魏師於石門，斬首六萬，秦獻公稱伯
西元前三六二年　秦孝公立
西元前三六一年　商鞅入秦

西元前三五六年　商鞅第一次變法
西元前三五〇年　商鞅第二次變法
西元前三三八年　秦孝公卒，商鞅遇害
西元前三二八年　張儀相秦
西元前三一七年　秦敗三晉於脩魚，斬首八萬
西元前三一六年　秦滅巴蜀
西元前三一二年　秦破楚師於丹陽，斬首八萬
西元前三〇七年　甘茂攻宜陽之役；秦武王扛鼎死
西元前三〇五年　魏冉平季君之亂
西元前二九九年　秦誘拘楚懷王
西元前二九八年　孟嘗君伐秦
西元前二九三年　秦敗韓、魏於伊闕，斬首二十四萬
西元前二八八年　秦、齊稱西帝、東帝，旋取消帝號
西元前二七九年　秦、趙澠池之會；白起攻楚
西元前二七三年　秦魏華陽之戰，斬首十五萬
西元前二六九年　秦趙閼與之役
西元前二六六年　范雎相秦
西元前二六〇年　白起破趙於長平，坑四十萬人

西元前二五七年 秦圍邯鄲，信陵君竊符救趙；秦殺白起

西元前二五六年 秦滅西周

西元前二四九年 呂不韋相秦；秦滅東周

西元前二三八年 嫪毐之亂

西元前二三七年 李斯諫逐客書；呂不韋免相

西元前二三三年 李牧破秦師

西元前二三〇年 秦滅韓

西元前二二八年 秦滅趙

西元前二二七年 荊軻刺秦王

西元前二二六年 李信伐楚

西元前二二五年 秦滅魏

西元前二二四年 王翦伐楚

西元前二二三年 秦滅楚

西元前二二二年 秦滅燕、代

西元前二二一年 秦滅齊，統一六國；秦王改稱皇帝；設郡縣制；統一制度

西元前二一九年 張良刺秦始皇於博浪沙

西元前二一五年 蒙恬伐匈奴

西元前二一四年 秦攻取南越之地；築長城

西元前二一三年 焚百家之書

西元前二一二年 坑儒生四百餘人

西元前二一〇年 秦始皇死；沙丘之變，扶蘇、蒙恬死；胡亥即位，為秦二世

西元前二〇九年 陳勝大澤鄉起義；劉邦起兵於沛；項梁、項羽起兵於吳

西元前二〇八年 陳勝死；項梁立楚懷王；趙高弄權，李斯腰斬

西元前二〇七年 項羽大破秦軍於鉅鹿；章邯降楚；劉邦西進關中；趙高殺二世；子嬰誅趙高

西元前二〇六年 秦王子嬰降，秦亡

秦朝原來是這樣 / 醉罷君山著. -- 一版.-- 臺北
市：大地, 2016.07
面：　公分. --（History：89）

ISBN 978-986-402-190-1（平裝）

1. 秦史　2. 通俗史話

621.9　　105010831

秦朝原來是這樣

HISTORY 089

作　　者：醉罷君山
發 行 人：吳錫清
主　　編：陳玟玟
出 版 者：大地出版社
社　　址：114台北市內湖區瑞光路358巷38弄36號4樓之2
劃撥帳號：50031946（戶名　大地出版社有限公司）
電　　話：02-26277749
傳　　眞：02-26270895
E - mail：vastplai@ms45.hinet.net
網　　址：www.vastplain.com.tw
美術設計：普林特斯資訊股份有限公司
印 刷 者：普林特斯資訊股份有限公司
一版一刷：2016年7月

大地

定　　價：320元